Weltende

Weltende

Herausgeber Adam Jones

Beiträge zur Kultur- und Religionswissenschaft

1999

Harrassowitz Verlag · Wiesbaden

Die Deutsche Bibliothek – CIP-Einheitsaufnahme

Weltende : Beiträge zur Kultur- und Religionswissenschaft /
hrsg. von Adam Jones. –
Wiesbaden : Harrassowitz, 1999
    ISBN 3-447-04125-0

Gedruckt auf alterungsbeständigem Papier.
Druck und Verarbeitung: Hubert & Co., Göttingen
Printed in Germany

ISBN 3-447-04125-0

Inhalt

vi

Vorwort

Adam Jones

Dieser Sammelband ist das Nebenprodukt einer Ringvorlesung, die im Sommersemester 1996 an der Universität Leipzig gehalten wurde. Vertreter verschiedener orientalistischer und religionswissenschaftlicher Fächer innerhalb der Universität — Vergleichende Religionswissenschaft, Evangelische Theologie, Ethnologie, Altorientalistik, Ägyptologie, Alttestamentliche Wissenschaft, Islamwissenschaft, Geschichte und Kulturgeschichte Afrikas, Indologie — untersuchen hier anhand von Auszügen aus relevanten Texten die Kontexte, in denen Vorstellungen vom Ende der Welt in verschiedenen Kulturen erörtert wurden sowie den Inhalt solcher Vorstellungen. Die Einzelstudien reichen von Melanesien bis Europa und vom 3. Jt. v. Chr. bis zum 20. Jahrhundert.

Innerhalb dieses breiten Spektrums lassen sich Gemeinsamkeiten, aber erwartungsgemäß auch Unterschiede erkennen. In manchen Kulturen bildet das Weltende einen Teil einer kosmologischen Theorie — entweder als künftige Gefahr (Indien, Altägypten) oder als ein Ereignis, das schon in der Vergangenheit liege (Altes Orient); in anderen (Christentum, Islam) wird das Weltende als Ziel der Geschichte betrachtet und dient damit einer teleologischen Geschichtsinterpretation; anderswo (im kolonialen Afrika oder in populären Fassungen des Islam) stellen die „Zeichen der Stunde" eine Art Kritik an der Gegenwart dar. Alle drei Aspekte besitzen Relevanz für unsere heutige Kultur, in der die Idee vom Weltende weiterhin als kosmologische Theorie, als Teleologie und als Kritik eine bedeutende Rolle spielt.

Das Buch richtet sich sowohl an ein Fachpublikum (Theologie, Religions- und Orientwissenchaften) als auch an gebildete Laien. Wegen des sich annähernden Millenniums sind bereits mehrere Bücher zum Thema „Weltende" im In- und Ausland erschienen oder in Vorbereitung. Mir ist jedoch keines bekannt, das sich in erster Linie mit den hier behandelten Aspekten befaßt.

Ich bedanke mich bei Anja Schrödter und Frank Steinmann für Ihre Hilfe bei der Herstellung der Druckvorlage für dieses Buch.

Einleitung:
Das Ende der Welt als Deutung der Gegenwart

Hubert Seiwert

Zu Beginn der achtziger Jahre dieses Jahrhunderts hielt sich in den westdeutschen Schlagerparaden über Wochen ein Hit, von dem mir nur der einprägsame Refrain in Erinnerung geblieben ist: „Besuchen Sie Europa, solange es noch steht!" Um den Reiz dieses Liedes zu verstehen, das das damalige Lebensgefühl der jugendlichen Hörer ansprach, muß man sich an die historischen Begleitumstände erinnern. Es war die Zeit, in der die sogenannten Nachrüstungsdebatte ihren Höhepunkt erreicht hatte. Dabei ging es um die Frage, ob als Reaktion auf die sowjetischen SS-20 Raketen in Westdeutschland Pershings und Cruise Missiles stationiert werden sollten. Für weite Kreise der Jugend wurde damals die Gefahr einer atomaren Apokalypse heraufbeschworen mit Europa als Schauplatz. Der Untergang schien bevorzustehen. Deshalb: Besuchen Sie Europa, solange es noch steht!

Die Vision einer atomaren Apokalypse hat seit dem Ende des Kalten Krieges ihre Bedeutung für zeitgenössische Weltunter-gangsszenarien weitgehend verloren. Gleichwohl sind Endzeit-visionen auch heute nicht aus dem öffentlichen Bewußtsein verbannt. Wenn nicht ein Atomkrieg, dann vielleicht eine ökologische Katastrophe. Ozonloch, Wärmetod, Zerstörung der natürlichen Lebensgrundlagen, Übervölkerung: Zahlreich sind die Szenarien, die, wenn nicht ein Ende der Menschheit, so doch ein Ende der gegenwärtigen Zivilisation antizipieren. Um apokalyptische Vorstellungen über das Ende der Welt zu finden, brauchen wir nicht

im finsteren Mittelalter oder in exotischen Kulturen zu suchen. Es
genügt, aufmerksam die eigene Kultur zu beobachten. Am Ende des zweiten Jahrtausends hat das Thema Weltende aber
auch aus anderen Gründen Konjunktur. Die Jahrtausendwende, die
dem nüchternen Betrachter nichts weiter ist als ein durch
Konventionen der Chronologie markierter Punkt der gleichförmigen
Zeit, fördert kulturelle Deutungsmuster zutage, die gerade das
Gegenteil besagen: daß nämlich diese Zeit eine besondere Zeit sei,
eine Zeit, deren Sinn sich aus dem ergebe, worauf sie hinführt. Noch
vor wenigen Jahrzehnten galt das Jahr 2000 geradezu als Inbegriff der
Verwirklichung technischer Utopien, als Symbol einer neuen Welt
nahezu unbegrenzter technischer Möglichkeiten. Wo die Apokalypse
das katastrophale Ende der Entwicklung der bestehenden Welt in
Untergangsszenarien beschreibt, erwartet die Utopie eine neue
vollkommenere Welt, in der die Begrenzungen der bestehenden Welt
überwunden sind. Wie dicht — auch historisch — beide
Deutungsmuster der Zukunft neben einander bestehen können, zeigt
die Entwicklung der letzten Jahrzehnte.

Gemeinsam ist apokalyptischen wie utopischen Visionen, daß das
historische Bewußtsein die Dimension der Zukunft einbezieht. Die
Bedeutung der Gegenwart ist nicht nur durch die Vergangenheit, die
„Herkunft", bestimmt und verstehbar, sondern zugleich auch durch
die „Zukunft", auf die sie hinführt. Diese Zukunft kann unter
positiven oder negativen Vorzeichen antizipiert werde. Doch in
beiden Fällen gibt sie der Gegenwart einen spezifischen Sinn. Die
historische Bedeutung der Gegenwart ergibt sich nach diesem
Verständnis aus ihrer Stellung im Gesamtverlauf der menschlichen
Geschichte, der Vergangenheit wie der Zukunft. Die Erwartung einer
Zukunft, die anders ist als die Vergangenheit und die Gegenwart, d.h.
einer *neuen Zeit*, macht die Singularität der Gegenwart aus.

Der Einschluß der Zukunft in das historische Bewußtsein der
Gegenwart ist in der Moderne nahezu selbstverständlich. Das Handeln
zeitgenössischer Menschen scheint sich mehr an den Erwartungen für
die Zukunft zu orientieren als an den Erfahrungen der Vergangenheit.
Dies gilt jedenfalls für die dominanten gesellschaftlichen
Handlungsfelder wie Politik und Wirtschaft. Die Selbstverständlichkeit, mit der wir die Zukunft in unser Handlungskalkül einbeziehen,

läßt vergessen, daß dieses Geschichtsverständnis das Ergebnis einer historischen Entwicklung ist. Natürlich war menschliches Handeln immer schon auch auf die Zukunft gerichtet. Es ist jedoch alles andere als selbstverständlich, eine Zukunft zu erwarten, die grundsätzlich anders ist als die Vergangenheit und die Gegenwart. Im Buch *Ecclesiastes*, einer Weisheitsschrift aus der hebräischen Bibel, lesen wir:

> Was war, wird wieder sein; was geschah, wird wieder geschehen, und nichts Neues gibt es unter der Sonne. Gibt es etwas, von dem man sagen kann: „Sieh, dieses ist neu?" Längst war es zu Zeiten, die vor uns gewesen. Es bleibt kein Erinnern an die Früheren, und auch für die Späteren, die kommen werden: Es gibt kein Erinnern an sie bei denen, die noch später kommen.[1]

Für den Prediger ist keine Zeit singulär. Die Gegenwart unterscheidet sich nicht grundlegend von der Vergangenheit, und auch die Zukunft wird nichts Neues bringen. Die Zeit ist homogen, die Geschichte ein kontinuierlicher Prozeß, der kein Ziel hat. Nichts zeichnet die Gegenwart aus, weder im positiven noch im negativen. Und auch von der Zukunft ist nichts Neues zu erwarten.

Es wäre reizvoll, dieses Verständnis der Geschichte mit dem nur wenig späteren der apokalyptischen Weissagungen im alten Israel in Beziehung zu setzen. Wie SIEGFRIED WAGNER in seinem Beitrag in diesem Band zeigt, wird in der Apokalyptik die Vision einer grundsätzlich neuen Welt zum dominierenden Thema. Die neue Welt ist gerade dadurch gekennzeichnet, daß das Negative und Zerstörerische der bestehenden Welt aufgehoben sein werden. Das Ende dieser Welt wird zur Voraussetzung für die Verwirklichung des Reiches Gottes. Damit ist die Zukunft zur Folie geworden, vor deren Hintergrund die Deutung der Gegenwart erkennbar wird: Eine Welt des Leids, der Tränen und der Vergeblichkeit. Anders als der Prediger, der ebenfalls die Eitelkeit der Welt beklagt, wird in der Apokalyptik jedoch Hoffnung sichtbar, Hoffnung auf ein Ende *dieser* Welt. Freilich ist es eine Hoffnung nur für die Gerechten und das Volk Israel. Die Feinde Gottes werden dem Endgericht und der Vernichtung anheimfallen.

In der jüdischen und christlichen Apokalyptik begegnet uns ein

---

1 *Ecclesiastes*, 1,9-11.

Zeitverständnis, das mit vollem Recht als „linear" bezeichnet werden kann: Die Welt hat einen Anfang und ein Ende, und zwischen diesen beiden Polen entfaltet sich die menschliche Geschichte nach dem göttlichen Heilsplan. Jedes historische Ereignis erhält in diesem Kontext seinen Sinn, auch wenn dieser Sinn nicht immer für den Menschen erkennbar ist, wie der Prediger klagt.[2] ELKE BLUMENTHAL weist im Zusammenhang mit der altägyptischen Zeitvorstellung darauf hin, daß ein lineares Zeitverständnis keineswegs notwendig die Erwartung des Endes dieser Welt impliziert. Die Vorstellung, daß die Welt einen Anfang hat, bedeutet nicht zwangsläufig, daß sie zugleich auch endlich sei. Dies gilt zumal dann, wenn wie in Ägypten das lineare Zeitverständnis der politischen Geschichte von zyklischen Vorstellungen überlagert wird, die die kosmische Ordnung in der regelmäßigen Wiederkehr der Naturerscheinungen erkennen. Der Bestand der Welt ist an den Bestand dieser Ordnung gebunden. Vor diesem Hintergrund kann dann auch das Ende der Welt gedacht werden. Die Ordnung ist beständig bedroht durch die Mächte des Chaos. Es obliegt den Menschen, insbesondere dem König, diese Bedrohung abzuwehren. Der tägliche Kult und die Rituale, die den der Ordnung entsprechenden Ablauf der Natur sicherstellen sollen, können als symbolischer Ausdruck der Verantwortung der Menschen für den Bestand der Welt verstanden werden. In diesem Kontext erscheint das Ende der Welt zwar als Möglichkeit und Bedrohung, aber nicht als Notwendigkeit. Noch weniger ist es das Ziel der menschlichen Geschichte. Aber obwohl das Weltende nicht als Anfang einer neuen Welt verstanden wird, spiegelt sich in ihm das Verständnis der gegenwärtigen Welt. Das Weltende erscheint als das auf die Zeitachse projizierte Chaos und bestimmt damit zugleich sein Gegenbild: die Ordnung, für deren Erhalt die Menschen Verantwortung tragen. Das menschliche Handeln in der Gegenwart erhält auch vor dem Hintergrund des Bedenkens eines möglichen Endes seinen Sinn.

In ein ganz anderes Verständnis von Zeit und Geschichte führt CLAUS WILCKE anhand der babylonischen Sintflutgeschichte ein. Nicht die Zukunft bietet die Folie, vor deren Hintergrund die

---

2 Vgl. *Ecclesiastes*, 11,6.

Gegenwart gedeutet wird, sondern die Vergangenheit. Die im Sintflutmythos als Geschehen der Vergangenheit geschilderte Vernichtung der Menschheit durch die Götter ist mehr als nur eine literarisch ausgestaltete Erinnerung an Ereignisse der Vorzeit. Das mythologische Szenario beschreibt zugleich Strukturen der sozialen Welt, die gewissermaßen zeitlos gültig sind und damit auch die Gegenwart erhellen. In den in die Vergangenheit und die Welt der Götter projizierten Handlungsmuster spiegeln sich — so die Interpretation Wilckes — die latent immer vorhandenen Gefährdungen der sozialen Ordnung durch leichtfertiges Handeln. Der Weltuntergang erscheint nicht als drohende Konsequenz menschlichen Fehlverhaltens, sondern als warnendes Memento für die Menschen der Gegenwart.

Weder in den ägyptischen noch in den mesopotamischen Vorstellungen gilt das Weltende als unabwendbar. Damit unterscheiden sich diese Vorstellungen deutlich von jenen, in denen das Ende der Welt als notwendiges Ereignis begriffen wird. Ein Beispiel dafür erläutert BERNHARD KÖLVER in seinem Beitrag über indische Endzeitvorstellungen. Vor dem Hintergrund einer Kosmologie, für die die Vergänglichkeit jeder empirischen Existenz zu den gleichsam naturgesetzlichen Grundtatsachen gehört, ist auch die Vergänglichkeit dieser Welt eine Selbstverständlichkeit. Jedoch bedeutet das Ende dieser Welt nicht das Ende von Allem. Der Prozeß des ewigen Wandels bedeutet einen nicht endenden Kreislauf von Entstehen, Bestehen und Vergehen. Mit der gleichen Gesetzmäßigkeit, mit der diese Welt zu Ende gehen wird, wird ein neuer Zyklus beginnen mit einer neuen Welt, die den gleichen Lauf nehmen wird. In diesem Verlauf wird auch die Gegenwart verortet: Ihre Eigenart im historischen Ablauf entspricht ihrer Stellung im aktuellen Weltzyklus. Der fortschreitende Verfall der Sitten des gegenwärtigen Kali-Zeitalters ist Symptom des Niedergangs der Welt, an dessen Ende der Untergang stehen wird. Aus kosmischer Sicht, freilich, ist das Ende zugleich ein neuer Anfang.

In der indischen Kosmologie wird mythologisch und philosophisch ein zyklisches Zeitverständnis artikuliert, das uns in weniger elaborierter Form in vielen Kulturen begegnet. BERNHARD STRECK weist darauf hin, daß sich in Stammesgesellschaften eine

Lehre vom Ende der Zeiten in der Regel nicht finde. Dem widerspricht nicht, daß in der archaischen Welt Vorstellungen vom Weltuntergang bestehen; jedoch bedeutet jeder Untergang zugleich auch Regeneration, ein neues Entstehen. Nur in Ausnahmesituationen, in denen die primären Bindungen an die Urzeit zerrissen werden, wird in archaischen Gesellschaften die Zukunft und damit auch die Endzeit zum Bezugspunkt des Handelns und Hoffens, wie Streck am Beispiel der Tupí-Indianer und der melanesischen Cargo-Kulte erläutert. So unterschiedlich die Eschatologien in diesen beiden Fällen auch sind, gemeinsam ist ihnen die Erwartung einer neuen Zeit, die sich grundsätzlich von der Gegenwart unterscheidet. Möglicherweise führt erst die Erfahrung von Ausnahmesituationen, die die ungebrochene Kontinuität von Vergangenheit und Gegenwart brüchig werden lassen, zur Orientierung auf die Zukunft. Die Hoffnung auf neue Zeit, die erwartet wird und in der die Leiden der Gegenwart aufgehoben sind, hat als Kehrseite die Erwartung des Endes dieser Zeit und vielleicht auch dieser Welt.

Bernhard Streck deutet an, daß die Eschatologien der Tupí und der Melanesier vermutlich nicht unbeeinflußt von christlichen Vorstellungen sind. Eschatologien gehören zu den am leichtesten übertragbaren Kulturgütern. Dieser Befund wird von ADAM JONES in seinem Beitrag über die Vorstellungen vom Weltende im kolonialen Afrika durch weitere Beispiele untermauert. Die millenaristischen Bewegungen im Sudan und in Südafrika, die im 19. und frühen 20. Jahrhundert auftraten, sind deutlich durch den Islam bzw. das Christentum beeinflußt. Jones sieht in den Endzeiterwartungen auch eine Reaktion auf koloniale Unterdrückung, also eine politische und soziale Ausnahmesituation. Auch hier führt die Unheilserfahrung der Gegenwart zu einer Orientierung auf die Zukunft. Das erwartete Weltende bedeutet das Ende *dieser* Welt und damit zugleich den Beginn einer *neuen* Welt. Insbesondere im Millenarismus der Xhosa scheinen Ende und Erneuerung der Welt eng verknüpft. Jones widerspricht der Auffassung, daß die Hoffnung auf eine neue Welt eine „Flucht ins Imaginäre" bedeute. Angesichts der mit der Kolonialsituation verbundenen Veränderungen der physischen und sozialen Umwelt kann man Endzeitvisionen als Ausdruck eines neuen Verständnisses von Zeit und Geschichte interpretieren. Menschliche

Existenz in der Gegenwart wird nicht mehr ausschließlich von der Vergangenheit her gedeutet, sondern mit Blick auf die Zukunft. Daß die Zukunftserwartungen enttäuscht werden und wie im Falle der Xhosa zu dramatischen Fehlentscheidungen führen können widerspricht nicht dieser Interpretation. Die Vorstellung, daß die Welt ein Ende habe und menschliches Handeln dieses Ende in Betracht zu ziehen habe, ist alles andere als naheliegend. Jedenfalls spricht die Erfahrung vieler Gesellschaften eher für die Sicht des Predigers, die nichts Neues unter der Sonne erwartet, was die Zukunft grundsätzlich von der Vergangenheit unterscheide. Ein zyklisches Zeitverständnis, das mit Entstehen und Vergehen rechnet ohne einen endgültigen Abschluß der Geschichte zu erwarten, scheint der Alltagserfahrung von Zyklen der Vegetation und des Laufs der Gestirne eher zu entsprechen als die Vorstellung einer linearen Zeit, die auf ein Ende und Ziel hinstrebt. Es dürfte also ein Zusammenhang bestehen zwischen Endzeiterwartung und Geschichtsverständnis und zwar derart, daß die Mindestvoraussetzung für die Erwartung eines Endes ein Bewußtsein davon ist, daß sich in der Geschichte Veränderungen vollziehen, daß nicht alles immer gleich bleibt. Ein solches Bewußtsein mag in verschiedenen Kulturen aufgetreten sein, zumindest in Ausnahmesituationen. Besonders wahrscheinlich ist das Aufkommen eines Bewußtseins der Veränderlichkeit der Welt und damit auch der Vorstellung ihres möglichen Endes sicher in Zeiten des Umbruchs, in denen für die Zeitgenossen erkennbare Veränderungen geschehen. Im Kontext eines Weltbildes, das nichts grundsätzlich Neues, sondern nur die Wiederkehr des schon immer Bestehenden erwartet, sind Veränderungen, für die es kein Vorbild in der Vergangenheit gibt, krisenhafte Erfahrungen. Die Vergangenheit reicht nicht mehr aus, um die Gegenwart zu erklären und verständlich zu machen; und die Wiederherstellung der in der Vergangenheit exemplarisch verwirklichten Ordnung wird als Handlungsziel illusorisch, wenn der Verlust dieser Ordnung manifest ist. Unter diesen Umständen wird die Gegenwart zu einer besonderen Zeit an der Schnittstelle von Vergangenheit und Zukunft. Mit der Zukunft freilich können sich Befürchtungen ebenso verbinden wie Hoffnungen. Das Ende der Welt kann — wie in Ägypten — als hereinbrechendes Chaos oder — wie in

der jüdischen und christlichen Apokalyptik — als Voraussetzung für
die Verwirklichung des Gottesreiches verstanden werden. In beiden
Fällen jedoch spiegelt sich in den Vorstellungen vom Ende eine
spezifische Interpretation der Gegenwart.

Es scheint, daß die erste religiöse Tradition, in der die Vorstellung
vom Ende dieser Welt ein zentrales Element des Glaubens wurde, in
einer solchen Zeit des Umbruchs entstanden ist. Der iranische Prophet
und Religionsstifter Zarathustra, der wahrscheinlich zu Beginn des
ersten vorchristlichen Jahrtausends lebte, interpretierte die Geschichte
als eine Zeit des Kampfes zwischen den Vertretern der Wahrheit und
der Lüge, zwischen den beiden widerstreitenden Gottheiten Ahura
Mazda und Angrya Mainyu. Es ist nicht unwahrscheinlich, daß sich in
dieser Opposition die Konflikte verschiedener Bevölkerungsgruppen
und damit verbundene soziale Umbrüche widerspiegeln, durch die die
überkommene Ordnung der Gesellschaft aufgehoben wurde. Wie auch
immer, nach der Lehre Zarathustras, die uns im Avesta und in
späteren Quellen überliefert ist, wird dieser Kampf zwischen den
Mächten der Wahrheit und der Lüge nicht auf ewig fortgesetzt,
sondern diese Zeit wird ein Ende haben. Dies ist eines der frühesten
Zeugnisse für die Vorstellung einer Begrenztheit der Zeit, das ist das,
was man üblicherweise ein lineares Zeitverständnis nennt. Am Ende
der Zeit wird Angra Mainyu vernichtet werden, die Lüge wird beseitigt werden, und die Wahrheit überall und vollständig herrschen. Dann
werden die Toten wieder auferweckt und zu einer großen
Versammlung zusammengeführt, wo sie mit ihren eigenen guten und
bösen Taten konfrontiert werden. Die Verdammten werden der
Vernichtung anheimfallen, während die Gerechten ewiges Leben in
Glückseligkeit erlangen.[3]

Hier taucht zum ersten Mal in der Geschichte der
Endzeitvorstellungen das Motiv der Auferstehung der Toten und des
Jüngsten Gerichts auf, und es liegt natürlich nahe, einen Einfluß der
iranischen Vorstellungen auf die jüdischen, christlichen und damit
auch islamischen Vorstellungen vom Weltende anzunehmen. Wir
können diese Frage vernachlässigen. Ich will das Beispiel vielmehr
benutzen, um aufzuzeigen, daß Endzeiterwartungen in der Regel in

---

3   Cohn 1995: 28 f.

einem umfassenderen religiösen Kontext stehen. Im vorliegenden Fall sind einige Strukturen leicht erkennbar. Da ist zunächst eine auffallende binäre Struktur von Oppositionen: Wahrheit und Lüge, Ahura Madza und Angra Mainyu, Vernichtung und ewiges Leben. Der Zoroastrismus ist nicht zufällig der Prototyp einer dualistischen Religion. Für unseren Zusammenhang wichtiger sind jedoch andere Oppositionen: der Endlichkeit dieser Welt steht die Ewigkeit der zukünftigen Welt gegenüber, der Unvollkommenheit die Vollkommenheit. Während in der gegenwärtigen Welt die Ordnung gestört ist, was sich unter anderem darin zeigt, daß die Gerechten Unrecht erleiden, ist die zukünftige Welt vollkommen gerecht, das Unrecht ist endgültig beseitigt. Der Sinn des Weltendes besteht gerade darin, die Unvollkommenheit dieser Welt aufzuheben. Damit verliert das Weltende aber jeden Schrecken, oder genauer gesagt, es ist nur für diejenigen ein Schrecken, die aufgrund ihrer Taten der Vernichtung anheimfallen. Für die Gerechten dagegen ist das Weltende eine Verheißung. Es besteht hier also ein Zusammenhang zwischen Weltuntergangs- und Erlösungsvorstellungen, ein Zusammenhang der keineswegs selten ist. Die Apokalypse, hier im modernen Sinne verstanden als Endkatastrophe, betrifft nur die, die auf der falschen Seite stehen, während sie für die auf der richtigen Seite die Beseitigung allen Leids und aller Not bringt. In der neuen Welt werden sie in vollkommener Harmonie leben, als Gemeinschaft der Heiligen in einer paradiesartigen Umgebung.

Es ist leicht zu sehen, daß die neue Welt hier als ein vollkommenes Gegenbild der unvollkommenen gegenwärtigen Welt beschrieben wird. Indem das Geschichtsbild nicht nur die Vergangenheit, sondern auch die Zukunft umfaßt, wird die Gegenwart erst in ihrer Unvollkommenheit faßbar. Die Welt läßt sich nur als unvollkommen begreifen, wenn es den Gegenbegriff der Vollkommenheit gibt. Genauso freilich läßt sich Vollkommenheit nur denken, wenn auch Unvollkommenheit gedacht wird. Anders formuliert: Die Bewertung der Gegenwart als negativ ist erst möglich vor dem Hintergrund eines positiv gewerteten Gegenmodells. Ein positives Gegenmodell zur bestehenden Welt läßt sich jedoch erst entwerfen, wenn diese negativ bewertet wird. Das eine ist ohne das andere nicht denkbar.

Es gibt deshalb einen strukturellen Zusammenhang zwischen Erlösungsverheißung und einer tendenziell negativen Bewertung der gegenwärtigen Welt. Nicht alle Religionen bewerten den Zustand dieser Welt als im innersten negativ und verheißen eine Erlösung davon. Archaische Religionen sind in der Regel damit befaßt, die Ordnung der *bestehenden* Welt aufrecht zu erhalten. Ein Ende der bestehenden Welt erscheint unter diesem Umständen als Bedrohung, als Vernichtung einer prinzipiell positiv gewerteten Welt. Eine andere Bedeutung kann das Weltende dagegen gewinnen, wenn die bestehende Welt als strukturell unheil interpretiert wird, also nicht bloß als vorübergehend in ihrer Ordnung gestört. Erst in einem solchen Kontext wird *Erlösung* zu einem religiösen Ziel, Befreiung von den Bedingungen dieser notwendig in Sünde, Leid oder anderes Unheil verstrickten Welt. Dazu bedarf es jedoch eines Gegenbegriffs, d.h. der Konzeption einer Existenz, die frei ist von den Unvoll-kommenheiten dieser Welt. Die Erwartung des Endes dieser Welt kann in einem solchen Zusammenhang zur Verheißung werden, zur Hoffnung auf eine neue vollkommene Welt.

Die Hoffnung auf eine zukünftige neue Welt ist eine Möglichkeit, ein ideales Gegenmodell zur bestehenden unvollkommenen Welt zu konzipieren. Die Religionsgeschichte kennt auch andere Lösungen. Die Überschreitung der unheilvollen Bedingungen der gegenwärtigen Existenz, d.h. die Transzendierung dieser Welt, muß nicht als Überschreiten der Grenzen der gegenwärtigen Zeit begriffen werden. Statt in einer anderen Zeit kann die ideale Welt auch an einem anderen Ort verwirklicht sein. Das Reine Land des Buddha Amitābha ist „im Westen", das des zukünftigen Buddha Maitreya im Tuṣita-Himmel lokalisiert, sie bestehen jedoch zeitlich parallel zur empirischen Welt. In ihrer konsequentesten Form bedeutet die Transzendierung dieser Welt schließlich eine Aufhebung sowohl von Zeit als auch Raum. Die Deutung der Welt als unheilvoll und das damit verbundene Streben nach Erlösung führt also keineswegs notwendig zur Erwartung eines Endes dieser Welt. Wenn jedoch die Erwartung des Endes dieser Welt mit der Hoffnung auf eine neue vollkommene Welt verbunden ist, dann verweist dies — so scheint es — auf ein Weltbild, das die bestehende Welt als unheil, d.h. im religiösen Sinne unvollkommen, begreift.

Endzeiterwartungen stehen jedoch nicht nur in engem Zusammenhang mit anderen Aspekten des religiösen Weltbildes, sie können auch das Handeln in der Gegenwart entscheidend prägen. Im Zusammenhang mit den erwähnten millenaristischen Bewegungen in Melanesien, Südamerika und Afrika wird dies überdeutlich. In weniger dramatischer Form läßt sich dies auch bereits in der Lehre Zarathustras feststellen: Vor dem Hintergrund der zukünftigen Auferstehung der Toten und des Endgerichtes erhält auch das Handeln in dieser Welt eine eigene Bedeutung, es entscheidet über das zukünftige Schicksal. Die Menschen müssen sich hier und jetzt entscheiden zwischen Gut und Böse, und diese Entscheidung trägt Früchte aus, die am Jüngsten Tag offenbar werden. Damit wird das Weltende zum Bezugspunkt des Handelns in dieser Welt.

Die Tatsache, daß uns die zoroastrischen Endzeitvorstellungen recht vertraut anmuten, läßt leicht übersehen, daß es sich dabei um religionsgeschichtlich beispiellose Ideen handelt. Freilich sind sie zum Gemeingut der vorderorientalischen Erlösungsreligionen geworden. Insbesondere die Auferstehung der Toten und das Endgericht am Jüngsten Tag sind Motive, die auch in der christlichen und muslimischen Eschatologie wieder begegnen. ULRICH KÜHN betont in seinem Beitrag zur christlich theologischen Interpretation des Weltendes, daß im Christentum von Anfang an nicht das Ende der Welt, sondern die Hoffnung auf ein Leben in einer neuen zukünftigen Welt im Vordergrund der Erwartung gestanden hat. In der zweitausendjährigen Geschichte des Christentums ist das Thema Weltende immer wieder theologisch bearbeitet und unterschiedlich gedeutet worden. Bis in die frühe Neuzeit waren eschatologische Naherwartungen gemeinsames Glaubensgut der abendländischen Christenheit. Seit spätestens dem 18. Jahrhundert sah sich die theologische Reflexion freilich vor die Aufgabe gestellt, den neutestamentlich begründeten Glauben an das Ende dieser Welt mit modernen naturwissenschaftlichen Kosmologien in Einklang zu bringen. Kühns Beitrag zeigt, in welcher Weise die Rede vom Weltende auch in der zeitgenössischen Theologie noch Bedeutung erhalten kann.

Freilich bestanden neben den Bemühungen, christlichen Glauben und aufgeklärtes Weltverständnis zu versöhnen, auch im 19. und 20. Jahrhundert weiterhin Traditionen, für die die Erwartung des

Weltendes alles andere als metaphorische Bedeutung besaß. Dies gilt
nicht nur für die insbesondere in Nordamerika zahlreichen
adventistischen Bewegungen. Auch in Teilen des landeskirchlichen
Protestantismus Deutschlands, vor allem im württembergischen
Pietismus, gab es eschatologisch orientierte Strömungen, die in der
Gegenwart die Vorzeichen des nahen Weltendes zu erkennen
glaubten.[4] Die eschatologische Krisendiagnose stellte zugleich eine
deutliche Kritik an zeitgenössischen Entwicklungen dar, an der
fortschreitenden Entchristlichung der Gesellschaft und dem
Unglauben eines modernen, naturwissenschaftlichen oder monisti-
schen Weltbildes.[5]

Ein ähnliches Muster eschatologischer Krisendiagnose beschreibt
HOLGER PREISSLER in seinem Beitrag über die „Vorzeichen der
Stunde" im sunnitischen Islam. Die Verkündigung des drohenden
Endgerichtes war von Anfang an ein wichtiger Inhalt der koranischen
Botschaft. Dabei wurden auch die vielgestaltigen apokalyptischen
Traditionen verarbeitet, die unter Juden und Christen im Umlauf
waren. Endzeiterwartungen blieben in der Geschichte des Islams im-
mer lebendig und konnten insbesondere in Zeiten sozialer und
politischer Krisen Aktualität gewinnen. Preißler zeigt anhand
zahlreicher Textbeispiele, daß eine die Jahrhunderte überdauernde
Tradition besteht, die „Vorzeichen der Stunde" auf die jeweilig
Gegenwart zu beziehen. Es verwundert nicht, daß auch hier die
eschatologische Deutung der Zeit mit deutlicher Kritik an den
Erscheinungen der Gegenwart verbunden ist. Die Häufung von
Vergehen gegen die Gesetze Gottes, Verlust der Moral und andere
gesellschaftliche Mißstände gelten den Predigern als Zeichen für das
nahende Weltende, die die Menschen zur Umkehr bewegen sollen.
Die Stellung der Gegenwart im historischen Ablauf wird unter Bezug
auf die Zukunft bestimmt: Die Gegenwart zu verstehen heißt die
Zeichen zu erkennen, welche auf die Zukunft verweisen. Und damit

---

4 Zu den protestantischen Endzeitströmungen im Kaiserreich siehe Hölscher
   1989: 74-126.
5 Der Abfall vom Glauben wurde mit Bezug auf 2. Thess. 2,3 als Zeichen
   für die bevorstehende Wiederkunft Christi gedeutet, die Propagierung der
   ungläubigen Wissenschaft als das prophezeite Auftreten falscher
   Propheten. Vgl. dazu Hölscher 1989: 98-100.

wird auch der Rahmen bestimmt, in dem das Handeln in der Gegenwart seinen Sinn erhält.

Wenn, wie Bernhard Streck bemerkt, Endzeitvorstellungen zu den am leichtesten übertragbaren Kulturgütern gehören, dann kann man fragen, worin ihre Attraktivität bestehe. Welcher kulturelle Gewinn ist damit verbunden? Diese Frage kann hier nicht beantwortet werden. Zu verschiedenartig sind die konkreten historischen Ausgestaltungen der Vorstellungen vom Ende der Welt, zu verschieden auch die praktischen Konsequenzen, die daraus jeweils gezogen wurden. Aber vielleicht läßt sich soviel sagen: Es ist nicht das Ende dieser Welt, das im Zentrum der meisten Endzeitvorstellungen steht, sondern die Erwartung einer neuen Welt. Und es ist nicht die Zukunft, die damit erklärt wird, sondern die Gegenwart. Denn die Gegenwart erhält eine neue Bedeutung, wenn sie vom Ende der Geschichte her interpretiert wird.

Literatur

Cohn, Norman 1995: „How Time Acquired Consummation", in: *Apocalypse Theory and the End of The World,* ed. Malcolm Bull. Oxford, 21-37.
Hölscher, Lucian 1989: *Weltgericht oder Revolution. Protestantische und sozialistische Zukunftsvorstellungen im deutschen Kaiserreich.* Stuttgart.

„Ich warte auf ein Leben der zukünftigen Welt." Weltende und Weltvollendung als Gegenstände der christlichen Theologie

Ulrich Kühn

Die Vorstellungen des Christentums, auch zu den Fragen des Weltendes, haben die Kultur des Abendlandes mitgeprägt. Auch wenn in unserer säkularen Welt weithin eine offene oder faktische Absage an den christlichen Glauben (und die Kirche als die ihn vertretende Institution) vorliegt, sind wir mit dem Nachdenken über das Christentum zumindest wegen seiner kulturellen und geschichtlichen Bedeutung in besonderem Maße bei uns selbst.

Die Formulierung des Themas ist dem Glaubensbekenntnis von Nicäa und Konstantinopel aus dem Jahr 381 entnommen. Wir haben es bei ihm – wie bei den anderen Glaubensbekenntnissen, besonders dem in der evangelischen Kirche bekannteren Apostolischen Glaubensbekenntnis – mit einer der altkirchlichen Zusammenfassungen des christlichen Glaubensinhaltes zu tun, wie sie in den Gottesdiensten von der christlichen Gemeinde bekannt werden.[1] Bei dieser Zusammenfassung fällt sofort ins Auge, daß unser Thema „Weltende" nicht direkt, sondern in Form der Hoffnungsaussage auf ein Leben der zu-

---

1 Das Glaubensbekenntnis von Nicäa und Konstantinopel (auch als "nicänisches" Glaubensbekenntnis bekannt, abgekürzt und korrekter: Nicäno-Konstantinopolitanum) ist das eigentlich ökumenische, vor allem auch in der östlichen Christenheit gebräuchliche, altchristliche Glaubensbekenntnis. Es hat im Weltrat der Kirchen (Kommission für Glaube und Kirchenverfassung) in den beiden letzten Jahrzehnten besondere Beachtung gefunden, und es ist auch zu einer ökumenischen Auslegung gekommen: *Gemeinsam den einen Glauben bekennen* 1991.

künftigen Welt in den Blick kommt. Diese Hoffnungsaussage verbindet sich mit der vorangehenden über die Auferstehung der Toten sowie mit der Aussage des Zweiten Artikels des Glaubensbekenntnisses über den zum Gericht wiederkommenden Christus (ohne daß im Folgenden im einzelnen darauf eingegangen werden kann). Sie betrifft die sogenannte „universale Eschatologie" und setzt dabei von vornherein einen wichtigen Akzent: Nicht das Ende der Welt, sondern eine neue zukünftige Welt ist das, was der christliche Glaube erwartet und was ihn deshalb selbst elementar als Hoffnung qualifiziert. Mit dieser Hoffnung haben Christen seit der Zeit des Neuen Testaments gelebt und sind in dieser Hoffnung gestorben.

Es ist nun allerdings kein Geheimnis, daß die Hoffnung auf die zukünftige Welt über lange Strecken hin das faktische christliche Bewußtsein nur in geringem Maße erfüllt hat und auch in der kirchlichen Verkündigung eher zurücktrat. In der Neuzeit ist diese Hoffnung dann auch mindestens durch zwei gegenläufige Deutungen der Zukunft der Welt überlagert worden, die den Anschein wesentlich größerer Plausibilität haben. Das eine ist die Erwartung einer Entwicklung unserer Welt zu einem guten, glücklichen Endzustand. Das ist z.B. die Hoffnung von Karl Marx[2] gewesen, freilich pervertiert in der marxistischen politischen Ideologie. Aber sie hat z.B. auch einen kritischen Marxisten wie Ernst Bloch bewegt und ihn zu seinem Werk *Das Prinzip Hoffnung* inspiriert.[3] Elemente biblischer, vor allem alttestamentlich-messianischer Zukunftshoffnung lassen sich sowohl bei Marx wie bei Bloch feststellen, und diese Hoffnungselemente sind auch in theologischen gesellschaftsorientierten Entwürfen wirksam geworden.[4]

Auf der anderen Seite begegnen wir etwa bei Arthur Schopenhauer einem pessimistischen Zukunftsbild, das sich ebenfalls als Konsequenz des christlichen Weltverständnisses versteht, dabei aber den

---

2 Vgl. z.B. K. Marx/F. Engels: *Die deutsche Ideologie* (1845).
3 Literatur zu E. Bloch in: *Theologische Realenzyklopädie (TRE)* Bd. 6, 1980, 719.
4 Z.B. Moltmann 1964; vgl. aber auch die Entwürfe der vieldiskutierten lateinamerikanischen Theologie der Befreiung (G. Gutierrez, J. Miguez-Bonino u.a.).

alttestamentlichen Hoffnungen gegenüber durchaus kritisch ist.[5] Solcher Pessimismus scheint angesichts der Aporien, in die unsere Welt geraten ist, dem gegenwärtigen allgemeinen Bewußtsein – sofern es über Zukunftsperspektiven überhaupt nachdenkt – eher entgegenzukommen; jedenfalls ist ein Optimismus im Blick auf die Zukunft der Welt seltener geworden.

Beiden Optionen gemeinsam ist der Verzicht auf eine Hoffnung auf eine jenseitige Welt. Bertholt Brecht formuliert:

Laßt euch nicht verführen!
Es gibt keine Wiederkehr.
Der Tag steht in den Türen;
ihr könnt schon Nachtwind spüren:
Es kommt kein Morgen mehr.[6]

Für einen nachdenklichen Christen liegen hier Herausforderungen, die seinen Glauben und seine Hoffnung sehr unmittelbar tangieren. Was besagt die christliche Hoffnung auf ein Leben der zukünftigen Welt für die Zukunft der Welt, in der wir leben? Welchen Wahrheitswert hat sie? Kann sie Deutungen oder Orientierungen vermitteln? Auf diese Fragen werden wir in einem zweiten Teil des Folgenden zurückkommen. Zunächst soll – in einem ersten Teil – anhand der im Anhang dokumentierten Texte[7] ein Blick in die Ausformungen der universalen christlichen Hoffnung und insbesondere auf das, was dabei über das Ende der Welt zur Sprache kommt, geworfen werden. Im zweiten Teil wird dann die Frage nach der heutigen Tragfähigkeit und Sinnhaftigkeit solcher christlicher Hoffnung wieder aufgegriffen.

---

5 „Dem eigentlichen Christentum ist jener Optimismus des Alten Testaments wirklich fremd" (*Die Welt als Wille und Vorstellung* II, Kap. 48).
6 B. Brecht, „Gegen Verführung" (aus: *Hauspostille*, 1927).
7 Auf diese (numerierten) Texte wird im Folgenden durch Klammerangaben verwiesen.

1 Aussagen aus der Bibel und aus der Geschichte des christlichen Denkens

Wir beginnen mit neutestamentlichen Aussagen.[8] Die Texte aus dem Markusevangelium, dem 2. Thessalonier- und dem 2. Petrus-Brief (Texte 1, 3 und 4) sind Beispiele für ein im NT begegnendes Zukunftsgemälde, das wir als „apokalyptisch" bezeichnen.[9] Mit diesem Begriff sind Vorstellungen gemeint, die für die Zukunft dramatische geschichtliche Entwicklungen und kosmische Ereignisse voraussagen. Aus den genannten Texten lassen sich wenigstens vier entscheidende Züge solcher apokalyptischer Zukunftsvision entnehmen. Das eine ist eine schlimme Prognose für die geschichtliche Zukunft. Das Böse wird überhand nehmen (2. Thess. 2, 3). Der Antichristus wird erscheinen (Mk. 13, 6). Die Glaubenden werden gehaßt und verfolgt werden (Mk. 13, 9). Es wird zu Kriegen kommen (Mk. 13, 7). Und Naturereignisse wie Erdbeben werden die Katastrophen vermehren (Mk. 13, 8). Das Zweite ist die Mahnung an die Glaubenden, sich nicht verführen zu lassen, sondern Treue zu bewahren. „Sehet zu, daß euch nicht jemand verführe" (Mk. 13, 5; vgl. 2. Thess. 2, 3; 2. Petr. 3, 11). Sodann wird – drittens – das Ende der Welt eintreten, Sonne und Mond werden ihren Schein verlieren (Mk. 13, 24), die Himmel werden mit Feuer zergehen und die Elemente vor Hitze zerschmelzen (2. Petr. 3, 12). Und viertens – im gleichen Geschehenszusammenhang – erscheint Christus und errettet die Glaubenden (2. Thess. 2, 3; Mk. 13, 26). Die Erwartung des Weltendes gehört demnach in diesen apokalyptischen Vorstellungsbereich. Im Grunde ist das gesamte letzte Buch der Bibel, die Offenbarung des Johannes, ein großes apokalyptisches Gemälde von dem, was die Zukunft bringen wird – geschrieben zur Mahnung und Tröstung der angefochtenen Glaubenden.[10] Solche apokalyptischen Vorstellungen basieren auf vorchristlichen, insbeson-

---

8 Für die Aussagen aus dem Alten Testament verweise ich auf den Beitrag von Siegfried Wagner in diesem Band. Zu den im Folgenden besprochenen NT-Aussagen vgl. auch die einschlägigen exegetischen Kommentare.

9 Vgl. Strobel 1978a.

10 Vgl. Strobel 1978b.

dere alttestamentlich-frühjüdischen Gedankengängen (Tritojesaja, Daniel etc.). In gewisser Weise gehört auch der Text aus dem Römerbrief (Text 2) in diesen Vorstellungsbereich. Dennoch zeigt sich hier ein Zurücktreten apokalyptischer Ausmalungen. Paulus benennt lediglich das Leiden, die Angst und die Vergänglichkeit, denen die gesamte Schöpfung (und damit auch der Mensch) unterworfen ist. Er spricht ohne Bilder und schlicht von der Hoffnung auf die Befreiung von solcher Angst und Vergänglichkeit mit Berufung auf das, was die Christen jetzt schon anfangshaft erfahren.[11] Auch im Text aus Offb. 21 (Text 5) begegnen – im Unterschied zum sonstigen Inhalt der Johannesapokalypse – keine Schreckensbilder, sondern es wird eine Vision des zu erwartenden Neuen entworfen – eines neuen Himmels und einer neuen Erde, nachdem „der erste Himmel und die erste Erde und das Meer" vergangen sind. Besonders diese Aussage (aber auch die des Paulus) dürfte für die Formulierung des Glaubensbekenntnisses wichtig geworden sein, das ebenfalls auf apokalyptische Ausmalungen verzichtet. Sie zeigt aber auch, daß die christliche Zukunftshoffnung nicht allein eine Hoffnung für ein individuelles Leben nach dem Tod ist, sondern eine neue Welt einschließt. Und sie beschreibt andeutungsweise die neue erhoffte Art des Lebens vor und mit Gott, wie sie in der neuen Welt zu erwarten ist (keine Tränen, kein Tod, kein Leid – dafür aber eine sichtbare und spürbare Nähe Gottes). Der Text aus Offb. 21 ist zwar dem apokalyptischen Vorstellungsbereich verpflichtet, macht aber stärker als andere Texte das eigentliche geistliche Anliegen dieser Vorstellungswelt deutlich: Es geht um die Hoffnung auf Befreiung vom Leid und ein Leben in einer neuen Welt.

Es sei nun auf einige Beispiele für die Wirkungsgeschichte jener neutestamentlichen Aussagen in der Geschichte der Kirche hingewiesen. Die Texte von Tertullian (alte Kirche) sowie von Luther und Erasmus Alber (Texte 6 bis 9) artikulieren mit der Aufnahme des biblischen Gedankens vom Weltende die Hoffnung auf das Ende von konkretem Leid und aktueller Unterdrückung. Tertullian freut sich auf das Schauspiel, wo diejenigen, die den Namen des Herrn verfolgt haben, in den Endereignissen zu Schanden werden. Die in diesem

---

11 Vgl. Röm. 8, 21, auf dem Hintergrund des gesamten 8. Kapitels des Römerbriefes.

Zusammenhang auch genannten Philosophen mit ihren Schülern sind
diejenigen, die das geistig-ideologische Rüstzeug für die Verfolgung
der Christen geliefert haben.[12] Luthers Briefstellen zeigen mit dem
(häufig zitierten) Ruf „Komm, lieber jüngster Tag" die Grundhaltung
des Reformators, der sich nach dem Ende des Kampfes, den das Leben auf dieser Erde darstellt, sehnt. Im Brief an seine Frau von 1540
(Text 7) folgt dieser Ruf auf die Schilderung der unerträglichen
Sommerhitze, die für Luther ebenfalls Zeichen für die Lasten dieser
irdischen Welt sein konnte. Anders der viel dramatischere Text von
1522 (Text 8), in welchem der Kampf gegen das römische Papsttum
als endzeitlicher Kampf mit dem Antichristen charakterisiert wird.
Luther sieht sich in der Rolle, die widergöttlichen Kräfte – den Satan
und seine Horden – zu provozieren, damit der Tag der Wiederkunft
Christi, der dem allen ein Ende macht, sich umso schneller einstelle.[13]
    Auch das Kirchenlied von Erasmus Alber (Text 9) erhofft mit
dem Ende und dem Zerfall der Welt die Vernichtung der widergöttlichen Mächte, die in dieser Welt ihr verheerendes Wesen treiben. Die
apokalyptischen Bilder und Visionen der Bibel erwiesen sich als
Hoffnungspotential, das Kräfte der Ermutigung und des Trostes ent-
bindet. Sie besiegelten allerdings zugleich, daß bis zum Eintritt der
endgültigen Erlösung an ein Ende der schlimmen Konflikte in dieser
Welt nicht zu denken sei. Die Konflikte selbst äußern sich vorrangig
im Kampf der Gläubigen gegen die glaubensfeindlichen Mächte.
    Es muß nun freilich hinzugefügt werden, daß es bereits in der äl-
teren Geschichte der christlichen Hoffnung wenigstens noch zwei
andere Linien gab, die den Gedanken des erwarteten Weltendes eher
zurücktreten ließen. Das hängt mit der Erfahrung der sogenannten
Parusieverzögerung zusammen, der Erfahrung also, daß die anfangs
für die unmittelbare Zukunft angekündigten Ereignisse faktisch nicht
eingetreten sind. Ich denke hier einmal an die Vision vom sogenannten 1000-jährigen Reich. Sie taucht an einer Stelle des Neuen Testaments (Offb. 20) auf, gehört zum apokalyptischen Vorstellungsgut
und ist bis ins 4. Jahrhundert auch in apokalyptischem Sinne gedeutet
worden. Eine wichtige Veränderung hat diese Vision dann bei Augustin (und in der Folge) gefunden. Augustin sieht die verheißenen 1000

---

12 Zu Tertullian vgl.: *Handbuch der Dogmengeschichte* 1986, 110-114.
13 Zu Luther vgl. Asendorf 1967, bes. 173 ff., 207 ff.

Jahre in der Existenz der katholischen Kirche bereits als Wirklichkeit vor sich.[14] Apokalyptische Enderwartungen traten zurück, und wo sie – zumal gegen die Kirche – geltend gemacht wurden, wurden sie mit Repressalien beantwortet.

Sodann ist darauf zu verweisen, daß die christliche Eschatologie die Akzente weithin wesentlich auf die Hoffnung des Einzelnen über seinen Tod hinaus, auf Gericht und Auferstehung setzte (individuelle Eschatologie). Das führte später dazu, daß etwa in der protestantischen Orthodoxie das Lehrstück vom Ende der Welt – von der „annihilatio mundi", wie man jetzt sagte – fast zur Bedeutungslosigkeit verkümmerte.

2 Heutige Deutungsversuche

Wie geht das gegenwärtige theologische Bewußtsein mit den überlieferten Aussagen vom Weltende um? Dies sollen die Texte der evangelsichen Theologen Karl Barth, Paul Althaus und Wolfhart Pannenberg zeigen (Texte 10-12).

Der Abschnitt von Karl Barth stammt aus seinem Kommentar zum Römerbrief von 1922, mit dem nach dem ersten Weltkrieg eine neue Ära der evangelischen Theologie eingeleitet wurde.[15] Karl Barth fand sich u.a. vor der Tatsache, daß die Theologie des 19. Jahrhunderts mit den eschatologischen und insbesondere den apokalytischen Vorstellungen der christlichen Tradition wenig anfangen konnte, vielmehr wesentlich über die Bedeutung des Glaubens und der Religion für das Leben des einzelnen und der Gesellschaft hier und jetzt

---

14 Zu Augustin und der weiteren Entwicklung des Gedankens des Millennium vgl. Althaus 1949: 300 ff., ferner: *Handbuch der Dogmengeschichte* 1986, 193 ff.

15 Barth 1922. Es handelt sich um die berühmt gewordene und in vielen weiteren Auflagen nachgedruckte 2. Auflage. Sie steht für den „frühen" Barth, wohingegen der spätere Barth (insbesondere in seinem 13-bändigen Hauptwerk *Die kirchliche Dogmatik*, 1932-1967) seine Auffassungen in vielen Punkten so weiterentwickelt hat, daß es einer Korrektur gleichkommt.

nachdachte.[16] Demgegenüber betonte Barth den grundlegend eschatologischen Charakter der christlichen Botschaft. Er bestreitet jedoch, daß es sich hier um Ereignisse handelt, die sich irgendwann in der zeitlichen Zukunft abspielen. „Wie soll denn ‚ausbleiben‘, was seinem Begriff nach überhaupt nicht ‚eintreten‘ kann? " Was die Bibel eigentlich meint, ist kein „Weltuntergang", keine kosmische Katastrophe, sondern etwas, was sozusagen ständig die weitergehende Welt betrifft, bedroht, relativiert, eine „überhängende Wand Gottes, die die Aufhebung aller Zeit und alles Zeitinhalts bedeutet".[17] „Weltende" als ständige Begrenzung und auch Bedrohung und Relativierung der Welt, nicht als ein zukünftiges Ereignis!

Damit tritt uns – wenn auch in sehr radikaler Form – ein in der Theologie des 20. Jahrhunderts auch sonst verbreiteter Typ christlicher Eschatologie entgegen. Wir finden ihn z.b. auch bei R. Bultmann. Die biblischen apokalyptischen Aussagen vom Weltende müssen „entmythologisiert" werden, sagt Bultmann.[18] Sie sind bildhafte Ausdrucksformen einer Wirklichkeit, die den Menschen heute und jetzt angeht und anfragt, etwa in der Weise: Bist du dir bewußt, daß diese Welt kein letzter Wert ist, daß du vor einem ganz anderen Forum lebst, daß du ständig Rechenschaft geben mußt, hier und jetzt? Ist die universale apokalytische Eschatologie des Neuen Testaments nicht nur ein Chiffre für die individuelle Eschatologie? Bultmann verweist darauf, daß das Neue Testament selbst an entscheidenden Stellen eine solche „Entmythologisierung" vorzunehmen scheint, vor allem im Johannesevangelium. Dort ist nämlich in der Tat von der letzten Stunde als der bereits jetzt eingetretenen Stunde, vom Gericht, das sich jetzt vollzieht, die Rede.[19] Aber man muß natürlich fragen, ob das – wie der frühe Barth und Bultmann meinen – die Frage nach der Zukunft der Welt, nach ihrem Ende und ihrem Neuwerden, wirklich

---

16 Vgl. z.B. bei Albert Schweitzer das Prinzip der Ehrfurcht vor dem Leben als Ablösung eschatologisch-apokalytpischer Vorstellungen.
17 Barth 1922: 484.
18 Außer dem programmatischen Aufsatz zur Entmythologisierung von 1941/1948 vgl. direkt zu unserer Frage die beiden Arbeiten Bultmanns zum Thema Geschichte und Eschatologie, 1958 und 1960 (= 1954).
19 Vgl. z.B. Joh. 3, 18; 5, 24.

gegenstandslos macht. Das biblische Zeugnis und die christliche Tradition lassen hier zumindest Fragen offen.

Die christliche Theologie unseres Jahrhunderts hat sich deshalb auch nicht mit den Antworten Barths und Bultmanns zufrieden gegeben. Das zeigen exemplarisch die Texte des früheren Erlanger Dogmatikers Paul Althaus (Text 11) und des bekannten Münchener Theologen Wolfhart Pannenberg (Text 12). Althaus, der in unserem Jahrhundert das ausführlichste Werk über den Bereich der Eschatologie geschrieben hat, versucht in dem dokumentierten Text, vorsichtige Aussagen über die in der christlichen Tradition erwartete kommende Welt und das Verhältnis dieser unserer Welt zu jener erwarteten Welt zu machen.[20] Damit nimmt er die endzeitlichen Zukunftsaussagen der biblischen Apokalyptik in seine eigenen Aussagen auf. Der zitierte Text will sowohl eine Diskontinuität wie eine Kontinuität zwischen unserer jetzigen und der in der Zukunft erwarteten neuen Welt benennen. Sofern die neue Welt wirklich eine ganz andere, uns im einzelnen auch nicht vorstellbare ist, muß von dem Ende dieser unserer Welt gesprochen werden: Gemeint ist das Ende der Bindungen der Wirklichkeit an Raum, Zeit, Ohnmacht, Zerbrechlichkeit, Tod und Leid. Aber es muß zugleich von einer Kontinuität die Rede sein, um die Selbigkeit von Welt und Mensch hier und dort festzuhalten. Althaus macht deutlich, daß unsere Vorstellungskraft an dieser Stelle in „Rätselworten" steckenbleibt. Aber der Gewinn seiner Überlegungen zeigt sich etwa am Ende des zitierten Abschnitts, wo er den Gleichnischarakter dieser unserer Welt für das, was uns als neue Welt verheißen ist, benennt. Wenn Gottes ewige Welt z.B. voller Musik ist, dann bedeutet das, daß unser Musizieren in dieser Welt eine Dimension hat, die über sie hinaus in die ewige Welt Gottes weist.

Bei Pannenberg reduziert sich das Reden von der Ewigkeit wieder auf die Rede von Gott, jetzt im Gegensatz zur Rede von einem Nichts. Aber er versteht Gott nicht – wie Barth – einfach als das gegenwärtige Jenseits der Welt und Zeit, sondern als das „Ende der Zeit" und damit das Ende der Geschichte. So macht für ihn die Rede von Gott als solche es notwendig, die Begrenztheit von Zeit und Geschichte und damit der Welt in ihrer zeitlichen Erstreckung zu denken und in die-

---

20 Zu Althaus vgl. Beißer 1993: 175 ff.

sem Zusammenhang auch den Gedanken des Gerichtes auszusagen. Er verzichtet indessen auf nähere Erläuterungen des Endvorganges und dessen, was in der neuen Welt auf uns wartet. Diese drei Beispiele aus der christlichen Theologie des 20. Jahrhunderts zeigen die Schwierigkeit, mit der christlichen Tradition vom Ende der Welt heute sinnvoll umzugehen. Es ist deutlich, daß vor allem die spezifisch apokalyptischen Züge der biblischen Aussagen über das Weltende von der gegenwärtigen Theologie nicht einfach repristiniert werden. Offenbar aber wird die Notwendigkeit empfunden, diese Aussagen auch nicht – wie es in Teilen der liberalen Theologie des 19. Jahrhunderts geschah – zu den Akten zu legen, sondern sich zu bemühen, einen in der Gegenwart nachvollziehbaren und als Orientierungswissen unentbehrlichen Sinn dieser Aussagen über das Weltende in diesen Texten auszumachen. Dem ist jetzt noch mit einem eigenen Überlegungsgang nachzugehen.

3 Die Frage nach der Wahrheit der christlichen Aussagen

Die Frage nach dem in den christlichen Aussagen über das Weltende enthaltenen Orientierungswissen ist faktisch die Frage nach ihrer Wahrheit. Ist es erlaubt, diese Frage überhaupt aufzuwerfen? Was können uns die unterschiedlichen Vorstellungen bedeuten, was erschließen? Welche Orientierung vermögen sie inmitten mancher Orientierungslosigkeit zu leisten? Ich gehe damit bewußt über ein religionswissenschaftlich-deskriptives Verfahren und Fragen hinaus. Erst mit dieser Fragestellung wird auch der Vergleich der verschiedenen Religionen wirklich spannend. Denn er geschieht nicht von einem übergeordnet-neutralen Standpunkt aus. Die verhandelten Vorstellungen sind nicht nur Spiele, die zwar mit höchstem Interesse zu betrachten sind, auf deren Wahrheitsanspruch sich einzulassen aber die aufgeklärte Toleranz verbietet. Mit einer solchen Zurückhaltung würden wir der Intention, mit der die Vorstellungen vom Weltende in allen Kulturen entworfen und immer neu erinnert worden sind, nicht gerecht werden. Die Frage nach der Wahrheit kann hier allerdings nur für das Christentum gestellt werden.

Die spezifische Schwierigkeit, die Wahrheitsfrage beim Thema „Weltende" zu erörtern, liegt nun allerdings darin, daß wir es hier mit Aussagen über etwas noch Ausstehendes zu tun haben, mit Zukunftsaussagen, die – im Unterschied etwa zu Aussagen des Schöpfungsglaubens oder der Christologie – keine Nachprüfung an vorliegenden Gegebenheiten zulassen. Die Rede vom Weltende greift von vornherein über mögliche Erfahrungen hinaus.

> Vermauert ist dem Sterblichen die Zukunft
> Und kein Gebet durchbohrt den eh'rnen Himmel.[21]

Das Problem zeigt sich deutlich in der Interpretationsgeschichte der Zukunftsaussagen des christlichen Glaubens.

Die Analyse der „Basisaussagen" des christlichen Glaubens zum Thema Weltende im Neuen Testament stößt bereits auf die Einsicht, daß es sich hier um zeitentsprechende, zum Teil aus vorchristlicher Tradition übernommene und unter sich unterschiedliche Vorstellungen handelt. Es sind bildhafte und ausmalende Vorstellungen (wie es die gesamte apokalyptische Vorstellungswelt ist), die vermutlich von vornherein als Symbol, als Chiffre und nicht als wörtlich-historisierende oder gar naturwissenschaftliche Aussagen gedeutet werden wollen.[22] Was für Aussagen des Glaubens überhaupt zutrifft, gilt für Hoffnungsaussagen des Glaubens in besonderem Maße.[23] Was aber enthalten diese Aussagen an Wahrheit?

Ich denke, wir nähern uns diesem Wahrheitswert nur dann, wenn wir über ihre *Funktion* nachdenken. Wenn wir also darüber nachdenken, was sie für die, die sie formulieren und rezipieren, eigentlich in den Blick rücken wollen, welche Erfahrungen und nachvollziehbaren Lebenswirklichkeiten sich in diesen Aussagen – die als solche zunächst eher spekulativ oder phantastisch zu sein scheinen – Ausdruck verschaffen und sich in noch größerer Tiefe erschließen. Kriterium der Wahrheit wäre dann die Frage, inwiefern sich die Vorstellung vom Weltende als Deutung und Erschließung unserer Erfahrung be-

---

21 F. Schiller, *Die Braut von Messina* (Donna Isabella).
22 Dazu vgl. Kühn 1994.
23 Die Fehlinterpretationen der Johannesapokalypse in Sekten und ähnlichen Gruppen, die häufig schon den Sinn des urprünglichen Textes vergewaltigten, sind bekannt.

währt. In diesem Sinne soll in mehreren Schritten die Frage nach der Wahrheit der christlichen Rede vom Weltende (im Lichte ihrer vielfältigen Interpretationsgeschichte) angegangen werden.

Welche Funktion also eignet den Aussagen des christlichen Glaubens über das Weltende, was will in ihnen Ausdruck gewinnen?

(1) Sie haben zunächst einmal die Funktion, an die Vorläufigkeit der Welt, wie wir sie erleben, an ihre Nicht-Endgültigkeit zu erinnern, ja darüber hinaus: die sehr grundsätzliche Gefährdung der Welt in Erinnerung zu bringen. „Es komme die Gnade und es vergehe die Welt!" haben die frühen Christen im Gottesdienst gebetet.[24] Und sie haben auf die Zukunft *bei Gott* hinzuweisen. Vermutlich ist unsere Generation ganz anders als frühere Generationen (etwa im 19. Jahrhundert) wieder offen für solche Erinnerung. Schopenhauer war im 19. Jahrhundert eine bemerkenswerte Ausnahme und findet heute mit Recht neue Beachtung. Die vorübergehend gebannte Atomgefahr hat uns den Abgrund ebenso vor Augen geführt wie es im Augenblick die Daten der Umweltzerstörung tun. Aber auch unabhängig von diesen apokalyptischen Szenarien: Naturwissenschaftler haben uns auf die Geschichte der Welt (zumindest unseres Planeten) hingewiesen, die irgendwann begonnen hat und die auch einem Ende zustrebt. Kann sich dieses Wissen in der christlichen Rede vom zu erwartenden Weltende wiederfinden? Und ist es offen für die Erfahrung einer Zukunft bei Gott?

(2) Da die Rede vom Weltende christlich mit der Erwartung eines „danach" verbunden ist – eines neuen Himmels und einer neuen Erde –, kommt ihr zugleich die Funktion zu, an die Utopie einer geheilten, geretteten neuen Welt zu erinnern, einer Welt, wie sie eigentlich nach Gottes Willen sein sollte – ein Leben ohne Tod vor Gott – und wie es die gegenwärtige Welt in Wirklichkeit nicht ist. In der christlichen Rede vom Weltende steckt so etwas wie ein Utopiepotential (und wir werden sehen, wie sehr dieses dem Erwartungshorizont des alten Israel entspricht). Wir haben gelernt, das Wort „Utopie" wieder in

---

24 Didache X.6. Anschließend ertönte der Ruf „Maranatha", der schon neutestamentlich bezeugt ist: 1. Kor. 16,22, vgl. Offb. 22, 20. Vgl. ferner: *Handb. d. Dogmengesch.* 1986, 90 ff.

seinem positiven, lebensfördernden Sinn zu verstehen.[25] Die bloße Feststellung des Ist-Zustandes (und bestenfalls ein Basteln an den allzu deutlichen konkreten Gefahren) ist nicht das Ganze, was notwendig ist, um in die Zukunft blicken zu können. Es wird wieder nach dem Lebenssinn der Utopie einer neuen Welt gefragt. Dies eröffnet drei weitere Gesichtspunkte.

(3) Es käme als eine zu bennende Funktion der Rede vom Weltende zunächst die deutlich bereits in den neutestamentlichen Texten sich zeigende Tendenz in den Blick, den Menschen Mut zum Widerstand, zum Durchhalten trotz der widerständigen Wirklichkeit zu machen. Sicherlich: Der Mut gründet dort in der Erwartung, daß das Elend bald sein Ende hat. Aber die Funktion der Erwartung ist es eben doch, sich nicht unterkriegen zu lassen von den Unbilden der Wirklichkeit dieser Welt. Man mag hier (kritisch) von Vertröstung sprechen, wie es eine (doch wohl billige) marxistische Polemik immer getan hat. Man wird in jedem Falle zu sehen haben, daß die Erwartung des Weltendes sowohl in den biblischen Apokalypsen wie bei Tertullian oder bei Luther eine Art widerständiges Heldentum mit sich gebracht hat. Und auch Marx hat sich nicht gescheut, von religiösen Utopien als von einem Protest gegen die gegenwärtigen Zustände zu sprechen.[26] Allerdings geht die religiöse Utopie auch davon aus, daß es in dieser Welt niemals einen Zustand geben wird, in dem solche Widerständigkeit sich erübrigt hätte.

(4) Die christliche Rede vom Weltende hat dann aber auch die Funktion, den Blick zu öffnen und zu erinnern an das, was an Elementen der neuen Welt inmitten dieser auf ihr Ende zulaufenden Welt bereits Wirklichkeit geworden ist. Nicht zu Unrecht hat die Theologie von der Kontinuität zwischen dieser und der zu erwartenden Welt gesprochen. Sie verweist einmal auf die Schönheit und die Güte der Schöpfung. „Gottes ewige Welt ist Musik" (Althaus) – das erinnert daran, daß Musik auf dieser Erde schon ein Element des Neuen in sich birgt. Die Welt ist ein Haus, in welchem Menschen leben können (so lange sie es nicht zerstören), und das dokumentiert nicht nur die Güte des Schöpfers (wie Jesus in der Bergpredigt sagt), sondern ist eine Art Vorschein der Heimat, die uns in der neuen Erde umfängt. Erst recht

25 Zu denken ist etwa an die Philosophen E. Bloch und G. Picht.
26 In der Einleitung zur *Kritik der Hegelschen Rechtsphilosophie* (1843/44).

ist – nach dem Bekenntnis des christlichen Glaubens - das Neue, das in Jesus Christus erschienen ist, das Leben in Barmherzigkeit, Liebe und Dienst, ein „Angeld" dessen, was wir noch erwarten. Insofern ist die Funktion der Erwartung des Endes dieser und des Heraufkommens der neuen Welt die Erinnerung daran, daß bereits jetzt Kräfte der Erlösung am Werk sind.[27]

(5) Schließlich ist es die Funktion der Erwartung des Endes der Welt und der Heraufkunft einer neuen Welt, diese Utopie und Hoffnung wirksam werden zu lassen in Formen der Gestaltung unserer Welt – zugleich in Entsprechung zu dem, was bereits an Kräften der Erlösung in dieser Welt schon da ist. Dies ist die kreative Funktion der Utopie: eine stimulierende Orientierung zu haben für unseren Einsatz für eine gerechtere, freundlichere, menschenwürdigere Welt. Es wäre zumindest im Sinne des Christentums ein Mißverständnis, die Rede vom zu erwartenden Ende der Welt insgesamt als Aufforderung zur Weltflucht auszulegen. Vielmehr steht die gesamte christliche Botschaft, deren Zentrum der erschienene Messias Jesus Christus ist, unter der Dialektik des „Schon – Noch nicht". Und das heißt: Das, was wir als Erfüllung in der Zukunft erwarten (der Abbruch der alten und die Heraufkunft der neuen Welt), gewinnt eine vorläufige zeichenhafte Gestalt bereits jetzt und hier, auf den Spuren Jesu sozusagen. Und in dem Maße, in dem wir es Gott selbst überlassen, die neue Welt heraufzuführen, sind wir frei, in aller Nüchternheit, ohne die endgültige Freiheit hier mit Gewalt durchsetzen zu wollen, einen Vorschein des Zukünftigen mit gestalten zu helfen. Auch daran zu erinnern, ist eine wesentliche Funktion der christliche Rede vom Weltende.

Vielleicht ist das, an was hier erinnert wird – die Funktion der Rede vom Weltende – weniger in Lehrsätzen formulierbar als vielmehr in der Sprache der Dichtung. Ein Versuch in dieser Richtung dürfte der Text des Schweizer Dichters Kurt Marti (Text 13) sein, in dem die Elemente, die genannt wurden, fast vollständig zusammengefaßt sind. Der Text erinnert an die Differenz zwischen der Welt, wie wir sie erleben, und der Welt, wie sie erhofft werden kann. Vergehend

---

27 Endzeiterwartung besteht also nicht nur dort, wo die Welt unter rein negativem Vorzeichen gesehen wird. Vgl. die Einleitung zu diesem Band von Hubert Seiwert.

ist die Erde mit den verschiedenen (unumgänglichen) Herrschaftsformen, mit Leid, Gewalt und Elend. Erhofft wird die Utopie der fröhlichen Stadt, in der Gott mit dem Antlitz des Menschen gegenwärtig ist. Besonders wichtig ist aber doch wohl der letzte Vers des Gedichts: Die Zukunft ragt hinein in die Gegenwart – sie grüßt die Erde, die als solche vergehen muß, und zwar in dem Maße, in dem die Liebe das Leben verändert. Dies ist eine Erinnerung daran, daß es nach christlicher Überzeugung Jesus von Nazareth ist, der Liebe in ganz neuer Weise in die Welt gebracht hat. Wie überhaupt die christliche Rede vom Weltende zureichend nur vom Christusglauben her verstanden werden kann: von dem her, der selbst den Weg des Todes gegangen ist, um als der Lebendige diese Welt mit der erhofften Zukunft zu verbinden.

Ist das alles ein Erweis von Wahrheit? Im Sinne einer nicht zu widerlegenden Theorie ganz gewiß nicht. Aber die Funktionen der christlichen Rede vom Ende der Welt zeigen doch wohl, daß sich in dieser Rede tiefe Erfahrungen versammeln, Erfahrungen von Enttäuschendem und Hoffnungsvollem, und daß es von daher nicht angemessen wäre, diese Rede als einfache Spekulation zu betrachten (und damit womöglich abzutun). Ihre Wahrheit wird sich vielmehr daran ermessen, ob und inwiefern ihre Funktion uns Lebensnotwendiges zu zeigen und zu vermitteln vermag.

Anhang

(1) Aus Markus, Kap. 13[28]

5. Jesus fing an, ihnen zu sagen: Sehet zu, daß euch nicht jemand verführe! 6. Es werden viele kommen unter meinem Namen und sagen: Ich bin's, und werden viele verführen. 7. Wenn ihr aber hören werdet von Kriegen und Kriegsgeschrei, so fürchtet euch nicht. Es muß so geschehen. Aber das Ende ist noch nicht da. 8. Denn es wird sich erheben ein Volk wider das andere und ein Königreich wider das andere. Und es werden Erdbeben geschehen hin und her und wird teure Zeit sein. Das ist der Anfang der Wehen. 9. Ihr aber, sehet euch

---

28 Alle Übersetzungen aus dem *Neuen Testament* sind nach Luther.

vor! Denn sie werden euch überantworten den Gerichten, und in den Synagogen werdet ihr geschlagen werden, und vor Fürsten und Könige werdet ihr geführt werden um meinetwillen, ihnen zum Zeugen. 10. Und das Evangelium muß zuvor verkündigt werden allen Völkern [...] 13. Und ihr werdet gehaßt sein von jedermann um meines Namens willen. Wer aber beharrt bis ans Ende, der wird selig [...] Denn in diesen Tagen wird solche Trübsal sein, wie sie nie gewesen ist bisher von Anfang der Schöpfung, die Gott geschaffen hat, und auch nicht wieder werden wird. 20. Und wenn der Herr diese Tage nicht verkürzt hätte, würde kein Mensch selig [...] 24. Aber zu der Zeit, nach dieser Trübsal, werden Sonne und Mond ihren Schein verlieren, 25. und die Sterne werden vom Himmel fallen, und die Kräfte der Himmel werden ins Wanken kommen. 26. Und dann werden sie des Menschen Sohn kommen sehen in den Wolken mit großer Kraft und Herrlichkeit.

(2) Aus dem Römerbrief, Kap. 8

18. Denn ich halte dafür, daß dieser Zeit Leiden der Herrlichkeit nicht wert sei, die an uns soll offenbart werden. 19. Denn das ängstliche Harren der Kreatur wartet, daß Gottes Kinder offenbar werden. 20. Es ist ja die Kreatur unterworfen der Vergänglichkeit – ohne ihren Willen, sondern um des willen, der sie unterworfen hat – auf Hoffnung, 21. denn auch die Kreatur wird frei werden von der Knechtschaft des vergänglichen Wesens zu der herrlichen Freiheit der Kinder Gottes.

(3) Aus dem 2. Thessalonicherbrief, Kap. 2

3. Lasset euch von niemand verführen, in keinerlei Weise; denn er kommt nicht, es sei denn, daß zuvor der Abfall komme und offenbart werde der Mensch der Sünde, der Sohn des Verderbens, 4. der da ist der Widersacher und sich überhebt über alles, was Gott oder Gottesdienst heißt, so daß er sich setzt in den Tempel Gottes und vorgibt, er sei Gott [...] 7. Denn es regt sich bereits das Geheimnis des Frevels, nur daß, der es jetzt aufhält, erst muß hinweggetan werden; 8. und alsdann wird der Frevler offenbart werden, welchen der Herr Jesus umbringen wird mit dem Hauch seines Mundes und wird ihm ein Ende machen durch seine Erscheinung, wenn er kommt.

(4) Aus dem 2. Petrusbrief, Kap. 3

10. Es wird aber des Herrn Tag kommen wie ein Dieb; dann werden die Himmel zergehen mit großem Krachen; die Elemente aber werden vor Hitze schmelzen, und die Erde und die Werke, die darauf sind, werden verbrennen. 11. Wenn das alles soll so zergehen, wie müßt ihr da geschickt sein in heiligem Wandel und gottesfürchtigem Tun, 12. die ihr wartet und eilet zu der Ankunft des Tages Gottes, an welchem die Himmel mit Feuer zergehen und die Elemente vor Hitze zerschmelzen werden. 13. Wir warten aber eines neuen Himmels und einer neuen Erde nach seiner Verheißung, in welchen Gerechtigkeit wohnt.

(5) Aus der Offenbarung des Johannes, Kap. 21

1. Und ich sah einen neuen Himmel und eine neue Erde; denn der erste Himmel und die erste Erde vergingen, und das Meer ist nicht mehr. 2. Und ich sah die heilige Stadt, das neue Jerusalem, von Gott aus dem Himmel herabfahren, bereitet wie eine geschmückte Braut ihrem Mann. 3. Und ich hörte eine große Stimme von dem Thron, die sprach: Siehe da, die Hütte Gottes bei den Menschen! Und er wird bei ihnen wohnen, und sie werden sein Volk sein, und er selbst, Gott, wird mit ihnen sein. 4. Und Gott wird abwischen alle Tränen von ihren Augen; und der Tod wird nicht mehr sein, noch Leid noch Geschrei noch Schmerz wird mehr sein; denn das erste ist vergangen. 5. Und der auf dem Thron saß, sprach: Siehe, ich mache alles neu!

(6) Tertullian (ca. 160 - ca. 220)

Welches Schauspiel für uns ist demnächst die Wiederkunft des Herrn, an den man dann glauben wird, der dann erhöht ist und triumphiert! Wie werden da die Engel frohlocken, wie groß wird die Glorie der auferstehenden Heiligen sein! Wie werden von da an die Gerechten herrschen, wie wird die neue Stadt Jerusalem beschaffen sein! Aber es kommen noch ganz andere Schauspiele: Der Tag des letzten und endgültigen Gerichts, den die Heiden nicht erwarten, über den sie spotten, der Tag, wo die alt gewordene Welt und alle ihre Hervorbringungen im gemeinsamen Brande verzehrt werden. Was für ein umfassendes

Schauspiel wird es da geben? Was wird da der Gegenstand meines
Staunens, meines Lachens sein? [...] Wenn ich so viele und so mächti-
ge Könige [...] in der äußersten Finsternis seufzen sehe; wenn so viele
Statthalter, die Verfolger des Namens des Herrn, in schrecklichen
Flammen zergehen; wenn außerdem jene weisen Philosophen mit
ihren Schülern [...] im Feuer brennen.
(De spectaculis, 30)

(7) Martin Luther (1483-1546)
Und laß die Kinder beten. Es ist allhie solche Hitze und Dürre, daß
unsäglich und unerträglich ist Tag und Nacht. Komm, lieber jüngster
Tag. Amen
(Brief an seine Frau Käte, 1540)

(8) Martin Luther (1483-1546)
...at ego indies magis provoco Satanam et suas squamas, ut accelere-
tur dies ille Christi destructurus Antichristum istum...
(Brief an Joh. Staupitz, 1522)

(9) Erasmus Alber (ca. 1500-1553)
Dein lieben Kinder warten all,
wann doch einmal die Welt zerfall
und wann des Teufels Macht vergeh
und er in ewgen Schanden steh'.

(10) Karl Barth (1886-1968)
Nein, an der Grenze aller Zeit, vor der überhängenden Wand Gottes,
die die Aufhebung aller Zeit und alles Zeitinhalts bedeutet, steht der
Mensch der „letzten" Stunde, der Mensch, der die Parusie Jesu Christi
erwartet. Er steht vor dem Tag und den Stunden, die niemand weiß,
auch nicht die Engel im Himmel, auch nicht der Sohn, nur der Vater
(Mc. 12,32). Gellen denn gar niemandem die Ohren? Will das unnütze
Gerede von der „ausgebliebenen" Parusie denn gar nicht aufhören?
Wie soll denn „ausbleiben", was seinem Begriff nach überhaupt nicht
„eintreten" kann? Denn kein zeitliches Ereignis, kein fabelhafter
„Weltuntergang", ganz und gar ohne Beziehung zu etwaigen geschichtlichen, tellurischen oder kosmischen Katastrophen ist das im

neuen Testament verkündigte Ende, sondern wirklich das Ende, so
sehr das Ende, daß die neunzehnhundert Jahre nicht nur wenig, sondern nichts zu bedeuten haben, was seine Nähe oder Ferne betrifft, so
sehr das Ende, daß schon Abraham diesen Tag sah und sich freute.
(Barth 1922: 484, zu Röm. 13, 11 f.)

(11) Paul Althaus (1888-1966)

Damit ist zugleich über den Begriff der „Jenseitigkeit" des Heils, des
Reiches entschieden. Jenseitig ist das Reich, weil es die Aufhebung
des Gesetzes unserer Welt, der Sünde und des Todes bedeutet. So
kann es durch keinen Menschen und in keiner Stunde dieser Welt
kommen. Es ist jenseits aller Möglichkeiten des Menschen, der Natur,
der Geschichte. In diesem Sinne eignet ihm „Übermenschlichkeit"
und „Überweltichkeit" [...] Aber die Übermenschlichkeit des Reiches
bedeutet nicht, daß es nicht für den Menschen als neue Wirklichkeit
seiner selbst käme [...]
Über das Verhältnis der kommenden Welt zu der jetzigen läßt sich, in
Entsprechung zu den Sätzen über unsere eigene kommende Lebendigkeit und Leiblichkeit, nur das Folgende sagen. Zuerst ist auch hier
die völlige Andersheit der neuen Welt zu betonen. Zwischen der jetzigen und er kommenden Welt steht Ende, Abbruch, dem Tode des
Menschen zu vergleichen. Eine ewige Welt, nicht mehr gebunden in
die Gesetze unseres Raumes und unserer Zeit, eine Welt der Herrlichkeit, nicht mehr der „Nichtigkeit" (Röm. 8, 29), der Ohnmacht, Un-
gesichertheit, Brechlichkeit des Seins unterworfen; eine neue Kreatur,
nicht mehr dem Töten- und Sterbenmüssen verfallen, sondern im
paradiesischen Frieden der Geschöpfe miteinander (Jes. 11) – das ist
unausdenklich [...] Wenn das Reich Gottes kommt, dann hören Ehe,
Recht, Staat, Wirtschaft auf. Sie sind Ordnungen für die Welt des
Widerstreites und des Todes, und fallen mir ihr dahin. Auch zwischen
den geschichtlichen Werken der Menschheit und der neuen Welt steht
das Ende, der Abbruch [...]
Andererseits, in aller Andersheit bleibt doch auch Selbigkeit – *diese*
Welt wird erneuert; bei allem Abbruch besteht doch Zusammenhang,
Gottes Neuschaffen ist auch hier zugleich ein Bewahren. Wie freilich
Gott unsere Welt im Abbruch doch bewahrt, wie er das geschichtliche
Ringen und Schaffen, dessen Erträge vom Tode gezeichnet sind wie

alles Geschichtliche, dennoch in Beziehung setzt zu der neuen Welt, ist genau so Geheimnis für uns wie der entsprechende Zusammenhang unserer jetzigen und der kommenden Lebendigkeit. Verklärte Natur, bewahrte Welt, das sind genau solche Rätselworte wie: verklärte Leiblichkeit, verklärte Existenz überhaupt. Und doch dürfen wir uns zu dem Zusammenhang, zu der Bewahrung bekennen, in der wir die jetzige Natur als verheißendes Gleichnis der ewigen Schöpfung, der kommenden Herrlichkeit Gottes in seiner neuen Welt nehmen. In der Rede von Gottes Glanz und Licht, vom Paradies und himmlischen Garten, vom seligen Mahl und der himmlischen Musik liegt mehr als ein nur geistiger Sinn. Gottes ewige Welt ist voller Musik [...] (Althaus 1949: 361 f.)

(12) Wolfhart Pannenberg (geb. 1927)

Die Schwierigkeit, mit dem Gedanken eines Endes der Zeit die Vorstellung des Lebens, sei es auch eines ewigen Lebens, zu verbinden, verschwindet erst, wenn man bedenkt, daß *nicht das Nichts, sondern Gott das Ende der Zeit* ist. Wie das Endliche vom Unendlichen, so sind die Zeit und das Zeitliche von der Ewigkeit begrenzt. Das Ende des Zeitlichen – auch das Ende von Zeit und Geschichte überhaupt – bedeutet dann den Übergang in die Ewigkeit. Das kann Teilhabe an Gottes eigenem ewigen Leben bedeuten. Ob der Übergang in die Ewigkeit tatsächlich diesen positiven Sinn hat, das entscheidet sich im Gericht, in welchem das zeitliche Dasein mit der Ewigkeit Gottes konfrontiert wird. Insofern die Ewigkeit der Zeit entgegengesetzt ist, hat ihr Verhältnis zur Zeit tatsächlich die Form des Gerichts. (Pannenberg 1993: 639 f.)

(13) Kurt Marti (geb. 1921)

Der Himmel, der ist, ist nicht der Himmel, der kommt, wenn einst Himmel und Erde vergehen.

Der Himmel, der kommt, das ist der kommende Herr, wenn die Herren der Erde gegangen.

Der Himmel, der kommt, das ist die Welt ohne Leid, wo Gewalttat und Elend besiegt sind.

Der Himmel, der kommt, das ist die fröhliche Stadt und der Gott mit
dem Antlitz des Menschen.
Der Himmel, der kommt, grüßt schon die Erde, die ist, wenn die Liebe
das Leben verändert.
(Marti 1994, zu Offenb. 21)

Literatur

Althaus, Paul 1949: *Die letzten Dinge,* Gütersloh. 5. Aufl. 1949.
Asendorf, Ulrich 1967: *Eschatologie bei Luther,* Göttingen 1967.
Barth, Karl 1922: *Der Römerbrief,* München. 2. Aufl.
Beißer, Friedrich 1993: *Hoffnung und Vollendung,* Gütersloh (Handb. Syst.
    Theol. 15)
Bultmann, Rudolf 1958: *Geschichte und Eschatologie,* Tübingen.
– 1960. Geschichte und Eschatologie im Neuen Testament, in: ders.: *Glauben
    und Verstehen,* Bd. 3, Tübingen, 91-106 (engl. Original 1954).
Daly, Brian (Hrsg.) 1986: Eschatologie. In der Schrift und Patristik, in:
    Handbuch der Dogmengeschichte, Fasc. 7 a, Freiburg.
Gemeinsam den einen Glauben bekennen 1991. Studiendokument der Kom-
    mission für Glauben und Kirchenverfassung, Frankfurt.
Kühn, Ulrich 1994: Welche Hoffnung haben Christen angesichts des Todes?
    in: R. Brandt, P. Godzik u. U. Kühn, *Hoffnungsbilder gegen den Tod,*
    Hannover (Vorlagen, NF 20)
Küng, Hans 1988: *Ewiges Leben?* München. 4. Aufl., Kap. IX
Marti, Kurt 1994: Gesang Nr. 153, in: *Evangelisches Gesangbuch,* Stuttgart
    (Original 1971).
Moltmann, Jürgen 1964: *Theologie der Hoffnung,* München.
Pannenberg, Wolfhart 1993: *Systematische Theologie.* Bd. 3, Göttingen.
Strobel, A. 1978a: Apokalyptik IV. Neues Testament, in: *Theologische Rea-
    lenzyklopädie (TRE)* Bd. 3, 251-257.
– 1978b: Apokalypse des Johannes, in: *Theologische Realenzyklopädie (TRE)*
    Bd. 3, Berlin, 174-189.
Vorgrimler, Hans 1980: *Hoffnung auf Vollendung. Aufriß der Eschatologie.*
    Freiburg (Questiones Disputatae 90).

Eschatologie als Ausnahmezustand: Vorstellungen von einem Ende ohne Neuanfang in Brasilien und Melanesien

Bernhard Streck

Die Idee vom Weltende bringt die Ethnologie in eine Verlegenheit, die mit jener vergleichbar ist, die der Gedanke des Chaos in den uns bekannteren Kosmologien auslöst. Es scheinen den „hochkultur-lichen" Schrifttraditionen, denen die Unordnung als Sakrileg gilt, die Vorstellung vom Ende der Welt sehr vertraut zu sein. Und umgekehrt wissen die mündlichen Traditionen, mit denen sich die Ethnologie beschäftigt, das Chaos als Teil des kosmologischen Rhythmus zu schätzen, während ihnen der Gedanke an ein Ende der Welt, gar noch als höchstes Ziel des Lebens, sehr fremd vorkommen muß. Eine Lehre vom Ende der Zeiten und vom finalen Sinn der Geschichte findet sich daher in Stammesgesellschaften nicht; deswegen wurden sie auch häufig als religionslos oder zumindest als geschichtslos bezeichnet.

Bevor hier die beiden wichtigsten Ausnahmen von dieser Regel vorgestellt und erläutert werden – an Hand von Textauszügen, die im Anhang wiedergegeben werden – wollen wir einen kurzen Blick auf unsere eigene vor-schriftliche Tradition werfen, die ja auch in anderer Hinsicht mit dem ethnologischen Forschungsfeld vergleichbare Züge aufweist. Aus der von manchen Autoren[1] „Deutsche Ideologie" ge-nannten germanischen Revivalismusbewegung wissen wir von der zentralen Bedeutung der „Götterdämmerung", in der eddischen Dich-tung „ragnarök" genannt. In einer alles mitreißenden Katastrophe geht die Welt unter; auch die Götter zerfleischen sich gegenseitig im

---

1 Dazu Spöttel 1995, mit wesentlich mehr Empathie aber Kirchhoff 1990.

Kampf. Die berühmte Stelle im Völuspa-Gesang heißt wörtlich (in der Übertragung durch Felix Genzmer): „Arg ist die Welt, Ehbruch furchtbar, Schwertzeit, Beilzeit, Schilde bersten, Windzeit, Wolfzeit, bis die Welt vergeht."[2] Die germanische Kosmologie kannte also, wie wir aus dieser Quelle schließen müssen, eine Eschatologie und zwar eine pessimistische: Die Welt geht an ihrer eigenen Verderbtheit zugrunde. Nun hat schon Jakob Grimm, der sich als einer der ersten mit den heidnischen Traditionen Nordeuropas wissenschaftlich auseinandergesetzt hat, in seiner „Deutschen Mythologie" von 1835 ausgeführt, daß „ragnarök" kein definitives Weltende bedeute, sondern daß es danach weitergehe: „Gleich der sinflut [...] soll auch der weltbrand nicht für immer zerstören, sondern reinigen und eine neue, bessere weltordnung nach sich ziehen."[3]

In der Tat sieht die Seherin der Edda nach der alles verwüstenden Endschlacht einen neuen Himmel und eine neue Erde: „Unbesät werden Äcker tragen; Böses wird besser; Balder kehrt heim; Hödur und Balder hausen im Sieghof, froh, die Walgötter..."[4] In der umfangreichen Literatur zu dieser Stelle, die doch über eine germanische Endzeithoffnung kaum mehr hergibt als was Karl Marx sich über das „Reich der Freiheit" zu sagen getraute, wird immer wieder auf die mögliche Vorlage der Johannes-Apokalypse, Kap. 21 verwiesen. Von Axel Olrik[5] bis Sergej Tokarew[6] verrät die Edda auch an dieser Stelle ihre Beeinflussung durch die christliche Apokalyptik, während Dumezil in der Figur des sterbenden und wiederauferstehenden Fruchtbarkeitsgottes Baldur einen allen indoeuropäischen Völkern gemeinsamen Zug vermutet, den er „eschatologisch" nennt.[7] Wilhelm Grönbech schließlich, einer der besten Kenner der germanischen Kultur, sieht in der Völuspa weder heidnische, noch christliche Weltsicht, sondern dichterische, individuelle – eine einsame Vision.[8]

---

2 Edda 1981: 31.
3 Grimm 1835/1992: 681.
4 Edda 1981: 33.
5 Olrik 1922.
6 Tokarew 1968.
7 Dumezil 1959: 212ff.
8 Grönbech 1954 II: 315.

Zwar stehen, wie die ethnologische Mythenforschung lehrt,[9] in mündlichen Kulturen Vision und Tradition immer in einem eigentümlichen Spannungsverhältnis, sie lassen sich aber schwerlich getrennt voneinander behandeln. Deswegen werfen wir, um damit unseren germanologischen Exkurs auch wieder zu beenden, nochmals einen Blick in das „Millennium" der Völuspa und sehen dort „wackre Scharen, der Freuden walten in fernste Zeit", aber auch einen Drachen fliegen, der die Toten trägt.[10] Es scheint also in der Neuen Welt weiterzugehen wie gewohnt; die Götterdämmerung war wohl nicht viel anders gemeint als der Winter, dem der Frühling folgt. Die germanische Kosmologie folgte damit dem aus anderen archaischen Kulturen bekannten Muster, nach dem die Zeit im Kreis verläuft und ihre Abschnitte durch Katastrophen getrennt sind.

Für diese archaische Kataklysmologie, in der jeder Zeitpunkt auf ein Weltende zuläuft, bis er sich von einem Weltanfang wieder wegbewegt, gibt es eine Fülle von Belegen aus der gesamten nichtmonotheistischen Welt: Aristoteles hat in dieser Weise die Geschichte betrachtet; seine Zeitalter sind durch katastrophische Zäsuren getrennt. Die altmexikanische „Legende von den 4 Sonnen" läßt jedes Weltzeitalter in einer Naturkatastrophe enden, und so betten viele indianische Mythen ihre Erinnerungen oder Visionen von Weltflut und Weltbrand in einen Zeitrhythmus, der dem von Tag und Nacht, Sommer und Winter oder Geburt und Tod gleichkommt.[11] Eine solche Welt kann nicht definitiv untergehen; jeder Untergang, so schrecklich er auch sein mag, ist auch Erneuerung, Regeneration im Ursprung, der Anfang und Ende zugleich ist.

Mircea Eliade hat bekanntlich diese Weltauslegung den „Mythos der ewigen Wiederkehr" genannt,[12] nach einem Topos von Nietzsche, den dieser eine „Prophezeiung" nannte und der Verheißung des „Jesuitismus" entgegensetzte.[13] Diese Polarität zwischen Geschichte als Kreislauf und Geschichte als Heilsgang hat Eliade in seiner 1949 erschienenen Schrift ausgeführt und damit den für die Religions-

---

9   Vgl. Münzel 1988.
10 Edda 1981: 34.
11 Simoni 1963/1967; Cipoletti 1991.
12 Eliade 1949/1986.
13 Nietzsche 1861-1889/1979.

ethnologie entscheidenden Gegensatz zwischen Mythos und Moderne herausgearbeitet. Im Hinblick auf das Thema „Weltende" können wir die Unterscheidung zwischen eschatologischen und nichtescha- tologischen Religionen treffen. Für erstere, uns wohlbekannten, gilt – in den Worten von Jacob Taubes – „Zeit heißt Frist."[14] Es ist die ab- laufende Zeit, auf den alten Darstellungen treffend symbolisiert im Stundenglas. Das Weltende ist die abgelaufene Frist – danach: *rien ne va plus*. Die Kosmologen, denen Ethnologen zuzuhören pflegen, sprechen dagegen von einer umlaufenden Zeit. Auch nach Einführung der Frist blieb diese erhalten; in der mittelalterlichen Ikonographie wurde sie als Rad dargestellt – z.b. als Glücksrad, das den Einzelnen bald auf dem Weg der Besserung, bald im jähen Sturz erscheinen läßt. In Ge- sellschaften, die kein Rad brauchten oder kannten, bestimmte dennoch der Kreislauf die Vorstellung von Zeit, Geschichte und Schicksal, häufig als Pendeln zwischen Hin und Her ausgedrückt,[15] das nach Ludwig Klages ja zur menschlichen Urerfahrung des Rhythmus ge- hört.[16] In einer solchen rhythmischen Lebensauffassung hat sicher die Vorstellung des Ermüdens und des Aussetzens ihren Platz, nicht aber die Idee eines endgültigen Stillstandes oder der qualitativen Verände- rung dieses ontologischen Gesetzes.

Religionen ohne Eschatologie orientieren sich anstatt an der Zu- kunft an der Vergangenheit – viele Sprachen kennen das Futurum nicht und noch unsere eigene muß diese Zeit umschreiben. Religion heißt hier also Rückbindung an die Urzeit, die aber nun tatsächlich häufig katastrophisch begriffen wird, man denke nur an den berühm- ten Riß zwischen Himmel und Erde, mit dem die Welt begann,[17] oder die Skandale, von denen die Mythen der Urzeit erzählen.[18] Zurücklie- gende Katastrophen und nicht zu erwartende Katastrophen beschäfti- gen also die Menschen archaischer Gesellschaften, und ihr Gleichmut gegenüber dem Schicksal mag daher rühren, daß sie das Schlimmste ja schon überstanden haben.

---

14 Taubes 1947/1991.
15 Leach 1961/1966.
16 Klages 1934.
17 Staudacher 1942.
18 Detienne 1981.

Mit diesem Wissen über den Normalfall archaischer Kosmologie, die dem Prinzip Urzeit alles, dem Prinzip Hoffnung aber nichts zutraut, wollen wir uns nun an die beiden angekündigten Ausnahmen von der allgemein-heidnischen Ontologie wagen. Wir beginnen mit den Berichten aus dem brasilianischen Tiefland, wechseln dann über zur Inselwelt Melanesiens und versuchen am Schluß, eine Erklärung für die Regelbrüche zu finden.

1 Der Zusammenbruch der Welt in der Vorstellung der Tupí-Indianer

Völker der Tupí-Sprachfamilie im südamerikanischen Tiefland gehören zu den frühesten ethnographischen Entdeckungen der Neuen Welt. Die „Wahrhaftige Historia" des Niederhessen Hans Staden von 1557 hat ein Tupí-Volk, nämlich die Tupinambá zum Gegenstand.[19] Es handelte sich um die südöstlichsten Vertreter einer über das gesamte Amazonas-Becken verstreuten Sprachfamilie, die hier zwischen Paraguay und Atlantikküste Tupí-Guaraní genannt wird. Nach Alfred Métraux[20] sind ihre auffälligsten Kulturmerkmale die rituelle Anthropophagie, der Tränengruß und sehr weite transkontinentale Wanderungen. Letztere haben im Laufe der über 400jährigen Forschungsgeschichte die Frage nach den Wandermotiven nahegelegt und als eine der möglichen Antworten müssen die Vorstellungen vom drohenden Weltende in Betracht gezogen werden.

Die Tupí-Wanderungen können als Reaktionen auf die Ankunft des Weißen Mannes nicht erschöpfend erklärt werden. Métraux rekonstruierte drei Tupí-Bewegungen zur Küste hin schon für das 15. Jahrhundert. Zweifelsohne führte die Etablierung portugiesischer Stationen im 16. Jahrhundert erneut zu Wanderungen, diesmal in umgekehrte Richtung. Dabei kamen ihnen neue Tupí-Gruppen aus dem Innern entgegen. Die Quellenlage wird nun durch Missionare, Händler und Militärs besser, so daß manche Tupí-Wanderungen geradezu als Pilgerzüge beschrieben werden. Andere waren ausgesprochene Raub-

---

19 Staden 1557/1978.
20 Métraux 1928; ders. 1927.

und Eroberungskriege, die mit der traditionellen Kopfjägerkultur zusammenzuhängen schienen, aber auch mit der allgemeinen Entfesselung der Gewalt durch die Sklavenjagden der Portugiesen. Eine der spektakulärsten Tupí-Wanderungen brachte im Jahre 1549 300 von ehemals 12 000 Guaraní von der brasilianischen Küste bis nach Peru. Zwei Portugiesen begleiteten den Zug; deren Motive sind bekannt, aber ob die Indianer auf ihrer vielleicht 10jährigen Wanderung vor der Sklaverei flohen, von Erobererlust getrieben wurden oder ein Paradies suchten, läßt sich nicht genau entscheiden. Andere wie die Tupinambara durchquerten das Amazonasbecken zweimal an seiner breitesten Stelle. Von den Guaraní ist bekannt, daß sie schon bei der Ankunft der Portugiesen Plünderungszüge ins Inka-Reich unternahmen. Trotzdem sind von dieser Süd-Gruppe die religiösen Motive am besten bekannt, die allerdings erst im 19. Jahrhundert isoliert und als dominant beschrieben werden. Diese jüngeren Tupí-Wanderungen hatten meist West-Ost-Richtung, es sei denn, es handelte sich um Flucht vor Reservatierung. Daß dieselbe Beendigung ihrer Bewegung durch Administration oft die einzige Rettung vor dem totalen Untergang war, dafür bürgt Curt Unkel-Nimuendajú aus Jena, der 1912 viel Mühe für die Überredung der Medizinmänner aufgewendet hat. Damit sind wir auch schon bei der religionssoziologischen Konstellation einer solchen Gruppe, die die größten Strapazen auf sich genommen hat, nur um dem drohenden Weltende zu entkommen. Sowohl die entsprechende spirituelle Versorgung, von der Vision über die Deutung bis zur Umsetzung in Fastenvorschriften, Tänzen und Ritualen, als auch die Organisation der Pilgerzüge mit Anbaupausen, Vorratshaltung, Transportfragen sowie friedlichen oder kriegerischen Verhandlungen mit Bewohnern der Durchzugsgebiete lagen in den Händen charismatischer Führer, die in der Literatur Medizinmänner genannt werden und heute mit gutem Recht als Schamanen bezeichnet werden können.

Von Curt Unkel, der von den Apapocúva, einer Guaraní-Gruppe, Nimuendajú, d.h. „der, der sich bei uns ein Haus machte"[21] genannt wurde, stammt die im Anhang wiedergegebene Aufzeichnung der Visionen eines solchen Charismatikers. Und im selben Aufsatz in der

---

21 Neumann 1985.

Zeitschrift für Ethnologie von 1914 liefert er auch eine Analyse oder Rekonstruktion der Apapocúva-Religion, die aus drei eng miteinander verflochtenen Komplexen besteht: Theologie – Psychologie – Eschatologie. Letzteres sei die Verbindung zwischen den Göttern und den Seelen, d.h. in der Endzeitlehre kommen Menschen und Götter zusammen. Das mythologisch festgehaltene und Vergangenheit, Gegenwart und Zukunft umgreifende Szenarium beinhaltet an Hauptpersonen eine otiose Schöpfergottheit (*Ñanderuvuçú*), einen „zweiten Schöpfer" und Kulturbringer (*Ñanderyquey*) und eine Muttergöttin (*Ñandeçý*), die die mythischen Zwillinge gebiert, da sie von beiden Schöpfergottheiten schwanger war. Ferner gehören zum Welttheater noch die Urfledermaus und der Blaue Jaguar. Dieser soll am Weltende die Menschheit, jene die Gestirne auffressen. Während nun der erste Schöpfer in seiner Hängematte ruht und wartet, bis ihm der Befehl zum Weltuntergang einfällt, steht sein Gehilfe an den Erdstützen – zwei rechtwinklig aufeinandergelegte Balken –, um, wenn besagter Befehl kommt, den einen Balken nach Osten wegzuziehen, so daß die Welt nach Westen hin abrutscht.

Die Seelenlehre der Apapocúva ist für unseren Zusammenhang insofern bedeutsam, als im Menschen zwei Seelen wohnen, eine göttliche, die vom Kulturheros Ñanderyquey stammt, und eine tierliche, die für die Begierden und das Temperament verantwortlich gemacht wird. Von großen Medizinmännern wird nun berichtet, sie hätten durch Fasten und Tanzen ihre Tierseele verloren und seien dadurch so leicht geworden, daß sie zu Ñanderyquey hinaufsteigen konnten. Dies scheint auch der einzige Fluchtweg gewesen zu sein, der die Apapocúva vor der drohenden Vernichtung (*mbaé meguá*) retten konnte. Dazu gehörte die Wanderung zur Küste und das Einüben des Tanzes, der letztlich die Elevation bringen soll. An ihrem Zielort, dem „Land ohne Schlechtes" (*yvý maraey*), werden die von ihrer Erdschwere Erlösten von der Urmutter Ñandeçý empfangen mit den eingängigen Worten: „Auf Erden macht der Tod mit euch ein Ende. Geht nicht mehr dorthin, bleibt jetzt hier!"[22]

Im Unterschied zur oben zitierten Völuspa, die auch noch in der Neuen Welt Tote sah, erhoffen sich die Apapocúva von ihrem Jenseits

---

22 Nimuendajú-Unkel 1914: 400.

eine qualitative Wende, die Befreiung vom Tod. Hier muß der Ethnologe mißtrauisch werden, und er wird fast mit Befriedigung zur Kenntnis nehmen, daß die Apapocúva zwischen 1602 und 1767 unter jesuitischem Einfluß standen. Trotzdem hält Unkel am „urindianischen" Charakter der Apapocúva-Religion fest.

Was der historischen Erfahrung mit Conquistadoren, Abenteurern, Jesuiten, Sklavenjägern und indianischen Feinden zuzuschreiben wäre, sei der tiefe Pessimismus, der in der Vorstellung der Schöpfungsmüdigkeit zum Ausdruck komme: „Ich habe schon zuviele Leichen gefressen, ich bin es satt und müde, mach ein Ende, mein Vater!"[23] So bittet die Erde Nanderuvuçú, endlich den ersehnten Befehl zum Weltuntergang zu geben.

Während viele Interpreten die Wanderungen der Tupí auf ihren kriegerischen Geist oder auf äußere Verfolgung zurückführten, hält Unkel allein die religiöse Motivation für glaubwürdig, und die kriegerischen Fähigkeiten der Tupí-Gruppen habe ihnen lediglich die Mittel in die Hand gegeben, ihrem eschatologischen Drang auch nachzugeben und ihr Weltbild in praktisches Handeln umzusetzen. So lasse sich etwa die auffällige Orientierung zur Küste mit keinem pragmatischen Argument erklären. Métraux schließlich läßt zwei Motive nebeneinander gelten: Flucht vor der Sklaverei der Portugiesen und Flucht in das Paradies, das im Osten, aber auch im Westen gelegen sein konnte. Hier war es das Gold der Inka, dort die aufgehende Sonne, die die Pilger blendete und anzog.

Aus dem Inka-Reich wurden die Barbaren des Tieflandes regelmäßig vertrieben, und der Anblick des Ozeans mußte auf die Inländer ernüchternd, wenn nicht gar schrecklich gewirkt haben. Man ist auch in der Regel gleich wieder etwas landeinwärts gezogen, um dem Brüllen der Brandung zu entfliehen. Nun wurden ein letztes Mal Tanzhäuser errichtet, um die von der Wanderung geschwächten Körper in einer finalen Tanzanstrengung gänzlich schwerelos zu machen. Die Überredungskunst des Schamanen mußte nun ihre äußerste Bewährungsprobe ablegen, wenn sich auch dann das Paradies noch nicht zeigte. Nach Egon Schaden, der in den 50er Jahren Guaraní-Reservate

---

23 Nimuendajú-Unkel 1914: 335.

besuchte, ist die gescheiterte Eschatologie konstitutiv für die sozialpsychologische Situation vieler Indianer.[24]

2 Die Cargo-Kulte in Melanesien

Wilhelm Emil Mühlmann hatte die Tupí-Wanderungen als Fallbeispiel in seine großangelegte Sammlung „Chiliasmus und Nativismus" aufgenommen[25] und wurde deswegen von dem Indianisten Werner Müller heftig kritisiert. Nicht ihre bedrängte Lage, sondern ihre Mythologie habe die Tupí auf die Wanderschaft geschickt.[26] Um unser zweites Beispiel, die Cargo-Kulte Melanesiens, gibt es keine Kontroverse; sie gelten unbestritten als Paradefälle millenaristischer Bewegungen im Gefolge kolonialer Überwältigung und der von ihr ausgelösten Akkulturationsprozesse. Nach den Vorarbeiten von Richard Thurnwald und Ralf Linton[27] glaubte Mühlmann, in der Neuentdeckung einer bedrohten Eigenständigkeit das Wesen des Nativismus ausmachen zu können. Er definierte ihn als „kollektiven Aktionsablauf, der von dem Drang getragen ist, ein durch überlegene Fremdkultur erschüttertes Gruppen-Selbstgefühl wiederherzustellen durch massives Demonstrieren eines eigenen Beitrags."[28]

Es ist interessant zu wissen, daß Mühlmann mit seinem Nativismus-Modell insgeheim auch sein eigenes Engagement im deutschen Millenarismus bis 1945 interpretierte.[29] Für die Frage, welchen Ort das Weltende in einem nativistischen Aufbruch besitzt, müssen wir uns zunächst einmal einige historische Ereignisse vergegenwärtigen. Im Jahre 1893 wird aus dem australischen Teil Neuguineas der erste Fall von Endzeitprophetentum berichtet: Eine Flutwelle würde die gesamte Erde vernichten mit Ausnahme des Visionärs und seiner Anhänger. Diese dürften dann das Schiff mit den Verstorbenen an Bord

---

24 Schaden 1955.
25 Mühlmann 1961.
26 Müller 1968.
27 Thurnwald 1932; Linton 1943/1964.
28 Mühlmann 1961.
29 Vgl. Spöttel 1995, besser aber Michel 1995.

begrüßen und mit ihnen die alte Zeit wiederherstellen. Da mehrere
Papua die Verheißung ernst nahmen, ihre Häuser verbrannten und ihre
Vorräte vergeudeten, mußte die Regierung eingreifen und den Propheten verhaften.[30]
Das war der modellhafte Ablauf der unzähligen Millenarismen
der Folgezeit, die bald unter dem Gattungsbegriff „Cargo-Kult" zusammengefaßt wurden, weil in den Visionen immer Schiffsladungen
auftauchen, die für die Gläubigen bestimmt seien. Als Absender gelten die Verstorbenen, und die Europäer stehen als Diebe da, da sie
sich die Güter unrechtmäßig aneignen. Es liegt auf der Hand, daß weder Verwaltung, noch Händler noch Missionare mit dieser Eigenratio-
nalität der Melanesier leben konnten, so daß schärfste Gegenmaßnahmen angezeigt waren. In der nichtethnologischen Literatur
wurden die Cargo-Kulte in der Regel auch als „Wahn" bzw.
„madness" oder „Schwarmgeisterei" bezeichnet, von der die Befalle-
nen zu heilen seien. Während es den Ordnungskräften hauptsächlich
um Wiederherstellung des geregelten Lebens ging, eiferten die Missionsgesellschaften umso heftiger gegen die neuen Irrlehren, als sie
darin Bestandteile ihrer eigenen Verkündigung erkennen mußten. Die
Missionsschüler nahmen die neutestamentliche Apokalypse ernst,
ebenso die christliche Brüderlichkeitsethik, und häufig war es Jesus
selbst, der mit seiner Wiederkunft für eine gerechte Verteilung der
Güter sorgte. Trotzdem wurden Cargo-Kulte meist als „heathenism"
(Paganismus) und „primitivism" denunziert.[31]
Über die Anteile der traditionellen Kultur, bzw. der importierten
Zivilisation oder missionschristlichen Religion in den Cargo-
Bewegungen wird in der umfangreichen ethnologischen Literatur ge-
stritten. Zweifelsohne hatten Vision und Traum als Kommunikations-
feld zwischen Lebenden und Verstorbenen in den alten Papua-
Kulturen eine ganz zentrale Bedeutung, und der über dieses Medium
mitgeteilte Wille der Verstorbenen war für das Alltagshandeln ver-
bindlich. Mit dem Ruf „Zurück zum Weg unserer Ahnen" verfolgten
die Propheten daher einen deutlichen Revivalismus der manistischen
Kultur und entsprechend eindeutig waren die Belehrungen der Gegen-

30 Abel 1902: 104-128.
31 Vgl. Hermann o.J.

seite: „The ancestors could not help in the past, and they cannot help now", wie Reverend John Kuder von der Lutherischen Mission 1949 gegen die Yali-Bewegung in der Madang-Provinz argumentierte.[32]

Andrerseits traten die Cargo-Bewegungen in modernen Gewändern auf; schon in dem 1913 entstandenen „German Wislin"-Kult gab es Generäle und Kapitäne, und der Anführer der erwarteten Toten hieß Jesus.[33] Im sogenannten Vailala-Wahn, der 1919 am Papua-Golf ausbrach, zerstörten die Einheimischen ihre eigenen Kultgegenstände in der Erwartung der Wiederkunft Christi.[34] Für die Ankunft der Totenschiffe wurden moderne Vorbereitungen, einschließlich Fahnenstangen und Telegraphenmasten, getroffen. Hans Fischer hat darauf hingewiesen, daß „gute Europäer" wie die Deutschen nach dem 1. Weltkrieg oder die Amerikaner ab dem 2. Weltkrieg mit den zurückkehrenden Toten verschmelzen konnten; neben der Totenfarbe Weiß konnte auch der importierte Noah-Mythos für die Verwandtschaft und ganz besonders für die daraus resultierenden Verpflichtungen der Güterteilung geltend gemacht werden.[35] Als Cargo wurden nicht nur Nahrungsmittel erwartet, sondern auch Eisen, Werkzeuge, Feuerwaffen und Kraftwagen. Später kamen Flugzeuge dazu. Auch am Sentanisee und am Sepik haben von der Cargo-Idee ergriffene Einheimische ihre Tanz- und Geheimbundmasken zerstört oder freiwillig an die Missionare ausgeliefert. Man schien mit äußerster Konsequenz zum Kulturwandel entschlossen.

Interessanterweise traten nun in vielen Cargo-Bewegungen neben den materiellen Heilserwartungen oft der Glaube an alles vernichtende Naturkatastrophen oder das nahende Weltende auf. Es konnte in Gestalt einer großen Flut sich ankündigen oder als Bergsturz, der alles unter sich begrabe. Und es scheint, je länger die erwarteten Schiffsladungen ausblieben, umso aktueller wurde dieser Glaube an das Ende. An die Stelle der Überschwemmung mit Gütern trat die tatsächliche Überschwemmung, die freilich ebenso ausblieb. Was nicht ausblieb in Melanesien, war die Erfahrung des modernen Krieges. Dementspre-

---

32 nach Hermann o.J.: 10
33 Eckert 1937.
34 Williams 1923.
35 Fischer 1964. Für das Weiterleben der Cargo-Idee vgl. auch Schindlbeck 1984 oder Jebens 1990.

chend sind die neueren Cargo-Vorstellungen gespeist von Anschauungen explosiver Vernichtungswaffen, wie es das im Anhang wiedergegebene Beispiel zeigt.

Der zeitgenössische Weltuntergang tritt als modernes Gefechtsfeld auf; interessanterweise hält man in Melanesien auch dann an der Idee fest, daß die Toten zurückkehren und man mit ihnen gemeinsam essen werde.

Für die Mandang-Provinz in Nordostneuguinea hat Peter Lawrence[36] ein 5-Phasen-Schema entwickelt, nach dem der Cargo-Glaube von einem heidnischen Kontext sich langsam löst, dann christlich interpretiert wird, um schließlich einer Repaganisierung anheimzufallen. Dieser fast zyklische Verlauf einer religiösen Heilsidee sei vor dem Hintergrund eines fast hundert Jahre dauernden Konflikts zwischen verschiedensten Kolonialmächten und konkurrierenden Missionsgesellschaften zu sehen. Im einzelnen kennzeichnet die Phasen folgende Ereignisse:

1. (1871-1900) Der russische Forscher Miklouho Maclay wird nach mißtrauischem Empfang als Ahnengeist identifiziert. Ausschlaggebend war seine helle Hautfarbe, da man sich die mythischen Zwillinge Kilibob und Manup ebenfalls hellhäutig vorstellte.

2. (1900-1914) In der Madang-Revolte von 1904 zerbricht die Legende von der Unsterblichkeit der Weißen. Der Ursprungsmythos erhält eine selbst-anklägerische Variante: Kilibob fährt die Küste entlang und läßt die Menschen zwischen Cargo und traditionellem Inventar wählen. Wegen des leichteren Gewichts wählen die Madang-Leute Pfeil und Bogen. Das Cargo geht an die Weißen.

3. (1914-1933) Der Schlüssel zum Rätsel der ungleichen Cargo-Verteilung wird im Christentum gesucht: Der Sündenfall von Adam und Eva und der Brudermord von Kain bringen die Menschen um das Cargo. Erst Noah erhält wieder Cargo. Ham verliert es wieder wegen seiner bekannten Verfehlung, geht nach Neuguinea und gründet die primitive Kultur. Die Versorgung mit Cargo wird von Gott wohlgefälligem Verhalten abhängig gemacht. Das Festhalten an den heidnischen Göttern und Geistern „blockiert die Strasse zum

---

36 Lawrence 1964.

Cargo" (*pasim rot bilong kako*). Folglich liefert man die heiligen Gegenstände dem Missionar ab.

4. (1933-1945) Die Weißen werden beschuldigt, das ankommende Cargo zu entwenden, und den Missionaren wirft man vor, sie würden das Cargo-Geheimnis durch eine falsche Bibelübersetzung verschlüsseln. Es entstehen sogenannte synkretistische Kulte, z.b. der Letup-Kult: Der jüngere der beiden mythischen Zwillinge, Manup, will als Jesus auf einem Motorschiff nach Neuguinea zurückkehren. Unterwegs wird er von Juden aufgegriffen und gekreuzigt. Erst seine Befreiung bringe das Cargo. In diesem Sinne wurden 1942 die Japaner freudig begrüßt, später die Amerikaner.

5. (1948-1950) Entstehung der Yali-Bewegung. Der 1912 geborene Yali war Sergeant Major der australischen Armee im 2. Weltkrieg, führte aber sein Überleben später auf traditionelle Kriegsmedizin zurück. In Australien entdeckte er zu seinem Erstaunen in einem Ethnographischen Museum die von den Missionaren verfemten Masken und Kultobjekte. Er erfährt vom Darwinismus und kommt zum Schluß, die Missionare hätten den Totemismus der Weißen verschwiegen. Zwar arbeitet er bis 1948 noch als Regierungsagent in Madang, nach einer Rüge durch die Behörden gibt er sich aber als revivalistischer Prophet zu erkennen. Seine Reformulierung des Cargo-Mythos lautet: Jesus Manup wird in Sydney gefangen gehalten, andere Ahnengötter im ethnographischen Museum in Rom. Durch Abhalten der alten heidnischen Rituale könnten sie aber befreit werden und würden Cargo mitbringen. Yali wird verhaftet und wegen Freiheitsberaubung und Anstiftung zur Vergewaltigung zu 6 1/2 Jahren Gefängnis verurteilt. Seine Anhänger erzählen, daß er nach seiner Hinrichtung binnen dreier Tage wiederauferstehen würde und im Zuge eines schweren Erdbebens mit einem Schiff voller Cargo nach Madang zurückkehren würde.

Soweit dieser Versuch der Schematisierung einer der bedeutendsten Cargo-Bewegungen Neuguineas im Stile der britischen Manchester-Schule und ihrer Konzeption von den *„Rituals of Rebellion".*[37] Die ethnologische Beurteilung der Cargo-Bewegungen ist nicht ein-

---

37 Gluckman 1962.

heitlich. Während mehr soziologisch ausgerichtete Autoren in den unbekümmerten, um nicht zu sagen respektlosen Collagen aus Fragmenten unterschiedlichster Religionsprovenienz eine verständliche Protesthaltung wenn nicht den Ausdruck elementarer Kreativität begrüßen, klagen kulturhistorisch Arbeitende über Kulturverfall, Verwestlichung und die daraus resultierende geistige Anomie. „Zweifel und Verwirrung", schreibt der im Anhang zitierte Eike Haberland 1964,[38] führten zu den materiellen Heilserwartungen, die nicht den Namen Kult verdienten und deren kulturelle Äußerungen keinen Vergleich mit den traditionellen Formen aushielten. Was die Cargo-Bewegungen ganz besonders von den hergebrachten Mustern der Kommunikation mit Toten und Geistern unterscheidet, ist das Prinzip Hoffnung, der Blick nach vorn, der offensichtlich mit dem Blick auf das Ende eine geheime Verwandtschaft besitzt.

Schluß

Die Beispiele Brasilien und Melanesien haben gelehrt, daß es in den Weltbildern der ewigen Wiederkehr offensichtlich Elemente gibt, die unter bestimmten Bedingungen – nämlich denen des Ausnahmezustandes – eine Entwicklung in Richtung Eschatologie begünstigen. In der Kosmologie der Apapocúva war es der Gedanke der Ermüdung, der die Schöpfung selbst nach ihrem Ende rufen ließ. Es war nur noch die Frage, wann der bezeichnenderweise otiose Schöpfergott den Ruf seiner Kreatur nach Vernichtung hört und erhört. Der Weg vom kulturellen Pessimismus zum kollektiven Selbstmord scheint vorgezeichnet; trotzdem flackerte die Hoffnung mit, der Endkatastrophe entkommen zu können und bei der Weltenmutter ein Leben ohne Tod führen zu können.

Solche positiven Seiten der Endzeiterwartung traten in den Cargo-Kulten viel gehäufter auf. Man erwartete materiellen Überfluß und die Gemeinschaft mit den Verstorbenen. Deren letzliche Verantwortlichkeit ist das überkommene Element der melanesischen Religion; allein man ist mit ihren herkömmlichen Gaben nicht mehr zufrieden, son-

---

38 Haberland 1964.

dern möchte das auch haben, was die Weißen besitzen. Mühelos wird die Kompetenz der Ahnen erweitert; die technischen Wunder der Schiffe und in den Schiffen ist ihr Werk und ihre Gabe – nur kommen sie nicht an, weil die Fremden sie sich aneignen. Hier liegt die ungleich größere Brisanz der Cargo-Bewegung, die deswegen auch ganz andere Gegenmaßnahmen evoziert hat als die Visionen der Tupí-Indianer.

Cargo-Kulte haben wegen ihrer antikolonialistischen Interpretierbarkeit in den letzten Jahrzehnten erhöhte Aufmerksamkeit erfahren, und das Verhaltensmuster der naiven Begehrlichkeit hat beim exotistischen Betrachter größeren Beifall gefunden als das des dankbaren Kolonialschülers. Vergleichbare Erscheinungen des Nativismus sind auch aus allen Weltregionen bekannt geworden, so daß Cargo heute zur allgemeinen Kategorie für kulturelle Reaktionen im zivilisatorischen Gefälle oder auf massive Marginalisierungsprozesse geworden ist. Zu dieser soziologischen Erklärung muß die ethnologische ergänzend hinzutreten, nach der Cargo-Erwartungen Ausdruck der permanenten Verletzung der hergebrachten Prinzipien der Reziprozität und Gleichwertigkeit unter Verwandten durch Mission und Verwaltung sind.[39]

„Der Wilde schlägt zurück", so nannte Julius Lips 1937 die antikolonialistische Antwort, die er in den Europäerdarstellungen der afrikanischen Kunst wiedererkennen zu können glaubte.[40] Paul German hat 1943 darauf hingewiesen, daß es sich bei diesen Darstellungen eher um Imitationen als um Karikaturen handelt.[41] Dasselbe meinte Fritz Kramer 1987[42] aus den Fremdgeistkulten Afrikas nachweisen zu können: Bessenheit ist die elementare Form der Auseinandersetzung mit dem Fremden, Neuen, Ungewohnten. Wir müssen uns fragen, ob hier nicht auch der Schlüssel liegt für die überall auf der Welt zu beobachtende bereitwillige Aufnahme der Endzeithoffnung. Sie gehört zu den offenkundig erfolgreichen Symbolen der Weißen, die mit ihrem eigenen Warenkult und dem mit ihm gekoppelten Glauben an materielle Verbesserung bis hin zur Erlösung von der Materie

---

39 Haberland 1964.
40 Lips 1937.
41 Germann 1943.
42 Kramer 1987.

zur Nachahmung anregen mußte. Eschatologie gehörte dann zu den am leichtesten übertragbaren Gütern und würde den schon von Ratzel[43] und Vierkandt[44] herausgestellten höchstmobilen Kulturelementen wie Branntwein und Feuerwaffen den Rang streitig machen.

Zum Schluß dieser Ausführungen soll nochmals an ihren Anfang erinnert werden, und zwar an die gesicherte Erkenntnis, daß das Weltende im archaischen Weltverständnis keinen Platz hat. Dieser Befund wird auch nicht durch die Fülle von Entdeckungen charismatischer, chiliastischer, millenaristischer, nativistischer oder messianistischer Erscheinungen überall auf der Welt geschmälert. Die „messianischen Wehen", für die nach Mühlmann marginalisierte und unterdrückte Gesellschaften anfällig sind, bestehen immer aus Verwundungen und Erschütterungen der primären Bindung an die Urzeit. Erst wo diese zerrissen ist, wechselt die Bezugsrichtung von der Vergangenheit in die Zukunft, wird aus Urzeitdenken Endzeitdenken oder – um mit Adolf Ellegard Jensen[45] zu sprechen – wird aus Heilsgewißheit Heilserwartung. Für die kulturmorphologische Ethnologie begann mit der Entdeckung der Zukunft der Niedergang der Religion. Unsere Deutung der beiden gut erforschten Abweichungen von der Regel, die die Nähe zwischen Zukunft und Weltende im Ausnahmezustand zeigten, könnten dafür ein Beleg sein.

Anhang

1 Das Weltende nach der Auslegung der Apapocúva- Guaraní

Creator Ñanderuvuçú schuf das „ewige Holzhaus als Erdstütze". Wenn er den nach Osten weisenden Balken wegzieht, stürzt die Erde im Westen zusammen. Die Apapocúva-Guaraní und andere Tupí-

---

43 Ratzel 1891 II: 644-5.
44 Vierkandt 1900.
45 Jensen 1951.

Gruppen wanderten deswegen über Jahrhunderte nach Osten. Curt Nimuendajú-Unkel traf 1906 Reste der Flüchtlinge. Ein Informant hängte ihm gegenüber an den Schöpfungsmythos die Erzählung vom Weltende:

Und dann bat Ñanderyqueý seinen Vater um dessen Ausrüstung. Und er gab seine Ausrüstung seinem Sohn. Und er verbarg sich wieder vor seinem Sohn und ging, um den Untergang (der Welt) aufzuhalten, und nur der blaue Tiger bewacht ihn. XLII. Ñanderyqueý ist über uns (im Zenith), er sorgt jetzt für die Erde und hält die Erdstütze. Denn, wenn er sie wegzieht, so fällt die Erde. Heutzutage ist die Erde (schon) alt, unser Stamm will sich nicht mehr vermehren. Die Toten sollen wir alle wiedersehen, Finsternis fällt herab, die Fledermaus geht nieder, und alle, die wir hier auf Erden sind, finden ein Ende. Der blaue Tiger steigt nieder, um uns aufzufressen. XLIII. Als die Tiger Ñandecý töteten, kam Ñanderuvuçú und nahm ihren Hauch mit. Heutzutage ist sie vorhanden, er gab ihr wieder Kraft. Und Ñanderuvuçú machte die Person des Tupà´. Ñandecý benötigt Tupà´s. Und Ñandecý schickt nach Tupà´s Lagerstatt und Tupà´ kommt. Als Oberhaupt in seinem Apycá eingeschifft, kommt er mit zwei Dienern auf dem Rand des Apycá. Wenn er an Ñandecý's Haus herankommt, donnert er gar nicht mehr. Er läßt den Apycá (um das Haus) herumfahren, vor Ñandecý's Antlitz steigt er herab, und dort sprechen sie miteinander. Dabei blitzt in einem fort sein Lippenpflock. XLIV. Man tanzt recht das Jahr hindurch, und da kommt (– offenbart sich) der Weg dem Medizinmann. Wenn die Zeit erfüllt ist, kommt ihm der Weg. Dann gehen wir wohl mit ihm in der Richtung nach Osten und kommen an das ewige Wasser. Und unser Vater (– der Medizinmann) geht auf ihm hinüber, seine Kinder (– Jünger) gehen wohl auf der Erde, und das Wasser ist für sie trocken. XLV. Wir gehen hinüber und kommen an den Jaboticaba-Hain. Dort, wenn wir zu Ñandecý's Haus kommen wollen, ist die große alte Pflanzung und der Bananen-Hain. Und wir gehen hindurch und treten in den Wald ein. Und unser Mund wird trocken und da ist Honig, den wir trinken. Und wir gehen hindurch und kommen an die Lagune des klebrigen Wassers, dort trinken wir nicht und unser Mund wird schließlich sogar trocken. Dann gehen wir vorbei und kommen an das gute Wasser und dort trinken wir. XLVI. Von dort gehen wir zum Hause Ñandecý's. Indem wir näher kommen, kommt der Arára heran und fragt uns: „Was will mein Kind essen, spricht Ñandecý!" Da erzählen wir ihm: „Süße Mbujapé wollen wir essen, und gelbe Bananen wollen wir auch essen!" Dann gehen wir vorüber, und es begegnet uns der *Sabiá*. Er begegnet uns und fragt uns: „Was will mein Kind essen?" Wir erzählen ihm: „*Câguìjý* will ich essen (– trinken)." Und er geht zurück und erzählt es Ñandecý. Indem wir ankommen, weint Ñandecý. Ñandecý spricht: XLVII. „Auf Erden macht der Tod mit euch ein Ende. Geht nicht mehr dort hin, bleibt jetzt hier!"

Guyraypotý

I. Ñanderuvuçú kam auf die Erde und sprach zu *Guyraypotý*: „Seht zu, daß ihr tanzt, die Erde will schlimm werden!" Sie tanzten drei Jahre lang, als sie den Donner des Untergangs hörten. Die Erde stürzte beständig ab, von Westen her stürzte die Erde ab. Und Guyraypotý sprach zu seinen Kindern: „Laßt uns gehen! Der Donner des Untergangs macht einem Angst!"
II. Und sie gingen, gingen fort nach Osten, nach dem Ufer des Meeres. Sie gingen dahin. Und Guyraypotý's Kinder fragten ihn: „Hier wird doch nicht gleich das Verderben emporsteigen?" – „Nein, hier, heißt es, wird nach einem Jahr das Verderben emporsteigen." Und seine Kinder machten *Roça*.
III. Das Jahr ging vorüber und man hörte wieder den Donner des Untergangs. Sie gingen wieder. Nach einiger Zeit stürzte die Erde schneller ab. Und Guyraypotý's Kinder fragten: „Hier wird doch nicht sogleich das Verderben emporsteigen?" – „Jetzt, heißt es, wird sich das Übel beschleunigen, jetzt macht keine Roça mehr, heißt es." So sprach Ñanderuvuçú zu Guyraypotý, was Guyraypotý wohl wieder seinen Kindern erzählte.
IV. Und Guyraypotý's Kinder machten keine Roça mehr und dann (fragten sie): „Wie werden wir (bestellt) sein?" – „Ich allein werde erscheinen lassen, was unsere Nahrung sein wird." Und sie gingen wieder, weit gingen sie dahin.
V. „Habt ihr Hunger?" – „Die Kinder, welche spielen, haben ein wenig Hunger." Dann (sprach er): „Breitet ein Tuch für mich aus." Er ging dann und schüttelte seinen Körper und fand und warf (in das Tuch) Mais und auch Bataten und Mehlfladen. Dieses gab er seinen Kindern. Dann gingen sie wieder, weit gingen sie dahin.
VI. „Eßt ihr Jaboticaba?" – „Wir essen sie." Er trat gegen einen Baum und ließ Jaboticaba erscheinen, daß seine Kinder sie äßen. „Seht, daß ihr einen Zweig übrig laßt, den die hinter uns Kommenden wieder essen werden." Und die Erde verbrannte schneller und schneller. Wieder gin-

gen sie und wieder fragten die Kinder Guyraypotý's: „Wird dieses Land vielleicht übrig bleiben?" Und da sprach er zu seinen Kindern: „Dieses Gebirge, welches das Meer zurückhält, heißt es, wird wirklich übrig bleiben, heißt es." Und sie blieben.

VII. „Jetzt aber macht ein Haus für uns, aus Brettern macht ein Haus für uns, sonst, heißt es, wenn das Wasser kommen wird, wird es unser Haus verderben, spricht Ñanderuvuçú zu mir."

VIII. Und Guyraypotý sprach zu dem *Juperú*-Menschen: „Hilf meinen Kindern ein wenig!" – „Ich helfe nicht, ich will eine *Canòa* machen." Zur Wildente (sprach er): „Hilf ein wenig meinen Kindern beim Hause!" – „Ich, ich helfe auch nicht, da ich fliegen werde." – „Nicht wahr," sprach er zum *Suruvá*, „du willst auch nicht meinen Kindern beim Hause helfen?" – „Ich auch nicht." – „Dann bleib, wir wollen sehen, wenn das Wasser kommt, wie du daran sein wirst!"

IX. Und sie machten ein Haus aus Brettern, beendeten das Haus und tanzten wieder. „Habet ihr nur keine Angst, wenn das Wasser sich überstürzt, (denn) um die Erdstütze abzukühlen, heißt es, soll das Wasser kommen." Und: „Tanzet drei Jahre hindurch", so hatte er gesagt, da kam das Wasser und überstürzte sich. „Paßt auf, daß ihr keine Angst bekommt!"

X. Das Wasser kam und überstürzte sich. Und der Juperú (schrie): „Bringt mir die Steinaxt, ich will eine Canòa machen, in die ich mich einschiffen werde!" Und er schrie und (schon) drehte sich der Wasserschaum über seinem Scheitel. Die Wildente wollte vergebens fliegen, die (Tiere) des Wassers fraßen sie auf. Der Suruvá schrie auch: „Das Wasser kommt wirklich!" So sprach er, und in seinen Mund drang das Wasser ein, und so ging sein Hauch zum Vogel (über).

XI. Guyraypotý's Tochter besaß ein junges Gürteltier, welches sie mitgenommen hatte. Und das Wasser bedeckte das Haus. Und Guyraypotý's Gattin (sprach) zu ihrem Mann: „Steige auf das Haus!" Und Guyraypotý weinte, und seine Frau (sprach): „Sieh zu, daß du keine Angst bekommst, mein Vater, breite gut deine Arme aus für die Vogelschar. Wenn gute Vögel sich auf deinen Körper setzen, so hebe sie zum Zenith empor."

XII. Und Guyraypotý sang den *Ñeègarai*. Und das Haus bewegte sich, das Haus drehte sich und zog hinaus oben auf dem Wasser, stieg auf und ging dahin. Sie kamen an die Tür des Himmels und hinter ihnen kam gerade das Wasser auch.

(Quelle: C. Nimuendajú-Unkel: Die Sagen von der Erschaffung und Vernichtung der Welt als Grundlagen der Religion der Apapocúva-Guaraní. *Zeitschrift für Ethnologie* 46: 285-403, 1914)

Die Erzählungen vom Weltende (*mbaé meguá* = urspr. Glück oder Unheil) waren bei den Apapocúva-Guaraní beliebt. Ein anderer Informant schloß seine Ausführungen mit den Worten: „Wenn ich an das mbaé meguá denke, mein Sohn, so möchte ich am liebsten alles im Stich lassen, sogar meine Kleider ablegen und nur meine Tanzrassel nehmen und singen und singen." (S. 335) Nicht nur die Menschen, auch die Natur ist lebensmüde: Erde, Wasser, Bäume etc. bitten den Creator um das Ende. Für viele Tupí-Gruppen scheint es einzig darum gegangen zu sein, vor dem definitiven Zusammenbruch noch das „Land ohne Schlechtes" zu erreichen. Durch Fasten und Tanzen wollte man sich so leicht machen, daß man in den Himmel eingehen konnte.

2 Weltendevorstellung in melanesischen Cargo-Kulturen

In den millenaristischen Bewegungen, die seit 1913 aus Melanesien bekannt wurden, ist der Glaube an eine alles vernichtende Naturkatastrophe und ein nahes Weltende nur ein Teilaspekt, der dazu häufig hinter der zentralen Heilserwartung, daß die Toten die bisher von den Weißen vorenthaltenen Güter doch noch ihren rechtmäßigen Empfängern zukommen ließen, verblassen. Nur wo die Erlangung des „Cargo", der materiellen Erlösung, durch die Umstände in unerreichbare Ferne rückte, machten sich im Zuge eines allgemeinen Pessimismus auch Vorstellungen vom nahen und absoluten Weltende breit. Der Mythos vom Sonnenheros am Korowori (Sepik, Neuguinea) konnte dann z.B. Anfang der 60er Jahre wie folgt enden:

Als der Sonnenmann beschloß, in den Himmel zu gehen, schlug er die Trommel, um die Menschen zu rufen. Es dauerte aber sehr lange und so stieg er bereits die Leiter empor und war fast im Himmel angelangt, als sie kamen. O, ihr kommt erst jetzt, rief er, es ist zu spät, ich gehe nun. Das gebe ich Euch: einen Bambussplitter, um Blut aus dem Penis zu zapfen (für das Jagdritual verwendet), Kot von den Jagdtieren (zum gleichen Zweck) und die Figuren der Jagd-Dämonen. Die guten Sachen, die ich Euch geben wollte, die nehme ich jetzt mit. Er goß eine große Schale mit Wasser aus und machte die großen Flüsse und das Meer: Dort sollen die anderen Menschen wohnen! Er ließ den Wind wehen und die meisten

Kokospalmen fortwehen - seitdem wachsen sie vor allem am Meer. Alles, was gut und weiß ist, daß sollen die Weißen bekommen: Kokosnüsse, Mehl, Reis, Konserven, weiße Kleider und Wellblech. Ihr sollt schwarz bleiben und Schwarzes essen! Damit ging er in den Himmel. Nun sitzen wir Kanaken im Elend, wir schreien um Hilfe, aber niemand kommt und hilft uns.
(Quelle: E. Haberland: Kulturverfall und Heilserwartung am oberen Korowori (Sepik Distrikt, Neuguinea) - *Sociologus* NF 14,1: 30-44, 1964, S. 42)

Die Rückkehr der Totengeister und die Beglückung durch ihre mitgebrachten Güter kann mit Vorstellungen verbunden sein, in denen sich Erfahrungen aus dem 2. Weltkrieg und Lehren aus der Missionsschule vermengen:

Ein großes Erdbeben wird am 9. September 1968 kommen. Es wird ein großes Sterben.
Deutschland, Amerika, Australien, Schweden, Norwegen, Finnland, Afrika, Indien, China, Neuguinea.
Unsere vielen Soldaten von früher mit ihren vielen Kriegsflugzeugen kommen herunter auf unser Land, und sie bereiten den Krieg vor.
Und die Kriegsleute des Teufels kommen und folgen den Kriegsflugzeugen, sie folgen und werfen Bomben auf unser Land.
Und der Teufel selbst kommt, und er folgt und kommt zur Küste, und alle unsere Soldaten machen einen großen Krieg in Lae.
Und zwei Flugzeuge kommen und bringen die Nachricht.
Ein Blitz schlägt ein, und es kracht zuerst, und ein großes leuchtendes Ding kommt danach. Das ist Jesus zur Zeit, wenn die Erde zu Ende ist.
Die Schwarzen von Neuguinea werden Gewehre haben und Krieg führen; wenn jenes Jahr zu Ende ist, dann tun sie es.
(Quelle: Fischer 1987: 147)

Im Jahr 1965 führte Hans Fischer mit zwei Melanesiern ein Gespräch über das Weltende, das aber offensichtlich auch nicht als definitives vorstellbar war:

Später, wenn die Zeit der Welt zu Ende ist, kommen sie alle zusammen an. Die Zeit der Welt wird zu Ende sein, und alle Leute werden sterben. Dann kommen sie.
Ist die Welt bald zu Ende oder noch nicht?

Sie sagen: „Nur noch kurze Zeit, dann kommen wir."
Wie geht die Welt zu Ende: Zerbricht sie und verderben alle?
Wir denken darüber nach. Wir wissen es nicht. Vielleicht werden
die Menschen einzeln sterben oder wer weiß. Wie wird es wohl
sein?
*Es ist also nicht so, wie man in einigen Gegenden sagt: Die Erde
wird sich umdrehen und eine große Flut kommt? Oder ein großes
Feuer kommt? Sagt man so?*
Nein.
So ist es nicht. Man sagt, alle werden leben und sie kommen.
Alle Toten kommen zurück?
Ja!
Und was tun sie?
Sie sagen ... wir werden nicht so leben, nein. Es wird erst eine
kleine Dunkelheit kommen. Der Ort wird beben, die Erde wird
beben, und ein großer Regen kommt. So haben wir es von Wa-
nam gehört. So ist es aus ihrem Mund gekommen.
Und was machen die Menschen?
Alle Menschen werden ... Wir haben also Wanam gefragt: „Was
wird mit uns sein?" Sie hat gesagt: „Ihr werdet es sehen und euch
fürchten und hin und her rennen, und diese Dunkelheit wird Euch
wohl blind machen, und wahrscheinlich werden wir erst hinunter
in die Erde gehen, vielleicht."
*Und nachher, wenn alle Leute gestorben sind, kommen sie zu-
rück?*
Sie kommen zurück.
Alle, oder nur die großen Männer?
Alle.
*Wenn dieses Erdbeben oder die Dunkelheit kommen, was werden
dann die Weißen machen?*
Wir alle.
Alle sterben?
Wir alle sterben und werden auferstehen.
*Später, wenn alle auferstanden sind, wie ist es dann? Werden alle
anders leben oder wie vorher?*
Man sagt: Wir werden auferstehen, und wir werden an einem
Tisch sitzen und gemeinsam essen.

Wie die Weißen. *Woher kommt das Essen? Bringen sie es mit?* Sie können es mitbringen. *Später werden sie keine Felder anlegen?* Sie sagen: „Wir werden Essen schicken, und wir werden gemeinsam essen."
(Quelle: Fischer a.a.O., 148-9)

Literatur

Abel, Ch. W. 1902: *Savage Life in New Guinea.* London.
Cipoletti, M. S. 1991: Schamanismus und die Reise ins Totenreich – Religiöse Vorstellungen der Indianer des südamerikanischen Tieflands. In: M. Eliade, *Geschichte der religiösen Ideen.* Bd. 3/2: 265-290, Freiburg.
Detienne, M. 1981: *L'Invention de la mythologie.* Paris.
Dumézil, G. 1959: *Les dieux des Germains.* Paris.
Eckert, G. 1937: Prophetentum in Melanesien. *Zeitschrift für Ethnologie* 69: 135-140.
Edda. Götterdichtung, Spruchweisheit und Heldengesänge der Germanen. *Übertragen von Felix Genzmer, eingeleitet von Kurt Schier.* Düsseldorf: Eugen Diederichs 1981.
Eickelpasch, R. 1973: *Mythos und Sozialstruktur.* Düsseldorf.
Eliade, M. 1949/1986: *Kosmos und Geschichte – Der Mythos der ewigen Wiederkehr.* (orig. frz.) Frankfurt am Main.
Fischer, H. 1964: Cargo Kulte und die „Amerikaner". *Sociologus* NF 14,1: 17-30.
--, 1987: *Heilserwartung. Geister, Medien und Träumer in Neuguinea.* Frankfurt am Main: Campus.
Germann, P. 1943: Afrikanische Kunst. In: Günter Wolff (Hrsg.), *Beiträge zur Kolonialforschung,* Tagungsband I, S. 71-79, Leipzig.
Gluckman, M. 1962: *Order and Rebellion in Tribal Africa.* London.
Grimm, J. 1835/1992: *Deutsche Mythologie.* II. Band, Wiesbaden.
Grönbech, W. 1954: *Kultur und Religion der Germanen.* (orig. dän.) 2 Bde. Darmstadt.
Haberland, E. 1964: Kulturverfall und Heilserwartung am oberen Korowori (Sepik-Distrikt, Neuguinea). *Sociologus* NF, 14,1: 30-44.
Hermann, E. o.J.: „*Kastom" versus „Cargo Cult": Emotional Discourse on the Yali Movement in Madang Province, Papua New Guinea.* Ms., Tübingen.

Jebens, H. 1990: *Eine Bewältigung der Kolonialerfahrung. Zur Interpretation von Cargo-Kulten im Nordosten von Neuguinea.* Bonn.

Jensen, A. E. 1951: *Mythos und Kult bei Naturvölkern. Religionswissenschaftliche Betrachtungen.* Wiesbaden.

Kirchhoff, J. 1990: *Nietzsche, Hitler und die Deutschen. Die Perversion des Neuen Zeitalters. Vom unerlösten Schatten des Dritten Reiches.* Berlin.

Klages, L. 1934: *Vom Wesen des Rhythmus.* Kampen.

Kramer, F. W. 1987: *Der Rote Fes. Über Besessenheit und Kunst in Afrika.* Frankfurt am Main.

Lawrence, P. 1964: *Road Belong Cargo. A Study of the Cargo Movement in the Southern Madang District, New Guinea.* Manchester.

Leach, E. 1961/1966: Zwei Aufsätze über die symbolische Darstellung der Zeit. (orig. engl.) In: W. E. Mühlmann / E. W. Müller (Hrsg.), *Kulturanthropologie*, S. 356-391, Köln/Berlin.

Linton, R. 1964: Nativistische Bewegungen (orig. am. 1943) In: C. A. Schmitz (Hrsg.), *Religionsethnologie.* S. 390-403, Frankfurt am Main.

Lips, J. 1937: *The Savage Hits Back.* London.

Métraux, A. 1927: *Migrations historiques des Tupi-Guaraní. Extrait du Journal de la Société des Américanistes de Paris*, N.S., t. XIX: 1-45, Paris.

Métraux, A. 1928: *La religion des Tupinamba.* Paris.

Michel, U. 1995: Neue ethnologische Forschungsansätze im Nationalsozialismus? Aus der Biographie von Wilhelm Emil Mühlmann (1904-1988). In: T. Hauschild (Hrsg.), *Lebenslust und Fremdenfurcht. Ethnologie im Dritten Reich.* S. 141-167, Frankfurt am Main.

Mühlmann, W. E.: 1961 *Chiliasmus und Nativismus.* Berlin.

Müller, W. 1968: Erlebnis und Ergebnis – Zur Selbstbesinnung der Ethnologie. *Anthropos* 63: 83-96.

Münzel, M. (Hrsg.) 1988: *Die Mythen sehen. Bilder und Zeichen vom Amazonas.* Frankfurt am Main.

Neumann, P. 1985: Curt Nimuendajú. *Kleine Beiträge aus dem Staatlichen Museum für Völkerkunde Dresden.* Nr. 7: 45.

Nietzsche, F. 1979: *Aus dem Nachlaß der Achtzigerjahre, Briefe (1861-1889)*, Ges. Werke. Bd. IV hg. v. Karl Schlechta. Frankfurt am Main.

Nimuendajú-Unkel, C. 1914: Die Sagen von der Erschaffung und Vernichtung der Welt als Grundlagen der Religion der Apapocúva-Guaraní. *Zeitschrift für Ethnologie* 46: 285-403.

Olrik, A. 1922: *Ragnarök – Die Sagen vom Weltuntergang.* (orig. dän.) Berlin.

Ratzel, F. 1891: *Anthropogeographie.* 2 Bde., Stuttgart.

Schaden, E. 1955: Der Paradiesmythos im Leben der Guaraní-Indianer. In: *Proc. 30. Intern. Cong. Americanists*, Cambridge.

Schindlbeck, M. 1984: Cargo-Bewegung, Tradition und Migration: sozioökonomische Veränderungen bei den Sawos von Gaikobiri, Sepik-Gebiet, Papua Neuguinea. *Paideuma* 30: 275-298.

Simoni, M. 1963/1967: Die Mythologie der Mittelamerikaner. (orig. frz.) In: Pierre Grimal, *Mythen der Völker*, 3 Bde, Bd. III: 173-197, Frankfurt am Main.

Spöttel, M. 1995: *Die ungeliebte „Zivilisation"*. Frankfurt am Main.

Staden, H. 1557/1978: *Wahrhaftige Historia und Beschreibung einer Landschaft der wilden, nackten, grimmigen Menschenfresser, in der Neuen Welt Amerika gelegen*. Kassel-Wilhelmshöhe.

Staudacher, W. 1942: *Die Trennung von Himmel und Erde*. Tübingen.

Taubes, J. 1947/1991: *Abendländische Eschatologie*. München.

Thurnwald, R. 1932: The psychology of acculturation. *American Anthropologist* 34: 557-69.

Tokarew, S.A. 1968: *Die Religion in der Geschichte der Völker*. (orig. russ.) Köln.

Vierkandt, A. 1900: *Die Stetigkeit im Kulturwandel*. Leipzig.

Williams, F. E. 1923: The Vailala madness and the destruction of native ceremonies in the Gulf Division. *Anthropology Report* Nr. 4, Territory of Papua, Port Moresby.

Weltuntergang als Anfang

Theologische, anthropologische, politisch-historische und ästhetische Ebenen der Interpretation der Sintflutgeschichte im babylonischen *Atram-hasīs*-Epos

Claus Wilcke

For Bill Moran in admiration

„Nach mir die Sintflut!" – Wer hätte das nicht schon oft gesagt! Eine sehr zeitgemäße Haltung. Gegenwärtiger Erfolg zählt, zukünftige Folgen treten kaum in den Gesichtskreis derer, die weitreichende Entscheidungen treffen.

Von solchem Denken handelt auch das altbabylonische *Atram-hasīs-Epos*[1], ein Werk babylonischer Dichtkunst. Es soll im Mittelpunkt dieses Beitrages zum Generalthema „Weltende" stehen, dazu die auf ihm fußende XI. Tafel des *Gilgamesch-Epos*, die knapper formuliert, aber besser erhalten ist; beide Sintfluterzählungen verlaufen parallel. Es geht hier nicht um die Antwort einer ganzen Religion auf die Frage nach der Endlichkeit der Welt, sondern um

---

1 Kursivschrift wird im folgenden eingesetzt für (meist moderne) Namen antiker Literaturwerke und für Wörter in akkadischer Sprache. Sperrdruck gibt sumerische Wörter wieder. Eckige Klammern ([ ]) schließen im Original zerstörte, ergänzte Wörter, Wortteile oder Schriftzeichen ein. Den Buchstaben š liest man sch, ṭ und ṣ sind velarisierte Konsonanten; q ist ein velarisiertes k; ā, ē, ī, ū sind lange Vokale, â, ê, î, û kontraktionslange Vokale.

einen konkreten Text und seine Aussagen zu menschlicher Existenz im Lichte eines „Weltuntergangs".

Das Wort „Sintflut" sagt es bereits: Das Weltende, von dem die Rede ist, ist schon vorbei. Es ist einer jener Kataklysmen, auf die traditionelle Gesellschaften zurückblicken.[2] „Kulturell relevant" kann nicht seine Erwartung werden, sondern seine Erfahrung, genauer: der Bericht über seine Erfahrung. Dieser kann künftige Verhaltens- und Handlungsstrategien in analogen Situationen paradigmatisch steuern, will sie vielleicht auch steuern. Er ist gewiß auch ein Kind seiner Zeit, verarbeitet Erfahrungen seines Dichters und erweist sich als Metaebene der Reflexion über Politik, Gesellschaft und Religion seiner Entstehungszeit, einer Zeit, die freilich erst einzugrenzen ist, mangels expliziter Hinweise über mögliche implizite Anspielungen auf bekannte Ereignisse in der Geschichte Babyloniens – die Gefahr von Zirkelschlüssen ist evident; ich hoffe, sie zu vermeiden.

Solch implizite Bezüge werden greifbar, wo mythische Stoffe in verschiedenen Fassungen vorliegen, wo Unterschiede der Gestaltung die Absicht des Dichters durchscheinen lassen. Es geht also um Intertextualität und um Textstrukturen, hier konkret die Spiegelung des ersten Teiles einer Dichtung in ihrem zweiten, die sich auf Motive dafür hinterfragen lassen, daß so und nicht anders erzählt wird.[3]

1   Sintflutüberlieferungen im Vorderen Orient

1.1 Biblische und altmesopotamische Sintflutgeschichten

Wer heute sagt: „Nach mir die Sintflut", denkt sicher nicht an alte babylonische Sintflutmythen, auch kaum an die biblische Geschichte von Gott und Noah, wie sie im 1. Buche Moses' erzählt wird, und gewiß nicht daran, daß diese davon handelt, daß Gott alles Leben ausrottete, weil die Menschheit böse war, und er darum nur einen guten Menschen, Noah, mit seiner Familie und von jeder Tierart ein Paar überleben ließ.[4]

---

2 Vgl. den Beitrag von Bernhard Streck in diesem Band.
3 Siehe Wilcke 1993.
4 Vgl. den Beitrag von Siegfried Wagner in diesem Band.

Die biblische Sintflut-Erzählung von der die ganze Welt be-
deckenden Überschwemmung konnte kaum im gebirgigen Palästina
entstehen. Eine vor über hundert Jahren entdeckte Tontafel mit dem
Keilschrifttext der XI. Tafel des *Gilgamesch-Epos* erwies die Herkunft des Mythos aus Mesopotamien. 1965 veröffentlichten Wilfrid
Lambert und Allan Millard die altbabylonischen Tafeln des *Atram-
hasīs-Epos*. Nun wird deutlich, daß die biblische Geschichte die alte,
babylonische ganz wesentlich umdeutet: denn diese weiß nichts von
menschlicher Schuld als Grund für die Sintflut. Sie war, was Sintflut
ja bedeutet, eine „umfassende" oder „gewaltige" Flut, nicht, wie man
das Wort volksetymologisch schon im Mittelalter, seit dem 13. Jh. n.
Chr., umgedeutet hatte, die „Sündenflut".

1.2 Geographische und klimatische Bedingungen

„Sintflut" heißt sumerisch a m a r - u r u₅ . k, a m á (/m a) - r u . k,
eigentlich „Orkanwasser", akkadisch *abūbu(m)* – ein Wort unbekannter Etymologie.

Im semi-ariden Klima der mesopotamischen Tiefebene ist Regen-
feldbau unmöglich. Aller Ackerbau hängt von dem Wasser ab, das
Euphrat und Tigris aus den umliegenden Gebirgen herabtragen, und
von den es verteilenden Kanälen. In Ägypten kommt die
Überschwemmung des Nils rechtzeitig vor der Feldbestellung. Die
Frühjahrsschmelze in den Gebirgen der Türkei und Irans bringt aber
die Hochflut just zur Erntezeit nach Babylonien. Es bedarf gewaltiger
Anstrengungen, die zerstörerische Kraft des so dringend benötigten
Wassers im Kanalsystem zu bändigen.

Hier, im südlichen Iraq, entstanden Mythen über das Wasser. Der
Gott Ninurta, z.B., befreit das im Gebirge gefangene Eis und bringt es
als Wasser im Tigris ins Flachland, so der sumerische Mythos *Lugal
ud me-lám-bi* (van Dijk 1983; Heimpel 1987), und *Enki und die Weltordnung* zeichnet das drastische Bild vom Süßwasser- und
Weisheitsgott Enki, der mit seinem Penis das Bett des Tigris gräbt und
dessen Wasser mit seinem Samen fruchtbar macht (Cooper 1989).
Hier, wo Alltagsdokumente immer wieder von durch Hochwasser und

Unwetter vernichteten Feldern berichten (Wilcke 1998), ist auch ein Überschwemmungsmythos zu Haus.

1.3 Die Sintflut als Metapher und Mythologem

Dieser Mythos war im Bewußtsein der Bevölkerung sehr gegenwärtig. Im 23. Jh. v. Chr. nennt die priesterliche Königstochter Enhedu'ana ihre Göttin Inana eine „Sintflut, die aus ihrem Gebirge herabstürzt",[5] und 2 Jahrhunderte später vergleicht z.b. König Šu-Su'en von Ur die mörderische Gewalt seiner Waffen mit der Sintflut,[6] und Briefschreiber unterstreichen die Dringlichkeit ihrer Anliegen mit der Formel „Es ist Sintflut!"[7]

Unwetter, sozusagen kleinere Ausgaben der Sintflut, sind die Standard-Metapher für verheerende, das ganze Land in Mitleidenschaft ziehende, politisch-militärische Katastrophen in Klageliedern vom Ende des 3. Jahrtausends. Eines beginnt mit der Koppelung von Unwettermetapher und Sintflutvergleich (Michalowski 1989). Die Sintflut wird zu einer Standardmetapher für kriegerische Verheerungen feindlichen Landes.[8]

Zwei im 21. Jh. v. Chr. entstandene Geschichtswerke, die *Sumerische Königsliste* (Jacobsen 1939; Vicente 1995) und die *Lagaš-Königsliste* (Sollberger 1967), beginnen mit den Worten „Nachdem die Sintflut über (das Land) hinweggefahren war". Erst danach kam das Königtum vom Himmel herab. Für Mesopotamier beginnt Geschichte erst nach der Sintflut und verläuft seitdem gradlinig auf ihre Gegenwart zu und weiter in die Zukunft, ganz anders als der zyklische, sich am Jahreslauf und den Mondphasen orientierende Kult (Sallaberger 1993).

---

5   Zgoll (1997, 2:11; 314ff.): „Wasserflut, die auf solch ein feindliches Land herabstürzt".
6   Kutscher (1989) 75, 24-25 „Waffen, eine Sintflut - große Furcht geht von ihnen aus" als Gabe des Gottes Enlil. Vgl. CAD A/1 s.v. abūbāniš, abūbu.
7   Sollberger 1966, 99 s.v. amaru
8   CAD s.vv. abūbāniš, abūbu

1. 4 Gemeinsame und besondere Traditionen

Mehrere Mythen erzählen, die Götter hätten die Vernichtung der gesamten Menschheit in einer Flut beschlossen, der Weisheitsgott Enki/E'a habe aber einen Menschen gewarnt, der sich, seine Familie und die Tierarten (im *Gilgamesch-Epos* und in der jungbabylonischen Fassung des *Atram-hasīs-Epos* auch „weise Meister") in einer Arche retten konnte.

Das sumerische *Enmerkar-Epos* sagt aber, Götter hätten das iranische Volk von Aratta nach der Sintflut mit Lebenswasser besprengt und so wieder zum Leben erweckt (Wilcke 1969, 71-72). Es kennt also andere Überlebende; und wie ein Nachkomme des weisen, vorsintflutlichen Königs Enmeduranki von Sippir der Sintflut entkam, von dem abzustammen sich Nebukadnezar I. (1124-1103) rühmt (Foster 1996, 291f.), bleibt ungesagt.

Eine sumerische Sintfluterzählung berichtet die Einrichtung des Systems der Stadtgottheiten: Je einer Gottheit wird je eine Stadt zugeteilt; das Königtum habe es schon einmal vor der Sintflut gegeben; ihr „Held" Zi'usudra („Leben-ferner-Tage") ist Sohn von Ubār-Tutu. Ubār-Tutu von Šuruppak regierte nach einem einigen Exemplaren der *Sumerischen Königsliste* vorangestellten Abschnitt über eben die im Sintflutmythos genannten Städte als letzter König vor der Sintflut. Weisheitstexte und Beschwörungsliteratur ordnen den vorsintflutlichen Herrschern „weise Meister" zu, die Verfasser technischer und magischer Werke. Und „weise Meister" gingen dem *Gilgamesch-Epos* und der jungbabylonischen Fassung des *Atram-hasīs-Epos* zufolge mit an Bord der Arche. So zeichnen sehr verschiedene Einzeltexte aus verschiedenen Jahrtausenden ein kohärentes Bild der vorsintflutlichen Zeit.

Der Sintflut-„Held" des *Gilgamesch-Epos* heißt Utnapišti „Ich fand Leben". Gilgamesch sucht ja nach „(ewigem) Leben"; das Epos über seine Taten will erzählen, warum Utnapišti nicht wie andere Menschen gestorben ist. Es läßt ihn von der Sintflut berichten, schweigt aber zum Geschehen vor der Sintflut.

68   Claus Wilcke

1.5 Atram-hasīs-Epos

1.5.1 Gegenstand

Diese Vorgeschichte erzählt das *Atram-hasīs-Epos* ausführlich, aber ganz anders als die genannten Traditionsstränge. Sein Sintflut-„Held" heißt Atram-hasīs, „Überaus-Weise". Es begründet, warum die Götter die Menschheit vernichten wollten, und berichtet von früheren Versuchen, sie durch Plagen zu dezimieren. Und nur es schildert vor dem Hintergrund des Konfliktes zwischen dem Götterregenten Enlil und den neugeschaffenen Menschen die Auseinandersetzung zwischen einem törichten Enlil und dem Weisheitsgott Enki und wohl auch der Muttergöttin Nintu/Mami, die im *Gilgamesch-Epos* noch nachhallt. Nur im *Atram-hasīs-Epos* finden wir die Verknüpfung göttlicher und menschlicher Existenz (in der Fliegen-Metapher) im Sintflutgeschehen.

1.5.2 Quellen

Seine altbabylonische Fassung erstreckt sich über drei achtkolumnige Keilschrift-Tontafeln in akkadischer Sprache mit insgesamt 1245 Versen. Die durchweg fragmentarischen Abschriften kommen aus der Stadt Sippir[9] und entstanden wohl alle im 17. Jh. v. Chr. Die besterhaltene Fassung von der Hand des Juniorschreibers Ipiq-Aja[10] datiert

---

9 Siehe Lambert/Millard 1969, 33-34; Angaben über die Herkunft der neuen altbabylonischen Quellen HE = HE 529 (Kopie J.M. Durand in: Groneberg 1991, 409) und F' = BM 22714b (Lambert 1991, 411; 414) fehlen. BM 22714b stimmt in Orthographie (Wortzeichen [gi]DUSU für *tupšikku* „Tragkorb") und der Tendenz, zwei kurze Verse auf eine Zeile zu schreiben, mit dem Sippir-Fragment F überein; beide können Bruchstücke derselben Tafel sein.

10 Lambert/Millard (1969a, 32) lasen Kù-[d]A-a (Ku-Aja) und vermuteten, dieses meine *Kasap-[d]Aja* „Silber der Aja". Von Soden (1978, 50) schlug *Nūr-[d]Aja* (erstes Zeichen: ZÁLAG) vor: „Licht der Aja". Dagegen wendet Lambert (1980b) ein, eindeutige Schreibungen des Typs Nūr-Gottesname mit dem Zeichen ZÁLAG fehlten. Das Photo mit der Unterschrift der 3. Tafel in

vom 28. xi. 1636 v. Chr. (Taf. 2), vom 21. i. 1635 (Taf. 1) und aus dem Monat ii, wohl ebenfalls des Jahres 1635 (Taf. 3).[11] Etwa 1000 Jahre jünger sind zwei sehr bruchstückhafte Versionen des 1. Jt. v. Chr. Eine gebraucht den jungbabylonischen Dialekt und lehnt sich eng an die altbabylonische an; die zweite, im neuassyrischen Dialekt, scheint den Text stärker umzugestalten. Bruchstücke beider fanden sich in der Bibliothek des Assyrerkönigs Assurbanipal (668-627 v. Chr.),[12] Quellen für die jungbabylonische Fassung sind auch aus Babylon[13] selbst und neuerdings aus der Tempelbibliothek von Sippir[14] bekannt. Außerdem gibt es winzige Bruchstücke aus der 2. Hälfte des 2. Jahrtausends aus dem babylonischen Nippur, aus Ugarit an der syrischen Mittelmeerküste und aus Hattuscha, der Hauptstadt des Hethiterreiches in Anatolien.[15] Keine Version ist vollständig; auch gegenseitig ergänzen sie einander nur teilweise.[16]

Revue d'Assyriologie 28 (1931) vor S. 91 zeigt das erste Zeichen deutlich als SIG; in Bab. Records ... P. Morgan 4 pl. II zeigt das Photo ebenfalls ein SIG (die beiden senkrechten Keile zwar in einer Linie übereinander, die schrägen treffen aber nur den unteren der beiden), ähnlich auch die Kopie der Unterschrift in Lambert/Millard 1965 Nr. 1. SIG ist das Wortzeichen für *ipqum* „Wohltat" in altbab. Personennamen. Ob *Ipiq-*^{d}*Aja* oder *Ipqu-*^{d}*Aja* zu lesen ist, läßt sich aber nicht entscheiden; beide Formen des ersten Namenselements sind gut bezeugt.

11 Aufgrund der Daten müssen wir vermuten, daß Ipiq-Aja, der die Tafeln I-III sicher nacheinander von seiner Vorlage abschrieb, mindestens zwei Kopien des Epos anfertigte, die erste in den Monaten x-xii des Jahres 1636 v. Chr., die zweite in den Monaten i-ii des folgenden Jahres.

12 Lambert/Millard 1969a, 34-39; weitere Fragmente zur neuass. Version (nA-K-S) ibid. S. xi; Lambert 1980b, 72; 74; 1991, 412; 414; zur jungbab. Version in assyrischer Schrift noch: Lambert 1980b, 74: K 17853 (= jB-K-aa); 75: K 17752 (= jB-K-bb[+O+P]); drei weitere mögliche Fragmente S. 75f.; 1991, 414.

13 Lambert/Millard 1969a, 39; J. van Dijk 1987 Nr. 93 (nach S. 13 „altbabylonische Schrift").

14 George/al-Rawi 1996.

15 Lambert/Millard 1969a, 34; Wilhelm 1991, Nr. 26.

16 Die Textsiglen der Erstausgabe von Lambert/Millard 1969a behalte ich, soweit möglich, bei; erweitere sie aber zur Differenzierung der Rezensionen nach Sprachstufe und Herkunft wie folgt: altbab. Fassung(en) aus Sippir: MAJUSKEL ohne Zusatz; mittelbabylonische Textvertreter: mB-I (aus

Uns interessiert nicht die deutliche literarische Abhängigkeit der erst im 1. Jt. v. Chr. überlieferten XI. Tafel des *Gilgamesch-Epos* vom älteren *Atram-hasīs-Epos*. Wir wollen die Gestaltung der mythischen Überlieferung in verschiedenen Texten vergleichen und fragen, warum die Dichter ihre Epen so und nicht anders gestaltet haben. Denn, so vermuteten wir, in der jeweils eigenen Weise, wie ein Dichter den Lauf der Ereignisse schildert, vermittelt er seinem Leser oder Hörer seine eigenen Botschaften.

1.6 Mythenkoppelung

Der Dichter des *Atram-hasīs-Epos* koppelt die Sintflutgeschichte an einen zweiten Mythos, den von der Erschaffung der Menschheit. Den kennen wir auch in verschiedenen Fassungen, teils selbständig, teils in in andere Erzählungen eingebunden. Das Epos schreibt so eine Geschichte der Menschheit von ihrer Erschaffung bis zu ihrem Untergang in der Sintflut und zu dem Neubeginn danach; es flicht auch eine Kette kausaler Zusammenhänge, die begründet, warum die Götter die Menschheit vernichten wollten, und die die *conditio humana* der Gegenwart des Dichters erklärt.

Mythen zur Schaffung neuer Sinnzusammenhänge miteinander zu verbinden, ist keine Erfindung des *Atram-hasīs-Epos*. Dichtungen in sumerischer Sprache verwenden sie häufig, wie schon G.S. Kirk (1970) beobachtete.

Nippur), mB-Bo (aus Boğazköi-Hattuscha); mB-Ug (aus Ugarit); jungbabylonische Versionen: aus Kuyunjik (Assurbanipal-Bibliothek): jB-K-MAJUSKEL; aus Babylon: jB-B-MINUSKEL; aus Sippar: jB-Si-NUMMER (nach Tafelnummer, z.zt. Nr. 1, 2, [4] und 5; neuassyrische Fassung: nA-K-S und nA-K-U. Neue Rekonstruktion in Taf. I 174ff aufgrund von jB-Si-2: Text G ii setzt mit Z. 174 ein. Text E iii 1' (Lambert/Millard: Z. 188) ist Z. 180; Z. 184-187 fehlen in E (Augensprung: Z. 183 = 187); E iii 7'-8' (= G ii 15) = Z. 190; Z. 192 (F' ii' 1' = G ii 17) fehlt in E und jB-Si-2; Z. 193-195 entfallen. Z. 196 = E iii 10' = F' ii 2' = G ii 18 = jB-Si-2, 79.

1.7   Der Dichter

William L. Moran (1987) erkannte, daß der Dichter beide Mythen für
sein Epos in der Abfolge von Krise und Lösung und dem Einsatz der
Götterversammlungen ganz parallel strukturiert und gezielt die Länge
der einzelnen Abschnitte anwachsen läßt; wir werden sehen, wie er
Motive der Schöpfungsgeschichte mit denen der Sintfluterzählung
verknüpft. Das Urteil über den Schöpfer des Epos, den Lambert/Mil-
lard (1969a, 13) in der Erstausgabe einen „second-rate poet" ohne
„real poetic spirit" genannt hatten, hat sich sehr zum Positiven
gewandelt. Schon von Soden (1969, 419) widersprach energisch: er
sei ein Dichter „von bedeutender Gestaltungskraft" und sein Werk
„mindestens in [sein]em Anfangsteil erstaunlich durchreflektiert". Vor
allem Matouš (1967), Moran (1970; 1971; 1987), Kilmer (1972;
1977; 1987; 1996) und Oberhuber (1982) haben Wortwitz und Gestal-
tungskunst des Verfassers aufgedeckt.

2   Menschenschöpfung

2.1   Gemeinsamkeiten und Unterschiede in
der mythischen Tradition

Mehrere altorientalische Mythen erzählen von harter Arbeit der Götter
für ihre eigene Ernährung beim Graben von Bewässerungskanälen;
die Menschen seien erschaffen worden, um ihnen diese Last
abzunehmen. Es ist aber eine Besonderheit des *Atram-hasīs-Epos*, daß
eine Gruppe regierender Götter den übrigen diese Arbeit auferlegt hat;
ebenso der folgende Streik mit der Absicht, den Götter-Regenten Enlil
abzusetzen, und mit der drohenden, gewaltsamen Auseinandersetzung
zwischen den Göttern. Nur das *Atram-hasīs-Epos* zieht die enge
Parallele zwischen göttlicher Existenz vor der Erschaffung des
Menschen und menschlicher danach, identifiziert und deutet das
Göttliche im aus Lehm und göttlichem Fleisch und Blut geschaffenen
Menschen, nur es bietet die komisch-würdelosen Szenen vom
ängstlich und feig sich versteckenden, angesichts von Widerstand

weinend sein Amt aufgebenden Götterherrscher Enlil, dem „Kriegsmann", wie er ironisch genannt wird.[17] Freilich, den Götterkampf vor der Erschaffung der Menschheit kennt auch das etwa 500 Jahre jüngere *Weltschöpfungs-Epos* (Lambert 1994). Auch hier wird der Anführer der aufrührerischen Götter hingerichtet, dient sein Blut der Schaffung der ersten Menschen (nicht aber sein Fleisch und irdener Lehm). Hier geht es um die Apotheose – wenn die metaphorische Tautologie erlaubt ist – des den Kosmos ordnenden jugendlichen Götterkönigs Marduk und um die Gründung seiner Stadt Babylon. Der Konflikt entzündet sich nicht an Arbeitsbelastung und Herrschaft einiger über viele. Die Bedrohung durch die vom Lärm der jungen Götter gestörten Urgötter Apsû, „Süßwasser", und Ti'amat, „Meer", und ihre Helfer ist abzuwenden. Der Zweck der Erschaffung der Menschen wird eher beiläufig erwähnt, ihr Schicksal bleibt außer Betracht. Und die Sintflut ist eine Waffe Marduks, mit deren Hilfe er Ti'amat besiegt. Ihr Einsatz gegen die Menschheit steht gar nicht zur Debatte.

Der im 18. und wieder im 7. Jh. v. Chr. in sumerischer und akkadischer Sprache aufgeschriebene sogenannte *KAR 4-Mythos* (Pettinato 1971) spricht vom Vermischen des Fleisches und Blutes zweier *Alla*-Götter, vermutlich verschiedenen Geschlechts, mit Lehm bei der Erschaffung der Menschen. Aber wie im *Weltschöpfungs-Epos* (Lambert 1994) bleibt es dem Leser oder Hörer überlassen, darin das partiell göttliche Wesen des Menschen zu erkennen.

Andere Mythen scheinen am Göttlichen im Menschen ganz uninteressiert. Nach *Enki und Ninmah* (Benito 1969), z.B., ist der Mensch nur aus Lehm gemacht. Dort geht es um die Ursache menschlicher Gebrechen in göttlicher, trunkener Willkür und um mögliche Funktionen körperlich Behinderter in der Gesellschaft. Der *Mythos von der Hacke* (Pettinato 1971) kennt das göttliche Formen aus Materie überhaupt nicht und gebraucht die Metapher von Aussaat und Wachstum.

---

17 Siehe bereits Moran 1971, 59f.

2.2   Eigentümlichkeiten des Atramhasīs-Epos

2.2.1   Die Menschlickeit der Götter

Das *Atram-hasīs-Epos* verknüpft anthropologische und theologische Aussagen fast immer aufs Engste. Schon der allererste Vers sagt das programmatisch und provokativ:

> Als die Götter Mensch waren,
> leisteten sie Fronarbeit, trugen sie den Tragkorb.
> Der Tragkorb der Götter war groß,
> Die Fron war schwer, groß war die Drangsal.
> (I 1-4)

Hier steht klipp und klar, worum es geht: Um die Menschlichkeit der Götter und um das göttliche Wesen des Menschen. Andere Mythen kennen dieses Thema nicht. Die Provokation verfehlte ihre Wirkung auch bei modernen Interpreten nicht, die um den Sinn und Widersinn der Aussage rangen.[18]

---

18 Strittig war die Syntax: Umfaßt der Temporalsatz beide Verse (Pettinato 1968; Lambert(/Millard) 1969a; 1969b, 534) oder nur den ersten (von Soden 1969a), und in welchem Kasus steht das Wort „Mensch", im Lokativ als Vergleichskasus (Lambert[/Millard] 1969a, 146; 1969b, 534ff.), was von Soden (1969, 417 mit Anm. 1) als grammatisch unmöglich zurückwies, oder im Nominativ (Singular, da generisch) als Prädikat eines Nominalsatzes (Matouš 1967, 5; von Soden 1969a, 416)? Die These eines Lokativs im zweizeiligen Temporalsatz vertrat zuletzt Oberhuber (1982, 281): „Als (die) Götter an Menschen Statt ...“; doch läßt sich eine entsprechende Funktion des Lokativs auch nicht nachweisen.
Strittig auch der Sinn: War es „angesichts der Wesensverschiedenheit von Gott und Mensch nicht eine unsinnige oder mindestens krass blasphemische Aussage" (von Soden, 1969, 417)? Ersteres bejahte Lambert (1969b, 535: „nugatory", „nonsense") nachdrücklich, von Soden (l.c.) meinte - ebensowenig überzeugend - Unnsinn und Blasphemie vermeiden zu können, in dem er übersetzte „als die Götter (auch noch) Mensch waren" (1969, 419; 1989; 1994) und ausführte: „Es gab eine Zeit, in der die Götter zugleich auch Mensch waren, weil die Differenzierung zwischen Gott und Mensch noch nicht eingetreten war", „daß das Wesen der Gottheit in der Urzeit durch menschliche Züge m i t- bestimmt war" (Hervorhebung von Soden 1969,

Ähnliche Gedanken müssen schon die Interpreten des 1. Jt. v.
Chr. bewegt haben, denn die assyrische Fassung versteht die tausend
Jahre ältere Grammatik nicht mehr oder will sie nicht verstehen und
verwandelt das Verspaar in einen einzigen Temporalsatz:

> Als die Götter wie ein Mensch
> (Fronarbeit leisteten, den Tragkorb trugen, ...)
> (nA-K-S, Kolophon)

Damit ist die vom Dichter erzeugte Spannung erschlafft; ist zündender
Wortwitz, intelligentes Spiel mit der Ähnlichkeit von Wörtern, das wir
sehen werden, verpufft – ein Spiel, das im Altertum ja stets auch eines
von Sinngebung und Sinnfindung war und das der Dichter des *Atram-
hasīs-Epos* trefflich versteht.

Moran (1971; 1987) erkennt die Aussage als Metapher und so
weder blasphemisch noch unsinnig. Bottéros Übersetzung (1989)
„Lorsque les dieux faisaient l'homme" trifft den Nagel auf den Kopf.

Die Menschlichkeit der Igigū-Götter zeigt sich indirekt wieder bei
ihrer Auseinandersetzung mit Enlil. I 145/158 werden sie *hupšu*
„Arbeitstruppe" genannt. Ein lexikalischer Text sagt, das bedeute *nišū*
„Menschheit" (George/al-Rawi 1996, 185).

2.2.2 Herrschaftsstrukturen

Ein zweiter zentraler, wieder in Schöpfungs- und Sintflutmythen
singulärer Gegenstand klingt im ersten Verspaar schon an und wird im
übernächsten deutlich ausgesprochen, das Thema Herrschaft:[19]

---

418). Treffend dazu Moran (1987, 247 Anm. 7) „for reasons that escape us
most interpreters choke at what seems an obvious metaphor".
19 Moran (1987, 247) „undoubtedly reflects the interest and delight of the
audience in the frustrations and manifestations of power".

Die großen Anunakkū-Götter ließen nämlich[20] siebenfach[21]
Arbeit die Igigū-Götter tragen.
(I 5-6)

Der Text fährt fort:

Ihr Vater Anu war König,
Ihr Ratgeber war der Krieger Enlil,
Ihr ‚Sesselträger' war Ninurta,
Ihr ‚Polizist' war Ennugi.
(I 7-10)

---

20 Siehe Streck 1995, 66.

21 Die Interpretation der Kardinalzahl im Akkusativ ist umstritten. Lambert
(/Millard) (1969a; 1980c), Streck (1995, 66), Foster (1996, 161), George/al-
Rawi (1996, 153) beziehen sie trotz fehlender Kasuskongruenz auf die
Anunakkū-Götter, von Soden (1969, 420; 1978, 76) aber auf die Igigū-
Götter im folgenden Vers (Kongruenz von Genus und Kasus;
Enjambement); der Dichter sehe „hier die arbeitenden Götter in Parallele zu
den Menschen" und rechne „in den 2500 Jahren der Fronarbeit mit einer
ähnlichen Vermehrung, wie er sie in Z. 352f. bei den Menschen nach der
Schöpfung unterstellt." Borger (1967, 157 und *apud* Wilcke 1977, 157)
denkt an „eine Art Zustandsakkusativ"; Wilcke (1977, 161) an ein
Zahladverb („siebenfach"), wogegen von Soden (1978) und Lambert
(1980c), zuletzt Streck (1995, 66 Anm. 136) einwenden, es sei für diesen
Vers (und *Etana-Epos* 10) *ad hoc* postuliert. Bottéro (1967/68, 116; s. auch
Bottéro/Kramer 1989) und Dalley (1989) sehen die Zahl (als
Multiplikativzahl: „septuple", „sevenfold) als Attribut zur Arbeit
(Kongruenz des Kasus; Enjambement). Attributiver Gebrauch der Zahl
(Numerusinkongruenz wegen generischen Nomens) würde hier passen, nicht
jedoch in *Etana-Epos* 10 „Sieben (Akkusativ) sind die Tore verschlossen
gegen einen Mächtigen", wo nur Borgers „eine Art Zusatandsakkusativ" in
Frage kommt - darauf läuft letztlich auch die Argumentation von Lambert
(1980c) hinaus - oder Wilckes Adverb „siebenfach". Auf sieben Anunakkū-
Götter käme man, zählte man zu Anu, Enlil, Ninurta und Ennugi noch Enki,
die Muttergöttin Mami-Nintu-Bēletilī und Enlils Wesir Nuska dazu. Für
siebenfach auferlegte Arbeit kann man auf die Klage der Igigū-Götter über
den „zusätzlichen Tragkorb" in I 149; 162 verweisen; s. auch I 36-37, wo in
zerstörtem Kontext (mit Enjambement) von zusätzlicher Arbeit der Igigū-
Götter die Rede ist.

Eine Regierungsmannschaft amtiert, ein König, ein Premier als Leiter
der Ratsversammlung, und zwei Minister. Aber dieses System ist
schon durch ein territoriales überlagert:

> Das ...(-Gefäß?) hatten sie an seiner Wange ergriffen,
> Sie hatten das Los geworfen, die Götter hatten geteilt:
> Anu war hinauf in den Himmel gestiegen,
> Enlil hatte die Erde als sein Herrschaftsgebiet ergriffen,
> Riegel und Schlinge des Meeres
> Waren dem Fürst-Weisen Enki gegeben worden.
> Des Anu Schar war hinauf in den Himmel gegangen,
> Des Enki Schar war hinab in den Süßwasserozean gestiegen.
> Untätig war oben die Schar des Himmels,
> ließ die Igigū-Götter die Arbeit verrichten (/Die Schar Enlils verrichtete
> die Arbeit).
> (I 11-20)

In der Götterwelt stehen die „fürstlicher Abstammung" (*Anunakkū*)
den anderen Göttern gegenüber, den *Igigū* – ein Wort unbekannter
Etymologie.

Trotz Gebietsaufteilung besteht die Hierarchie fort; denn die zu
Enlil gehörigen, irdischen Götter müssen die himmlischen
mitversorgen. Der Gott Enki bleibt außerhalb der Hierarchie.

2.2.3 Krise

Herrschaft wird zunächst an Hand des Konfliktes zwischen wenigen,
dem Müßiggang hingegebenen Herrschenden und der Masse der für
den eigenen Lebensunterhalt und den der Herrscher schwer
arbeitenden Bevölkerung reflektiert. Das wandelt sich später zur Frage
nach richtig ausgeübter Herrschaft, in der die Vernunft der Willkür
Grenzen setzt.

Die arbeitenden Götter beklagen sich lautstark (I 40), streiken,
zerbrechen und verbrennen ihre Werkzeuge und ziehen lärmend vor
Enlils Palast (I 77), wollen ihn entthronen. Aus seinem
Potentatenschlummer geweckt, versteckt sich der „Krieger Enlil", wie
er stets genannt wird, schreckensbleich hinter seinem Wezir, der die
anderen großen Götter herbeiholt. Es wird verhandelt. Die

Streikenden schreien ihre Antwort im Chor (I 45/158) und beklagen sich vor allem über „zusätzliche Arbeitsbelastung"[22] und bestehen auf einer Auseinandersetzung mit Enlil. Der bittet Anu unter Tränen, sich in den Himmel zurückziehen zu dürfen; dem einen Gott, dem Anführer der Streikenden also (Moran 1970, 51f.), solle man Enlils Amt auferlegen. Er soll sich wohl in derselben Situation finden, wie vorher Enlil; soll er doch damit zurechtkommen!

Es hörte dieses Wort
Enlil, es flossen seine Tränen.
(Der Gott fürchtete, was er nun wußte,)
(Er sprach zu seinem Bruder Anu,[23])
Enlil fürchte sein (=des Boten Nuska) Wort (/was er nun wußte,)
Er sprach zum Krieger Anu
„Ich werde mit dir in den Himmel hinaufsteigen.
Das Amt nimm fort, nimm dein ...!"[24]
Es sitzen die Anunakkū-Götter vor dir;
Ruf (den) einen Gott! Sie sollen ihm mein Amt auferlegen!"[25]
(I 166-173)

---

22 „Der zusätzliche Tragkorb hat uns (schier) umgebracht" I 149; 162. Damit ist sicher die siebenfach zu tragende Fron aus I 5-6 gemeint.
23 Z. 167a-b nur jungbabylonisch überliefert.
24 Versende epigraphisch unsicher.
25 Z. 171-173 nur jungbabylonisch erhalten. In diesem Vers vermutete man die Aufforderung, den Anführer der Aufrührer zu bestrafen; s. die Übersetzungen. George/al-Rawi (1996, 168f.) lesen in jB-Si-2, 60 *li-i[d-d]i-šú pa-ar-[ṣi]* „let them renew the divine regulations", in jB-K-K+M iii 11' aber nach Kollation *l]i-id-du-šú pár-ṣi* „let them cast down the divine regulations for him", weil *parṣī nadû* im *Anzu-Epos* „the overturning of the natural order" beschreibe. Im *Anzu-Epos* ist *parṣū* Subjekt des Stativis *nadû* „die göttlichen Ämter sind aufgegeben (= liegen brach)"; m.E. liegt transitives *nadû* vor mit Dativobjekt von Ziel (/Richtung) der Bewegung: „etwas auf etwas/jemanden fallen lassen"; *parṣī* ist dann „mein Amt". Das Photo von jB-Si-2 ist undeutlich; es scheint auch die Lesung *li-i[d-d]u-šú* zu erlauben; ist das nicht möglich, kann man zu *li-i[d-d]i-<nu->šú* „sie sollen ihm geben" konjizieren.

2.2.4 Konfliktlösung

Enki (nach der jungbabylonischen Version Anu) erkennt die Klagen über die übermäßige Arbeitslast als berechtigt an. Er entwickelt darum den Plan, zusammen mit der Muttergöttin Menschen zu erschaffen, die die Last der Götter übernehmen sollen.

> Gott aber und Mensch sollen vermischt werden gemeinsam im Lehm! (I 212f.)

Gesagt, getan. Nach einem rituellen Bad schlachtet man den Wortführer der Streikenden. Sein Fleisch und Blut werden mit Lehm vermischt, das ganze bespuckt, und aus dieser Masse formt Nintu die ersten Menschenpaare.

> Den Gott-Mensch, der Verstand (= Fähigkeit zu führen: *ṭēmu*) besaß, schlachteten sie in der Versammlung.
> (I 223)

Zweimal wird die Muttergöttin Nintu/Mami die Götter daran erinnern, so wichtig ist diese Aussage dem Dichter (s.u., 2.4).

> Ihr schlachtet den Gott mitsamt seiner Fähigkeit zu führen (*ṭēmu*)
> (I 239; II D vii 33)

2.3   Die Göttlichkeit des Menschen. „Etymologie"; sprachliche und graphische Zeichen

2.3.1 Gott und Mensch

Wir beobachten den Dichter beim ernsten Spiel mit Wörtern. Denn er spannt Brücken zurück zum ersten Vers. Hieß es dort metaphorisch im Nominalsatz *ilū awēlum* „die Götter waren Mensch"[26] und hier zunächst (I 212) *ilum-ma u awēlum* „Gott aber und Mensch" (beides generische Singulare) mit betonter Trennung durch Enklitikon und Konjunktion, ist schließlich der Wortführer der Streikenden (mit

---

26 Dazu Moran (1987, 248) „Likeness of sound creates, in context, a certain likeness of meaning."

Akkusativendung -a[27]) - ein *Ilawēla*, ein „Gott-Mensch" (I 223), wie schon Matouš (1967) sah; aus beiden Wörtern ist eines geworden, und der Schreiber, vielleicht schon der Dichter, tut ein Übriges, um das Göttliche im zu schaffenden Menschen zu betonen – auch graphisches Spiel ist ja eines mit Sinn und tieferer Bedeutung. Er setzt das Wort „Gott", *ila*, noch einmal in das Wort „Mensch", *awēla*, hinein, indem er „Gott-Mensch" *ila-we-e-i-la* schreibt.[28] Die Botschaft ist überdeutlich: Der Mensch hat teil am göttlichen Wesen. Göttliche und menschliche Existenz sind ursprünglich nicht unterschieden. Der Mensch übernimmt eine Funktion der Götter; denn an der Aufgabe der neugeschaffenen Menschen, die Götter zu ernähren, läßt auch das *Atram-hasīs-Epos* keinen Zweifel.

2.3.2 Der Name des geschlachteten Gottes

Der Anführer der Aufrührer ist in der altbabylonischen Fassung namenlos und wird der „eine Gott" (I 173; 208: Moran 1970, 51f.) und eben *ila-we-e-i-la* „Gott-Mensch" (I 223) genannt. Die jungbabylonische Fassung nennt ihn *Alla*.

Alla hießen auch die geschlachteten Götter im erwähnten *KAR 4-Mythos*. Ist es ein Wortspiel mit dem Wort „Hacke" sum. al = akkad. *allu(m)*, dem Grabinstrument schlechthin, so wie im *Weltschöpfungs-Epos* (Lambert 1994) im Namen des Marduk-Gegners *Qingû* das sumerische Wort kíĝ „Arbeit" stecken und der Aufstand der arbeitenden Götter noch nachklingen kann?

Er wurde nicht etwa getötet, wie man allgemein annimmt; Götter sind unsterblich. Das Epos spricht in sicher sehr bewußter Wortwahl vom „Schlachten" (*ṭabāhu*), nicht „Töten" (*nêru* oder *dâku*) dieses

---

27 Oberhubers Annahme eines *status praedicativus* auf /-a/ ist ein Anachronismus.

28 Oberhuber (1982) las *ilam aw-e-i-la* und erwog, daß *i-la* das Göttliche im Menschen verdeutlichen solle. Einen Überblick über Versuche, in Z.223 den Namen des geschlachteten Gottes zu finden, und andere Lesungsversuche des Zeilenanfangs dort geben George/al-Rawi 1996, 149f.

Gottes. Auch *Qingû* wird geschächtet: man „durchtrennt" sein Blut,
d.h. seine Adern.

2.3.3 Lebenszeichen als Mahnmal

Herz, Geist und Verstand: Während die altbabylonische Fassung vom
„Verstand, die Fähigkeit zu führen" (*țēmu*) besitzenden „Gott-
Menschen" spricht, formuliert die jungbabylonische mit einer neuen
Wortkoppelung:

> Alla, der den göttlichen Verstand (= Fähigkeit zu führen: *țēmu*) besaß,
> Alla, den Enlil – sie schlachteten ihn beim ersten Mal.[29]

Der Redaktor signalisiert uns in diesem Verspaar zweierlei: Zum
einen sieht er Alla und Enlil (Aussprache Ellil wahrscheinlich:

---

29 George/al-Rawi (1996, 171 Anm. 31) sagen: „Text in disorder" und (Anm.
32 zur 2. Zeile des Verspaares): „Text in disorder, probably corrupt"; sie
übersetzen (p. 171): „Alla, a god who had the capacity to reason (!), Alla
they slaughtered, an Enlil of old (!?)" und vermuten (p. 187): „If the
syntactical disorder of this line is not simply corrupt, we can only suggest
that it is intended to highlight the shocking deed retailed."
Im ersten der beiden Verse machte die Umdeutung der ersten drei (oder falls
das E in der Vorlage fehlte, der ersten beiden) Schriftzeichen der
altbabylonischen Fassung (AN = *ila*, PI = *we*, E = *e*) zum Götternamen ᵈAlla
(= Gottesdeterminativ + Zeichen NAGAR, dessen Anfang einem PI ähneln
kann) die beiden letzten von *ila-we-e-i-la* überzählig; *i-la* hätte aber ohne
Schwierigkeit als Apposition verstanden werden können: „Alla, den Gott, ..."
Die asyntaktisch anmutende Einfügung in den Relativsatz wird darum
absichtsvoll sein. Sie stellt *ila* „den Gott" neben *țēma* „den Verstand, die
Fähigkeit zu führen" und legt das Verständnis als neuerliche Wortkoppelung
„den Gott-Verstand", d.h., „den göttlichen Verstand" nahe.
Der zweite der beiden Verse ist gänzlich neugestaltet, nur das Verbum
„schlachten", nicht einmal seine konkrete Form, ist geblieben. Hier will der
Redaktor deutlich durch die appositionelle Stellung der Namen einen Bezug
herstellen zwischen dem geschlachteten Gott und Enlil, einen Bezug, den wir
in den Reden der Muttergöttin nach der Sintflut in der altbabylonischen
Version (ebenso wie im *Gilgamesch-Epos*) erkennen; s.u. Das letzte Wort
(*ma-ah-ri-tim*) kann - wenn der Text nicht korrupt ist - nur ein Adverb sein.

Alliteration) in vergleichbaren Rollen, wobei er auf ein kommendes Ereignis verweist; im Sintflutbericht wird Enlil dann als „der mit dem Verstand", „mit der Fähigkeit zu führen" (*bēl ṭēmi*) erscheinen. Zum anderen aber ist der Verstand göttlicher Natur. Das war in der altbabylonischen Version schon gesagt, doch nicht so deutlich ausgesprochen. Im Menschen lebt nämlich der *eṭimmu*, der vom Fleisch des geschlachteten Gottes stammt. Wir übersetzen „Totengeist", weil dieser Teil des Menschen im Tode nicht untergeht. Man sollte besser doppeldeutig „Geist" sagen:

> Bis in alle Zukunft mögen wir die Trommel[30] hören!
> Der Geist sei im Fleische des Gottes!
> Dem Lebenden tue er sein Merkmal kund,
> daß es zum nicht Vergessen den Geist gebe!
> (I 214-217 // 227-230)

Der trommelnde Herzschlag, Erkennungszeichen menschlichen Lebens, stammt vom Geist des Gottes; so schon Thorkild Jacobsen (bei Moran 1970). Er soll ein Mahnmal sein für den Schöpfungsakt, vielleicht auch für den vorangehenden Konflikt. Mit ihm verbindet sich eine weitere, menschliche wie göttliche Eigenschaft: der „Verstand",[31] akkadisch *ṭēmu(m)*, der sozusagen im Wort *eṭimmu* steckt wie schon *ila* „Gott" in *awēla* „Mensch". Ein neues Wortspiel – ich folge Anne Kilmer (1972, 164f.): Der Wortführer der Streikenden „hatte *ṭēmu(m)*", besaß den – die jungbabylonische Fassung sagt göttlichen – Verstand und war fähig zu führen, Weisungen zu erteilen. Mit seinem *eṭimmu* „Geist" gelangte dieser *ṭēmu* in die Materie, aus der die Menschen geschaffen wurden. Der im Menschen gegenwärtige „Geist" des Gottes ist die Quelle von Verstand, der Fähigkeit, zu planen und andere zu führen. Er befähigt zur Erinnerung. Mit anderen Worten: Die geistigen Gaben des

---

30 Die jungbabylonische Fassung versteht die Metapher nicht und ersetzt *up-pa* „die Trommel" durch *li-pa-a* „sie (= die Menschen) mögen erscheinen" (// I 227 *i-pa-a* „sie erschienen"); auch das Verbum am Versende ist geändert: *i teš-me* „sie soll hören" [oder etwa: „du mögest hören"?] statt [*i*]*š*-[*mu*]-*ú* „sie hörten").

31 *ṭēmu(m)* bedeutet: „Planungsfähigkeit, Entschluß(kraft), Verstand, Anweisung, Bescheid" (AHw s.v.).

Menschen, das, was nach seinem Tode nicht zu Lehm oder Erde wird, das ist das Göttliche im Menschen.

Für das weitere Geschehen ist aber auch wichtig: Der „Gott-Mensch" ist wegen seines *ṭēmu(m)* geschlachtet worden, weil er der Anführer der Revolte war.

2.3.4   Die Rolle Enkis

Den Geist verdankt der Mensch vielleicht einer List des Weisheitsgottes Enki/Ea. Denn er hatte der Götterversammlung vorgeschlagen (I 184-189 // 192-197), die Muttergöttin Nintu-Mami solle den Menschen als ein *lullû* genanntes Wesen schaffen. Dafür erbittet Nintu von Enki, der „alles reinigt",[32] lediglich Lehm. Auch das *Weltschöpfungs-Epos* nennt den ersten Menschen *lullû*. Es ist ein Lehnwort von sumerisch lú-u$_{18}$-lu „Mensch". Von Soden (1978, 65; 1994) übersetzt „Urmensch".[33]

Ein neues, von Werner Mayer (1987) vorgelegtes Mythosfragment über die Schöpfung von Mensch und König stellt aber dem *lullû*-Menschen den König gegenüber als „überlegend entscheidenden Menschen" (*māliku-amēlu*) (Mayer). *lullû* meint hier offensichtlich ein dumpfes Wesen, einen geistig nicht aktiven Menschen. Es würde gut in die Situation passen, wollten die Götter die mühevolle Arbeit an den Kanälen „tumben Toren" auferlegen, die nicht auf die Idee kommen, dagegen aufzubegehren, wie sie es getan hatten.

---

32 Moran (1970, 50f.) nimmt an, hier sei bereits implicite vom Schlachten des Gottes die Rede; die Reinigung beziehe sich auf „the defilement resulting from the common association with, and the responsibility for, death." Dieser naheliegende Schluß scheint mir nicht zwingend. Nintus Worte können besagen, daß die Schöpfungshandlung eines Reinigungsritus bedarf. Wenn Enki anschließend von „Reinigung" und „Bad" spricht, will er sicher die Verureinigung durch das Schlachten des Gottes beseitigen. Anders jetzt George/al-Rawi (1996, 171:92; 187), die meinen, das Schlachten des Gottes werde die Götter reinigen: neue Lesung in I 209 *i-na qé-er-bi* „darinnen", was sie mit „thereby" wiedergeben.

33 Pettinato (1968, 180) „den ersten Menschen"; Bottéro (1989) „prototype humain"; Dalley (1989) „mortal"; Foster (1996) „human, human being".

Enkis anschließender Vorschlag, den Anführer der Aufrührer zu schlachten und sein Fleisch und Blut mit dem Lehm zu vermischen, nutzte den wohl latenten Wunsch nach Vergeltung.[34] So brachte er die Götter dazu, dem Menschen den „(Toten)geist" *eṭimmu(m)* und mit ihm den göttlichen „Verstand" *ṭēmu(m)* zu geben.

2.4 Vorboten eines Konflikts zwischen Göttern und Menschen

Die paarweise erschaffenen Menschen wuchsen heran. Als die Geschlechtsreife eintrat, schritt die Muttergöttin ein: gar so schamlos und unordentlich sollten sich die Menschen doch bitte nicht paaren. Nintu verfügte, das habe in der Ehe, im Hause und auf einem Bette zu geschehen (Wilcke 1985, 295-298). Die Sexualität, deren Folgen die Götter bei der Schöpfung offenbar nicht bedacht hatten, löste sogleich einen ersten, wenngleich noch harmlosen Konflikt zwischen Schöpfer und Geschöpfen aus.

Auch die kommenden Konflikte haben mittelbar denselben Grund. Denn (I 352ff.) in relativ kurzer Zeit haben sich die nun für ihre und der Götter Nahrung arbeitenden Menschen stark vermehrt.

Zunächst aber schafft man neue Geräte, und die Menschen nehmen die Arbeit auf, versorgen die Götter. Die Muttergöttin kann den übrigen Göttern stolz verkünden:

Ihr schlachtetet den Gott mitsamt seiner Fähigkeit zu führen (*ṭēmu*).
Eure schwere Fron habe ich abgeschafft,
Euren Tragkorb erlegte ich den Menschen auf,

---

34 Ein Schuldvorwurf gegen den geschlachteten Gott ist im Text nicht zu entdecken.

Ihr habt abgeworfen (*taštahṭā*[35]) das Geschrei auf die Menschheit!
(I 239-242)

Dasselbe sagt sie noch einmal vor der Sintflut, aber mit bezeichnender Umstellung des ersten Verses, der in der Wiederholung zur letzten wird.[36] In der spiegelbildlichen Anordnung von I 239+240-242 in II D vii 30-32+33 wird die Figur der *inclusio* überdeutlich. Der Bericht über den Lärm der anstelle der Götter arbeitenden Menschen und die vergeblichen Versuche Enlils, ihn zu unterbinden, ist ein in sich geschlossenes Kapitel. Die Stellung von I 239 // II D vii 33 erfüllt aber noch eine andere Funktion. Sie weist auf den voranstehenden Schöpfungsbericht und den folgenden über die Sintflut. Beide handeln von einem Gott mit *ṭēmu*, einem Anführer, der die Götterschar unbedacht in eine gefährliche Krise führt, aus der sie nur die Weisheit des Gottes Enki erretten kann. Hier zeigt sich neben der von Moran beobachteten Zweiteilung (s.o., 1. 7) eine dreifache Gliederung des Textes, die Schöpfung und Vernichtung der Menschheit klar aufeinander bezieht.

35　Diese Lesung schon bei Pettinato (1968, 181; 187) „ihr habt abgeschüttelt"; das Verbum *šahāṭu* (AHw šahāṭu II, CAD šahāṭu B) bezeichnet das Ablegen von Kleidern und (übertragen) von Krankheiten und Übeln. Von Soden (1969, 25; 1978, 81) nimmt „ein nur in diesem Mythus bezeugte[s] kanaanäische[s] Fremdwort" *šahādu* „schenken", „bescheren" an. Lambert/Millard (1969a) gehen von *šâṭu* „to drag" aus; ihrer Lesung *ta-aš-ta-'i-ṭa*, steht entgegen, daß das Zeichen AH altbabylonisch nicht für ['i] gebraucht wird.

36　[Eure schwe]re [Fron habe ich abgeschafft],
Euren [Tragko]rb erlegte ich den Menschen auf;
Ihr habt da[nn abge]worfen das Geschrei [auf die Menschheit].
Den Gott schlachtet ihr mitsamt seiner Fähigkeit zu führen.
[Ihr] setztet euch dann hin, nah[mt] Wohnung [auf den Thronsitzen].
[Werde ich] (sie) wegraffen, werde ich (etwa) [Hand an] (sie) legen?
Ihr wolltet eine Anweisung erteilen -
Sie verschwinde ganz und gar!
Wollen wir (wirklich) mit dem Eide binden
Enki, den Fürst-Weisen?
(II D vii 30-39)

Die Götter sind jetzt aber ihre Fron los, wie Nintu mit einem Rechtsbegriff sagt:

Ich löste das Band, [schu]f Freien Lauf.[37]
(I 243)

Die Grundlage für den kommenden Konflikt zwischen den Menschen und Enlil ist gelegt.

3   Konflikt Enlils mit den Menschen

3.1 Bevölkerungswachstum und Lärm

[Es vergingen nicht] 600 Jahre,
[Da wurde das Land weiter,] die Menschen wurden mehr,
Und dabei brüllte das Land wie ein Stier.[38]
(I 352-354)

So beginnt der zweite Teil des Epos. Das Verbum *šapû* bedeutet „massig" oder „laut werden". Die Bevölkerung wird immer dichter und lauter. Die Versgruppe kehrt mehrfach wieder (II i 1-3; ii 39-41 [= jB-Si-5, 43-45]), zuletzt in abgewandelter Form; dann brüllt die Sintflut (III C$_1$ iii 15). Die Verse markieren Textabschnitte und das Fortschreiten in der Zeit; die genannten Perioden werden immer länger.[39]

Das Lärmen der Menschen stört Enlil im Schlafe. Wir erkennen den Topos wieder: Im *Weltschöpfungs-Epos* störte der Lärm der jüngeren Götter die Urgötter, die sie deshalb vernichten wollten.

---

37 Später wird Enlil dem Gott Enki vorwerfen, er habe den Menschen „Freien Lauf" beschert und „das Band gelöst" (II D v 19 = HE v 5; HE v 19; D vi 28').

38 Von Soden (1978, 73; 1994) setzt einen Plural an. Angesichts der fast ausschließlich auf KVK-Zeichen beschränkten Mimationsschreibungen in allen altbab. Quellen des Epos (s.u. 6.2 mit Anm.) ist eine den Singular eindeutig bezeichnende Schreibung *li-i-im* nicht zu erwarten.

39 Die Altbabylonische Fassung schreitet in 600 Jahr-Schritten fort, so vielleicht auch die neuassyrische; die jungbabylonische Version rechnet dagegen mit der Einheit 3.600 (60^2).

3.2 Lärm und Schuld

In diesem Lärmen sah Giovanni Pettinato (1968; 1971) eine Rebellion der Menschen und damit ihre Schuld. Nach von Soden (1972, 354) war „die ‚Schuld' der Menschen ... nicht einfach ihre ‚Sünde' (...) sondern ihr Bemühen, durch mannigfaltige Aktivitäten immer mehr zu erreichen, als die Götter ihnen zugestehen wollten. Sie waren nicht bereit sich zu bescheiden"; das Wort für Lärm (*hubūru*) bezeichne „mit Lärm verbundene Aktivitäten". Dies wiederholt er 1979 (12) und 1994 (615). Von Auflehnung, vom Überschreiten göttlich gesetzter Grenzen, einem sich nicht Bescheiden liest man im Text des *Atram-hasīs-Epos* aber nichts. Neuerdings möchte Veronika Afanasieva (1996), ein „Mythologem vom sündhaften Lärm" (S. 95) entdecken. Atram-hasīs stehe als Gerechter einer Menschheit gegenüber, die ihre Götter nicht fürchte und zu ihren Göttinnen nicht bete[40] (I 405-406), Menschen, die moralische Normen verachtend ihre Pflichten vergäßen. Enki werfe ihnen dies vor.[41] Auch davon steht nichts im Text. Im Gegenteil, Enki ruft sie auf: „Ihr sollt eure Götter nicht fürchten, sollt zu euren Göttinnen nicht beten!" (I 378-379), was sie auch befolgen (I 405-406). Dies ist Teil der von Enki den Menschen empfohlenen Strategie gegen die (erste) Plage, die sie wegen ihres Lärmes getroffen hat. Moran (1971, 53ff.; 1987, 251ff.) und Kilmer (1972, 167) haben das Fehlen jeglichen Schuldvorwurfes

---

40 Moran (1971, 54f.; 1987, 253) hat deutlich gemacht, daß hier nicht jeglicher Kult verweigert wird, sondern denn die besonderen Gaben für die persönliche Schutzgottheit zum Gott der Plage gelenkt werden.

41 „Ausgerechnet ein wohltätiger Gerechter, der für die ganze Menschheit betet, wird hier dieser Menschheit gegenübergestellt - allen die [*ú-ul*] *ip-la-hu i-*[*li-šu-un*], [*ú-ul*] *ú-se-el-lu-ú* [*iš-tar-šu-un*] (Atr. S. 68 I 405-406). Enkis Vorwurf scheint hier nicht bloß eine Erklärung der unverständlichen und unbegründeten Laune der Götter zu sein, sondern auch die Wahrheit. Die Menschen fingen an, allmählich immer mehr moralische Normen zu verachten und auch ihre direkten Pflichten zu vergessen. Hier wird man nicht unbedingt an das Aufbegehren der Menschen denken ... Hieraus wird ersichtlich, daß der von den Menschen produzierte Lärm eine Folge des schlechteten Zustandes der menschlichen Welt ist, um welche sich Ellil sorgt ...“

deutlich zeigen können. Ihrer Ansicht, das zentrale Anliegen des *Atram-hasīs-Epos* sei das Problem der Überbevölkerung, stimme ich zu, meine aber, das beschriebene, unkontrollierte Bevölkerungswachstum sei nur ein Mittel, die göttliche Fehlplanung zu demonstrieren. Der Lärm ist die Folge davon, daß die Menschen nun die Arbeit der Götter tun müssen. Die Muttergöttin hat es ja unmittelbar nach der Menschenschöpfung deutlich gesagt, daß die Götter das „Geschrei abgeworfen" haben auf die Menschheit.

Nach jeder der Plagen, mit denen Enlil die Menschen zum Schweigen bringen will, heißt es:

> Die Tage ihres Wohlergehens kehrten zurück,
> Ihr früheres Geschrei lebte auf,
> (Ihre Gesichtszüge wurden wieder schön).
> (I 413-415; II D ii 35-[37], [II D iv-v])

Im Lärm zeigt sich also die Gesundheit froh arbeitender Menschen.

3.3 Enlils Strategie und Enkis Gegenmaßnahmen

Enlil aufzuwecken, ist aber höchst gefährlich. Klagelieder nennen seinen Schlaf „trügerisch" oder „falsch". Schon einmal wurde er aus dem Schlummer geweckt, als die lärmend streikenden Götter seinen Palast umstellt hatten. Da machte er keine besonders gute Figur.[42] Jetzt wird er wieder im Potentatenschlaf gestört; aber anders als damals bedroht ihn niemand. Nun zeigt er seine Macht am, wie er meint, wehrlosen, nur lästigen Objekt. Er will die Menschheit durch Krankheiten reduzieren.

Doch er hat die Rechnung ohne den Weisheitsgott Enki gemacht. Der zeigt den Menschen durch seinen Diener Atram-hasīs, daß sie mitnichten wehrlos sind. Der Ruf der Herolde soll im ganzen Lande das Geschrei zum Verstummen bringen – abermals ein Wortspiel, denn *šapû* „massig, laut werden" ist quasi homonym mit *šapû*

---

42 Siehe auch Moran 1971, 60.

„schweigen".[43] Will der Dichter damit sagen, Lärm und Schweigen bildeten zwei gegensätzliche Aspekte menschlichen Daseins für die Götter, Schweigen bewirke Mangel?

Denn dem für die Plage zuständigen Gott sollen die Menschen all das an Opfern zuwenden, was sie sonst ihren persönlichen[44] Göttern opfern; diese aber sollen sie leer ausgehen lassen – bereits ein leichter Vorgeschmack des Darbens, das die Sintflut später den Göttern in so ungleich größerem Maße bescheren wird, die Andeutung einer Warnung? Die Gaben werden diesen einen Gott beschämen, und er wird sie verschonen. Dreimal geht das so, beim dritten Mal haben die Götter unter Enlils Führung schon versucht, Enki durch einen Eid daran zu hindern, den Menschen in einer Hungersnot beizustehen. Doch hat er das umgangen, indem er die im Meer eingeschlossenen Fische dazu brachte, den Meeres-Riegel zu zerbrechen – wie, wissen wir nicht; der Text ist zerstört.

Schließlich will Enlil die Menschheit in einer Sintflut ganz vernichten, sie mit Stumpf und Stiel ausrotten. Die Götterschar folgt ihm darin, nur Enki sträubt sich. Er muß sich aber beugen und schwören, es den Menschen nicht zu verraten. Doch wieder weiß er einen Ausweg: Er läßt Atram-hasīs träumen, Enki rede zur aus Rohr geflochtenen Wand. So bricht er nicht den Eid, und Atram-hasīs erfährt vom Sintflutplan der Götter und erhält dazu Anweisungen, wie er sich, seine Familie und die Arten der Tiere erretten kann.

---

43 Die Auslautvokale finiter Verbalformen im Grundstamm unterscheiden sich; in abgeleiteten Stämmen (hier Doppelungsstamm „zum Schweigen bringen") ist der Unterschied nicht erkennbar. Darum verstehen auch fast alle bisherigen Übersetzer und die Wörterbücher die Form *lišeppû* als Prekativ des Doppelungsstammes von „laut sein" - mit Ausnahme von Moran (1971, 54), der betont, daß „it seems much more likely that the heralds are not to be told to add to the noise but rather to go about putting it down". Ihm folgt (fragend) Foster (1996); 1987 (253 mit Anm. 34) korrigiert Moran seine frühere Ansicht zugunsten der *communis opinio*; sie scheint mir dennoch dem Kontext und der Gesamtstruktur des Epos angemessener.

44 So mit Moran 1971, 55.

4   Die Sintflut

4.1 Lärmende Vernichtung und ihre Wirkung auf die Götter

Die Sintflut kündigt sich durch grollenden Donner an, durch das Brüllen des Wettergottes (III ii 48-54). Ihr Tosen beschreiben dieselben Worte wie die für das Lärmen der Menschen. Ihren so viel schlimmeren Lärm aber haben die Götter auf Enlils Geheiß verursacht. Menschheit und Tierwelt bringt sie ein schreckliches Ende, den Göttern aber eine böse Überraschung:

> [Rasch kam] die Sintflut [hervor],
> [Wie im Kampf] fuhr die Mordwaffe über die Menschheit hin.
> Bruder sah [nicht] Bruder, sie wurden einander [nicht] gewahr im Verderben.[45]
> Und dabei brüllte [die Sintf]lut wie ein Stier,
> Schrien die Winde [wie ein] mörderischer [Ad]ler ihnen entgegen,
> [War dicht] die Finsternis, [wurden die Geschöpfe zuschan]den wie Fliegen.
> [Die Götter fürchteten das Gesch]rei der Sintflut,
> Vers[teck]ten sich [im Himmel], [Draußen (vorm Tor) sa]ßen sie.
> [Auch Anu[46] fürchtete] das Geschrei der Sint[fl]ut,
> [Sodaß das He]rz des Gottes zu (lautem) Pochen gebracht wurde.
> [Anu] – sein Verstand veränderte sich (= war ganz von Sinnen),
> [Die Götter], seine Kinder waren zusammengeballt (*uppuqū*) vor ihm.[47]
> (III iii 11-27)

---

45 Ergänzungen von III iii 11-14 nach nA-K-U Rs. 18-19; Gilg. XI 109-112.

46 Oder Enlil? Dafür könnte das parallele *ilu* in der folgenden Zeile sprechen.

47 Mein Lesungs- und Ergänzungsversuch des schlecht erhaltenen Passus III iii 15ff. stützt sich auf die Parallelen im Gilgamesch-Epos:

iii 15   [a-bu-b]u ki-ma li-i i-ša-ap-pu
iii 16-17   [ki-ma] e-ri-i na-e-ri // [i-ša-as-sú-n]im ša-ru
iii 18   [ša-pa-at e]-ṭú-tu ^dŠamaš la-aš-šu
iii 19   [li-il-li-du i-b]a-šu ki-ma zu!-ub-bi
iii 20   [i-lu ip-la-hu ri-gi]-im a-bu-bi
iii 21-22   [i-na ša-ma-i pu-uz-r]a [i]-hu-zu // [i-na ka-ma-ti uš]-bu
iii 23   [ip-la-ah-ma A-nu] ri-gi-im a-[bu-b]i
iii 24   [li-ib]-bi i-li uš-ta-ka-a[d]

Der Name des völlig verstörten Gottes wurde bislang meist anders ergänzt und das Prädikat wurde stets vom Verbum *abākum* „wegbringen“, nicht von *epēqum* „massiv sein“ abgeleitet.[48]

Aber im *Gilgamesch-Epos* heißt es von derselben Situation:

Die Götter fürchteten die Sintflut,
Sie wichen zurück, stiegen hinauf in den Himmel von Anu.
Die Götter kauerten wie Hunde, lagen draußen (vorm Tor).
(Gilg. XI 113-115)

Das Herzklopfen – ein Lesungsvorschlag von Sodens (1994) – erinnert uns an das pochende Herz als Kennzeichen menschlichen Lebens. Das Bild der Fliegen wird uns weiter begleiten. Anne Kilmer (1987) hat in ihm eine babylonische Metapher für Tod und Totes erkannt.

4.2 Klage und Anklage der Nintu

Die Muttergöttin Nintu/Mami wird von Reue geplagt. Der Tod ihrer Geschöpfe bereitet ihr physischen Schmerz. Sie quält das zum Todesschrei verkehrte einst frohe Geschrei der Menschen. Und sie klagt Enlil an:

Nintu, der großen Herrin, Lippen verhüllen ihre schreckliche Angst.

---

iii 25 [A-nu i]š-ta-ni ḫe$_4$-e-em-šu
iii 26-27 [i-lu] ma-ru-šu up-pu-qú // [i-n]a ma-ah-ri-šu
Zu iii 23 vgl. nA-K-U Rs. 20 [*ip(-ta)-lah-ma* ^{d}]*A-nu KA a-bu-bi.*

48 Nur Dalley (1989) ergänzt hier den Namen Anus als den dessen, der von Sinnen war, von Soden den Enlils; Lambert/Millard (1969a), Bottéro (1989) und Foster (1996) ergänzen dagegen den Enkis und beziehen „seine Kinder“ auf die Menschheit. Alle (außer Dalley, die das Prädikat unübersetzt läßt?) lesen *ubbukū* „waren vor ihn gebracht worden“ (von Soden), „[Seeing that] his sons were thrown down before him“ (Lambert/Millard), „[À voir (?)] ses enfants emportés [so]us ses yeux!“ (Bottéro), „[That] his sons were carried off before him“ (Foster). Vgl. auch nA-K-U Rs. 22' [...] x DUMU^{meš}-*ša up-pu-qú a-na pi-ša* „[Die Götter], ihre Kinder, saßen zusamengedrängt (und hingen) an ihren Lippen (wörtl. Mund)“ vor Beginn der Klage der Muttergöttin (vgl. III iii 30-31).

Die Anunakkū, die großen Götter, saßen da in Durst und Hunger.
Weinend[49] blickte die Göttin auf[50] die Hebamme der Götter, die
erfahrene Mami.
„Der Tag werde dunkel, werde wieder finster!
Wie konnte ich nur zusammen mit ihnen die Vernichtung aussprechen?
Enlil wurde zu mächtig[51] für mich, ließ mei[nen] Mund[52] es sagen!
So wie jene Tiruru
nahm er mei[nem] Mund[53] die Kraft,[54]
für mich und meinen Leib (zu sprechen).[55]

---

49 Anders Streck (1996, Nr. 54), der *ibakki* als *verbum dicendi* versteht.

50 Der Akkusativ *e-ri-iš-ta* [d]*Ma-mi* wird als Schreibfehler verstanden (Lambert/
Millard 1969a, 162; von Soden 1994, 640, Anm. zu Z. 29). Das Verbum
amāru „sehen, erblicken" hat regelmäßig ein Akkusativobjekt. Ist eine
Ellipse (wie in iv 10) hier mißverstanden? Oder ist Reflexivität beabsichtigt
(„weinend blickte die Göttin auf sich, die Hebamme der Götter, die weise
Mami")?

51 Lambert/Millard (1969a) gingen von *dapāru* „to be sated" aus; dazu Moran
(1981) „a verb of questionable existence and not very illuminating here";
gefolgt von Bottéro (1989), Dalley (1989) und Foster (1996) setzt er
dab/pāru „to become strong" an; von Soden (AHw und 1994) dagegen
apāru „sich herandrängen".

52 Lambert/Millard (1969a) lasen in Z. 39 und 41 *bi-i-ṣ[a]* „Schlechtes" („evil
command"); dem folgte Dalley (1989); von Soden ebenso für Z. 39, schlug
aber (1979) *bi-i-r[a]* „offensichtlich" und (1994) *pí-i-d[a]* „Verschwörung"
(wohl Druckfehler für „Verschonung") für Z. 41 vor; Moran (1981, 44 Anm.
3) liest beides *pí-i-j[a]* ihm folgen Bottéro (1989) für Z. 41 „mes paroles" (Z.
39 mir nicht deutlich) und Foster (1996).

53 Siehe die vorige Fußnote.

54 Lambert/Millard (1969a) lasen *ú-ša-as-hi*, so auch Moran (1981 mit Verweis
auf AHw *sehû* Š „unbrauchbar machen lassen") und wohl auch Foster (1996)
„make [my] speech confused"; von Soden (1979; 1994) schlug *ú-ša-ah-hi*
(von *šuhhû* „unkenntlich, ungültig machen") vor, was Bottéro (1989) und
Dalley (1989) übernahmen. Moran (1981) meinte zu diesen beiden Zeilen „a
rhetorical question stressing her guilt seems more likely than an assertion
diminishing it". Steht nicht die Selbstanklage, sondern die Anklage gegen
Enlil im Vordergrund, verliert dieses Argument an Gewicht.

55 III iii 42 wird durchweg zum folgenden gezogen: Lambert/Millard (1969a)
„as a result of my own choice"; Bottéro (1989) „c'est pourtant bien moi, en
personne, (qui avait perçu ...)", Dalley (1989) „(their cry ...) against myself
against my person"; von Soden (1994) „für mich selbst und ganz körperlich

Auf mir liegt, daß ich ihr Schreien hörte!
Ohne (Hilfe von) mir[56] wurden wie Fliegen die Geschöpfe!
Und ich – wie soll mein Wohnen sein im Hause der Klage? Verstummt
ist mein Geschrei!
Werde ich hinaufgehen in den Himmel?
Werde ich vielleicht im Haus der aufgetürmten[57] (Leichen) wohnen?
Wohin, Anu,[58] ist der mit dem *ṭēmu* gegangen,
auf dessen Rede die Götter, seine Kinder, gehört haben,
der nicht überlegt hat und die Sintflut herbeiführte,
das Volk dem Untergang preisgab.
(III iii 28-54)

Nach einer Textlücke von 3-4 Zeilen stellt die Göttin ihre Mutterrolle
heraus und zeichnet das Todesschicksal ihrer Geschöpfe in plastischen
Bildern:

(Hier) klagt Ni[ntu, der Mutterleib!]

(vernahm ich ....)"; Foster (1996) „of my own accord, from myself alone (...
have I heard ...)". Ein nachgestellter Dativ in einem Satz mit Verbum in
Anfangsstellung ist gut möglich; ein Dativ beim Verbum „hören" scheint mir
dagegen schwer zu erklären, ebenso ein adnominaler Dativ zu *rigmu*
(Dalley); für eine Bedeutung der Präposition *ana* „at the discretion of"
(Lambert/Millard 1969a, 162) fehlt ein überzeugender Nachweis. -- Mit
Lambert/Millard (1969a, 162) läßt sich *pagru* „Leib" als reine Verstärkung
von *ramānu* „selbst" verstehen; man kann darin aber auch einen Hinweis auf
die Mutterrolle der Göttin sehen, so wie sie in III iv 5 fragt: „Hat etwa ein
Vater die M[enschheit] geboren?"; s.u., zu iv 4-5.

56 Fast alle Übersetzer leiten die Form *e-le-nu-ja* von der Präposition *elē-
num* „außer" (AHw elēnu B3; CAD elēnu adv. 3) ab; dagegen von Soden
(1994) „über mir"; diese Bedeutung (beunruhigende Gedanken umschwirren
den Kopf wie ein Schwarm Fliegen) kann mitschwingen angesichts von „auf
mir" im vorigen Vers.

57 Lesung *na-ak-ma-ti*; von Soden (1994) liest *na-aq-[d]u!-ti* „der *schwer
Gefährdeten"* (kursiv: vS); Bottéro (1989) „funeste(?)"; Dalley (1989)
„cloister(?)" Foster (1996) „[well lardered]".

58 Von Soden übersetzt: „Wohin war denn Anu gegangen, der den Entschluß
gefaßt hatte" und versteht *Anu* als Nominativ, nicht als Vokativ; ebenso
Lambert/Millard (1969a) und Bottéro (1989); Dalley (1989); Foster (1996).
Anu spielt aber keine aktive Rolle im *Atram-hasīs-Epos*. Es war Enlils
Entschluß. Anu ist anwesend; die Götter drängen sich oder (so Gilg. XI 116)
kauern ja wie Hunde vor seinem, d.h., dem Himmelstor.

Hat mir etwa ein Vater [meine] M[enschheit] geboren?[59]
Das Meer haben sie gefüllt wie Libellen den Fluß,
Wie ein Floß strandeten sie auf den Auen,
Wie ein Floß strandeten sie in der Steppe, am Ufer.
Ich sah (es) und habe über sie geweint!
Ich höre nun auf, ihretwegen zu jammern!   (III iv 4-11)

4.3 Enlil in der Rolle des Wortführers der Aufrührer

Nintu klagt den mit dem *ṭēmu*, mit der Führungsqualität, an als den,
der unüberlegt die Menschen vernichtete. Das kann nur Enlil sein;
denn er ist der Anführer, der die Anweisung erteilt hat. Enlil war es,
der die Götter, sie selbst eingeschlossen, dazu brachte, die
Vernichtung der Menschheit zu beschließen, gegen ihr ureigenstes
Interesse zu sprechen. So findet sich Enlil unversehens in der Rolle
des Streikführers bei der Götterrevolte. Hierauf hat die jungbabylonische Fassung aus Sippir verwiesen, als sie sagte: „Alla, den Enlil,
ihn schlachteten sie beim ersten Mal" (jB-Si-2, 104; s.o.). Nicht nur
wir sehen sie beide in gleicher Rolle!
     Den Vergleich mit der Göttin Tiruru verstehen wir leider nicht.
Sie ist nur aus Götterlisten bekannt.
     Enlil, der mit dem *ṭēmu*, dem „Verstand", ist aber ein Dummkopf;
er hat den „Verstand" nicht gebraucht. Ein doppelt herber Vorwurf
gegen den Götterregenten, den später Enki wiederholt.
     Am Schluß der Klage wandelt das Bild der treibenden Libellen
das der Fliegen leicht ab. Auch in der X. Tafel des Gilgameš-Epos
erscheint es als Todesmetapher (Lambert 1980a, 56; Kilmer 1987).

---

59 Von Soden (1969, 432; 1994) liest *a-bu-ba-an* „Zwei Fluten erzeugte das
    [...] Meer" (Druckfehler für erzeugten?); mir unverständlich.
    Lambert/Millard (1969a) und Bottéro (1987) verstehen *abu-man* als
    Interjektion (s. AHw abu 9); Dalley (1987) „would a true father ..."; alle
    Übersetzer sehen in *ti-a-am-ta* „Meer" das Objekt zum Verbum „gebar". In
    Gig. XI 122-123 heißt es aber „Ich gebar doch meine Menschheit, aber wie
    Fischbrut füllen sie das Meer". Darum lese und ergänze ich in III iv 5 *a-bu-
    ma-an ul-da* n[*i-ši-ja*] und ziehe in iv 6-7 „das Meer" als Objekt zum
    außerhalb des Vergleichs nicht wiederholten Verbum „sie füllten".

Das des gestrandeten Floßes auf der Flußaue und in der Steppe wie am Ufer nimmt schon vorweg, wie es aussehen wird, wenn die Wasser sich verlaufen haben werden. Sieben Tage und Nächte wird die Sintflut aber andauern (III iv 24-25). Die Tendenz zur Enlil-Schelte[60] hallt im *Gilgamesch-Epos* nicht nur in der anklagenden Rede der Muttergöttin nach. Denn dort schenkt Utnapištim seinen Palast dem die Arche von außen verschließenden Schiffer. Der heißt „(Im)-Schutz-des-Großen-Berges". Der Große Berg ist Enlil. Michalowski (1996, 189) erkennt einen „bitter joke".

4.4 Die Menschlichkeit der Götter

Die Götter spüren die Folgen ihres Tuns. Niemand versorgt sie mehr. Von Hunger und Durst schrecklich geplagt, trauern sie um die Menschheit:

> Sie (= Nintu) hat geweint und ihrem Herzen Luft gemacht,
> klagend hat sie ihre Sehnsucht geäußert.
> Die Götter weinten mit ihr über das Land.
> Sie sättigte sich an der Wehklage, dürstete nach Bier.
> Dort, wo sie (= Nintu) tränenüberströmt saß
> saßen sie (= die Götter) wie Schafe,
> füllten einen Graben (= vergossen Bäche von Tränen),
> dürsteten ihre Lippen in schrecklicher Angst,
> und vor Hunger / zitterten sie dabei ohne Unterlaß.
> (III iv 12-23)

Das Ende von Sturm und Sintflut, die Landung der Arche und die Aussendung von Vögeln schilderte das *Atram-hasīs-Epos* in ca. 65 Zeilen, die jetzt verloren sind; das *Gilgamesch-Epos* benötigt dafür 34 Zeilen, formuliert wieder knapper.

Als dann der Sintflut-„Held", Atram-hasīs wie Utnapišti, nach dem Ende der Flut sein erstes Brandopfer entzündete, der Rauch aufstieg und die Götter ihn rochen, stürzten sie sich darauf „wie die Fliegen", wie beide Epen sagen. Das ist kein despektierliches Bild. Der

---

60 Siehe Moran 1971, 59f.

Vergleich spiegelt das Schicksal der Menschen in dem der vor Hunger und Durst (fast, müssen wir sagen) toten Götter. Die Sintflut hat Götter wie Menschen fliegengleich gemacht – eine Erinnerung an den ersten Vers des Epos:

Als die Götter Mensch waren.

4.5 Erneute Anklage

Vor den versammelten Göttern wiederholt die Muttergöttin ihre Anklage:

Wohin, Anu, ist gegangen / der mit dem *ṭēmu*?
Enlil ist herangekommen ans Rauchopfer,
er, der nicht überlegt hat und die Sintflut herbeiführte,
die Menschheit dem Untergang preisgab
sodaß euer Mund die Vernichtung brachte,
ihre hell leuchtenden Gesichter dunkel wurden.
(III v 39-45)

Ähnlich sagt sie im *Gilgamesch-Epos*:

Enlil soll nicht kommen zum Schüttopfer,
weil er unüberlegt die Sintflut machte
und meine Menschen dem Untergang anheimgab!
(Gilg. XI 167-169)

4.6 Todeszeichen als Mahnmal

Zum ewigen Gedenken an den Tod ihrer Geschöpfe will sie ein ihr von Anu geschenktes Fliegengeschmeide tragen (III v 46f; vi 2-4; Gilg. XI 162-165). Im ersten Teil sollte der vom *eṭimmu*-Geist des geschlachteten Gottes herrührende menschliche Herzschlag an Götterrevolte und Menschenschöpfung erinnern. So verquickt das Motiv des Mahnmals Lebens- und Todeszeichen.

4.7   Lösung des Konfliktes

4.7.1   Angemessenheit von Strafen

Enlil, dem der Geruch des Opfers noch nicht die Augen geöffnet hat,
erblickt die Arche. Jetzt merkt er, daß da ein Mensch seiner Sintflut
entkommen ist, und ergrimmt schrecklich.

Enki gibt zu, die Menschen gerettet zu haben, und redet Enlil an:

[Ratgeber] der Götter, [Krie]ger, [wie] machtest du [unüberlegt die
Si]ntflut!⁶¹
[Du hast] dir nun Luft [gemacht]! [Spann an] und laß locker!
Dem Schuldigen erlege Deine Strafe auf!
Welcher Gott könnte Dein Wort umstoßen! [Man möge] eine
Ratsversammlung einberufen!
(III vi 20-27)

Im Gilgamesch-Epos sagt er:

Weiser⁶² unter den Göttern, Krieger, wie machtest du unüberlegt die
Sintflut!
Dem Schuldigen erlege seine Schuld auf, dem Frevler seinen Frevel!
Laß locker, damit (der Zügel) nicht durchgerissen wird, spann an, damit
er nicht [durchhängt⁷]!
Gilg. XI 178-181

Enki spricht den Götterregenten sicher (wie in III viii 11) mit seinem
Herrschertitel aus I 8 an. Könige rühmen sich ihrer Weisheit,⁶³
wurden gewiß auch so im höfischen Zeremoniell angeredet. Die Ironie
ist unüberhörbar, so scheint es. Ob Enlil sie bemerkt, ist zumindest
zweifelhaft; denn er reagiert nicht auf die Majestätsbeleidigung.⁶⁴

---

61 Ergänzt nach Gilg. XI 178-179 in der Annahme, vi 22 sei eine eingerückte
    Halbzeile:
    [at-ta ma-li-ik] i-li [qú-r]a-d[u!] // [ki-i la ta-am-li-ik-ma a-b]u-ba / [ta-
    a]š-ku-un.
62 Das altbabylonisch nur für Enki bezeugte Epitheton *apkallu* betont hier die
    Ironie.
63 Siehe Seux 1967, 22.
64 Moran (1971, 60) „Throughout the crisis he is singularly inept. ... he cannot
    offer a single word in defence of himself ...“

Angemessen soll das Verhalten des Herrschers sein, straffe Führung einerseits, lockere Duldung andererseits. Strafen aber sollen in Zukunft nur wirklich Schuldige treffen, nicht die ganze Menschheit. Stattdessen, so der Gilgamesch-Text, sollten wilde Tiere, Hungersnöte und Pest die Zahl Menschen begrenzt halten.

4.7.2 Maßnahmen zur Begrenzung der Zahl der Menschen

Auf Wunsch Enlils fordert der weise Enki nun die Muttergöttin Nintu/Mami, „die Schöpferin der Geschicke" auf, die Zahl der Menschen zu begrenzen. Die dritte Maßnahme ist deutlich: Beschränkung des Nachwuchses durch Sterilität und Kindersterblichkeit und durch die Einrichtung einer Klasse kinderloser Priesterinnen.

Die zweite ist ganz verloren; waren es vielleicht wilde Tiere, Hungersnöte und Pest wie im *Gilgamesch-Epos*? Es müßte mit nur wenigen Worten gesagt sein, denn nur 2-3 Zeilen stehen dafür zur Verfügung.[65]

Für die erste hat Lambert (1980, 58) – überzeugend – vorgeschlagen, im zerstörten Text zu ergänzen:

[Du, Mut]terleib, Schöpferin der Geschicke,
[setze fest den Tod] für die Menschheit!
(III vi 46-47),

Der folgende Vers setzt diesen Gedanken vielleicht fort:

L[aß die Menschen/den Geist (im Grabe) ru]hen![66]

denn im *Gilgamesch-Epos* erzählt Utnapišti vor der Sintflutgeschichte:

Als [Enlil mich(?)] gesegnet hatte,
waren die Anunakkū, die großen Götter, beisammen,
Mammītu, die Schöpferin des Geschicks,
bestimmte mit ihnen die Geschicke.
Sie setzten fest Tod und Leben,

---

65 III vi 50-52: [*ša-ni-tum x x x l*]*i-ib-ši*, [...](, [...]) „[Als Zweites s]oll es [...] geben, [...(...)]*l*".

66 [*a-wi-la (i-na qá-ab-ri)šu-uṣ*]-*li-li*. Der verfügbare Raum ist sehr knapp.

machten die Tage des Todes aber nicht bekannt.
(Gilg. X vi 29-32)

4.7.3 Lebensschöpferin – Todesschöpferin

Die anfangs als „Schöpferin der Menschheit" gefeierte Muttergöttin (I 192[67] 236c[68]) „Schöpferin der Geschicke" oder „des Geschicks" zu nennen, ist abermals ein doppelbödiges Wortspiel. Auf den ersten Blick sind beliebige Schicksale ihrer Geschöpfe apostrophiert. Im Akkadischen ist „Geschick", „Schicksal" aber ein lexikalisierter Euphemismus für den Tod. Sie, die Schöpferin menschlichen Lebens, wird zur „Schöpferin des Todes", der einzelnen Todesschicksale der Menschen.

Als vorsintflutliches Wesen ist der Sintflutheld aber nicht sterblich und wird – so das *Gilgamesch-Epos* – in eine ferne Gegend entrückt.

4.7.4 Die göttliche Fehlplanung behoben

Wir kennen nun den wahren Grund für die Sintflut. Die Götter hatten die Folgen menschlicher Sexualität nicht bedacht und die Lebensspanne der Menschen nicht begrenzt. Deshalb wuchs ihre Zahl ins Unermeßliche und – für den so gerne schlafenden Enlil – Unerträgliche.

Eine Welt ist untergegangen, weil sie unvollkommen und die erste Menschenschöpfung mißlungen war. Ihr Untergang dient als Lehrstück für die neue, nachsintflutliche Welt, die die Mängel der alten hinter sich gelassen hat. Das Todesschicksal des göttlichen und zugleich irdenen Menschen ist nun der Preis für seine Geschlechtlichkeit und verhindert die Wiederholung einer globalen Katastrophe wie der Sintflut, weil Enlil nun wieder ruhig schlafen kann. Ein zweites Weltende erwarten die Babylonier darum nicht. Die

---

67 jB-Si-2:77 sagt schon hier „Schö[pferin] des Gesch[icks]".
68 jB-K-(O)+P(+bb) 3' = G iii 1'.

eingangs erwähnte *Lagasch-Königsliste* spricht denn auch von der nach der Sintflut „für immer gemachten Menschheit" (Sollberger 1967, 280b:3).

5 Versuch der Interpretation

5.1 Zeitlose Relevanz der Dichtung

Zu dieser solennen und doch wieder hoffnungsvollen Botschaft des Dichters kommt die von der göttlichen Natur des Geistigen im Menschen. Daneben vernehmen wir eine weitere: *Nobody is perfect*, nicht einmal die Götter. Was über diese erzählt wurde, gilt auch für die am göttlichen Wesen teilhabenden Menschen. Wenngleich vernunftbegabt, handeln Herrscher nicht immer vernünftig. Es kann sich lohnen, sogar geboten sein, sich zu widersetzen: Der Streik brachte den Göttern ja die Befreiung von ihrer Fron. Dieselbe Botschaft wiederholt eindringlich der Bericht über den Erfolg des vom Weisheitsgott angeratenen, listigen Widerstandes der Menschen gegen die Plagen der Götter. Der Weisheitsgott selbst, der mit List und Einfallsreichtum der Unvernunft des Herrschers widersteht und den Göttern so ihren weiteren Lebensunterhalt sichert, demonstriert es schließlich noch einmal.

Wir entdecken ein Paradigma für künftiges Handeln und Verhalten, zeitlos aktuelle „Relevanz" eines sehr alten Literaturwerkes – neben seiner „kulturellen Relevanz" in seiner historischen Situation.

5.2 Versuch einer zeitlichen Einordnung

Wir können aber noch einen Schritt weiter gehen. Denn wir sahen die Topoi der Schöpfungserzählung in der von der Sintflut gepiegelt und so Enlil, den Regenten der Götter, plötzlich als einen, dem dasselbe Schicksal gebührt wie dem Streikführer: geschlachtet müßte er werden, sollte man folgern. Selbst nur implicite gesagt, ist das eine in altbabylonischer Zeit ungeheuerliche Aussage.

Enlil verkörpert und beherrscht das politisch-religiöse System des
3. und beginnenden 2. Jt.s. Er verleiht die Königswürde für das ganze
Land an eine Stadt und ihren Herrscher. Ohne seine Zustimmung wird
kein König ernannt im Lande. Wie könnte man da wagen, seine
Kompetenz in Frage zu stellen!

Gab es eine Zeit, zu der man hätte meinen können, Enlils Regime
sei am Ende und mit ihm das politisch-religiöse System des 3.
Jahrtausends? Als die 3. Dynastie von Ur kurz nach der Jahrtausendwende unterging, hatte Enlil die neuen Herrscher von Isin unterstützt.
Nachdem Rīm-Sîn I. von Larsa 1793 v. Chr. der Isin-Dynastie den
Todesstreich versetzt hatte, trat er, von Enlil getragen, in ihre Fußstapfen, und Hammurabi von Babylon, der 30 Jahre später Rīm-Sîn I.
und den Süden Babyloniens unterwarf, berief sich ebenfalls auf Enlil.
Jeder von ihnen kontrollierte und pflegte die Enlilstadt Nippur.

Auch unter Hammurabis Sohn Samsu-iluna war das anfangs so.
Doch in seinem 9. Regierungsjahr, 1741 v. Chr., 105 Jahre vor den
datierten Abschriften unseres Textes, erschütterte ein Aufstand Südbabyloniens seine Herrschaft, Nippur entglitt ihm. Er konnte den Aufstand zwar niederschlagen, doch nur zwei Jahre später, 1739 v. Chr.,
rebellierte der Süden erneut. Wieder verlor er auch Nippur, und es
dauerte drei Jahre, bis er diesen Aufstand niederwerfen konnte. Der
gesamte Süden Mesopotamiens wurde nachhaltig verheert und
zerstört; die Städte dort wurden unbewohnbar und blieben es auf
Jahrhunderte hinaus.

Denn – anders als sein Vater Hammurabi – stellte Samsuiluna das
in den Kriegen verwüstete Kanalsystem nicht wieder her[69] – sicher
nicht aus wirtschaftlichem oder technischem Unvermögen sondern als
Akt der Rache, so wie er sich rühmt, die aufständischen Fürsten Südbabyloniens und des Osttigrislandes allesamt umgebracht und ihre

---

69 Siehe das Jahresdatum Hammurabi 33 (zwei Jahre nach dem Sieg über Rīm-
Sîn I. von Larsa): „Den von An und Enlil gewünschten Kanal Hammurabi-
ist-der-Reichtum-des-Volkes grub er und versorgte Nippur, Eridu, Ur, Larsa,
Uruk (und) Isin mit dauerhaftem Wasser des Überflusses, die verstreute
(Bevölkerung von) Sumer und Akkad ließ er an ihre Orte zurückkehren, ...“
Ein entsprechender Jahresname Samsu-iluna's fehlt nach seinem Sieg über
die südbabylonische Koalition (Jahr 14). Zwar berichtet er von Arbeiten an
den Mauern der besiegten Städte (Jahre 15;17), nicht aber über Kanäle dort.

Städte verwüstet zu haben.[70] Wenige Jahre später, nach 1721, ging Nippur für Jahrhunderte unter. Aus diesem Jahr datieren die jüngsten altbabylonischen Tontafeln aus dieser Stadt (Stone 1987, 118). Die zu Beginn des Epos genannten politischen Ämter lassen sich zeitlich nicht fixieren. Die zur Kinderlosigkeit verurteilten Priesterinnen sind charakteristisch für die Altbabylonische Zeit, auch wenn mit Müller (1978) festzuhalten ist, daß Nachrichten über die *egišītum*-Priesterin nur aus Frühaltbabylonischer Zeit vorliegen.

Die Textzeugen zeigen Erscheinungen des spätaltbabylonischen Akkadisch; das könnte zu einem Entstehungsdatum des Epos in oder nach der Zeit Samsu-ilunas passen:

a)   weitgehender Schwund der Mimation bei Kasusendungen und Ventiv; diese fast nur noch mit *KVK*-Zeichen geschrieben, sonst meist ganz fehlend.[71]

---

70   Frayne 1990, Samsu-iluna 3: (sum.) 29-39 = (akk.) 39-51 „Damals habe ich das gesamte Land Sumer und Akkad, die mir Feind geworden waren, acht Mal mit der Waffe geschlagen. Die Städte meiner Feinde machte ich zu Ruinenhügeln und Ödland. Die Wurzeln der Feinde und Bösen im Lande riß ich aus." Dazu Samsu-iluna 7:80-115 „Samsu-iluna, der tüchtige König, der den großen Göttern Gehorsame, setzte großes Vertrauen in die Worte, die (die Götter) Zababa und Ischtar ihm gesagt hatten, und machte seine Waffen bereit zum Erschlagen der Feinde, brach zum Feldzug auf, um seine Gegner zu morden. Das Jahr war noch nicht halb vergangen, da erschlug er Rīm-Sîn, der das ‚sechsköpfige Sumer' zum Revoltieren gebracht hatte, den man zum Königtum über (die Stadt) Larsa erhoben hatte, und schüttete über ihm im Gebiet der Stadt Kisch einen Leichenhügel auf. 26 aufständige Könige, seine Gegner, tötete er, mordete sie allesamt. Iluni, den König von Eschnuna, der auf seine Worte nicht hörte, nahm er gefangen, führte ihn im Halsblock her (nach Kisch) und ließ ihn erdrosseln (? =ließ seine Kehle ...). Das ganze Land von Sumer und Akkad machte er einmütig, machte die vier Weltufer gehorsam." Der genannte Rīm-Sîn (II.) ist mit dem von Hammurabi besiegten kaum identisch. Das ‚sechsköpfige Sumer' wird durch lexikalische Texte als „Emutbalum" erklärt, als Name des von der Stadt Larsa beherrschten Gebietes (Stol 1976, 71f.). Da Hammurabi nach seinem Sieg über Rīm-Sîn I. sechs südbabylonische Städte nennt, die er wieder mit Wasser versorgt (siehe vorige Anmerkung), liegt es nahe, in diesen Städten die sechs Köpfe von Sumer, d.h. Südbabylonien, zu sehen.

b)   [w>m]-Wechsel.[72]
c)   Abfall von anlautendem [w].[73]

---

71 Schreibungen mit KVK(=m)   [=Konsonant-Vokal-Konsonant=m]-Zeichen
(Typ -num, -tum etc.) mit KV-VK(=m)-Zeichen (Typ -nu-um, -tu-um) und
lediglich mit KV-Zeichen (Typ -nu, -tu):

Text	KVm	KV-Vm	KV
A	73	12	124
B	7	0	20
C	24	13	114
D	26	2	72
E	20	3	40
F	2	1	4
F'	0	0	2
G	11	1	1
HE	2	2	7

72 In *il-mu-ú* (I 114 A), *na-am-ru-ma* (I 283 A, E), *i-ta-mu* (I 366[f.] A), hierher
gehört auch das Wortspiel *[tuw/m]aššer (/ú-[w]a?-š[e-er]) ana niši mišīrtam*
„Du ließest (/er ließ) der Menschheit den Ertrag der See frei" (II HE v 20';
D v 20'; vi 29'), das den [w>m]-Übergang voraussetzt, gleich ob [w] oder
[m] geschrieben war.
   Vgl. aber *a-wi-lum* I 1 A; 185 E; 189 E; 197 E; 212 A,E; 241 A; 328 A; II D
iii 31 III vi 10; *a-wi-lim* I 346 A; *a-wi-lu-ti* I 192 E; 236c G; 242 A; 358; II 7
B,D; *ila-we-e-i-la* I 223 A; *la-wi* I 71; 73; 80; 82A; *a-wa-tam* I 166 A; III 46;
a-wa-as-sú I 168 A; *a-wa-at-ka* III vi 26 C; *li-wi-ṣú* II 10 B (D: *li-ŠE-ṣú*); *i-
wu-ú* III iii 45 C.
73 Im Namen *At-ra-am-ha-si-is* (I 368 A; 385 A; 387 A; II B viii 4'; D viii 6'),
in *ar-hi* (I 206 E,F'; 221 A; 279 E), *ar-hu* (III ii 39 C), *ar-di-šu* (I 373 A; III i
16 C), *at-ru* (I 162 A), *a-la-da-[a]m* (III vii 9 C), *a?-la-di* (I 350a A), *a-li-it-
tum* (I 291 E, [A]; III vii 2 C 2'), *a-li-it-ti* (III vii 5), *a-ša-ba-am* (II D vi
15.17), *a-ša-bi* (III iii 46 C), vor allem aber in der Sandhi-Schreibung *ba-bi-
ša-at-ma-ni* (I 69 A für *bābiš watmāni*); dazu das falsch restituierte [w] in I
215.217 (E) *we-ṭi-im-mu*.
   Siehe aber *wa-aš-ba-at* (I 183 E,G); *wa-aš-ba-a-ku* (III iii 49 C); *[w]u?-ud-
di-a* (III 13 C). Zu *i'-à-ad-ru* (II HE IV 9) s. Wilcke 1997, 3.

5.3   Zeitgebundene, kulturelle Relevanz

5.3.1 Warnung vor maßloser Willkür

Im Lichte dieser Ereignisse liegt es nahe, das *Atram-hasīs-Epos* neben anthropologisch-theologischen Interpretationen auch als politisch-historische Parabel zu lesen über einen in maßloser Willkür[74] verlorenen Sieg, der ein großes und reiches Land vernichtet und unbewohnbar gemacht hat, als wäre die Sintflut über es hinweggebraust. Wohl nicht von Ungefähr wird das Losbrechen der Sintflut mit Kampf und Mordwaffe verglichen (III iii 12). König Samsu-iluna könnte sich, wenn das Epos in seiner Zeit entstand, plötzlich in der Rolle des törichten Götterregenten Enlil wiedererkennen – ein historisch-aktueller Bezug, der an der Wende zum 1. Jt., als die jungbabylonische Fassung enstand, sicher nicht mehr verstanden wurde. Das Epos kann als Warnung für den Herrscher gelesen werden, in Zorn und Rachsucht das Maß nicht zu verlieren, aber auch als Aufruf, königlicher Maßlosigkeit zu widerstehen.

5.3.2 Parabel über die Rolle der Ratsversammlung

Vielleicht kann man das Epos auch lesen als eine Parabel über den drohenden Untergang des mit dem Enlilkult in Nippur verknüpften politischen Systems eines patiarchalisch geführten, auf dem in einer Ratsversammlung erzielten Konsens gründenden Reiches, eines Systems, das sich in den Augen von Samsu-ilunas Zeitgenossen überlebt hatte? Schon zu Zeiten seines Vaters Hammurabi sehen wir im *Aguschaya-Lied* (Groneberg 1981; 1997) die Göttin Ischtar über die Ratsversammlung der Götter triumphieren. Im *Atram-hasīs-Epos* hat sich die Götterversammlung von Enlil ihre Entscheidungsfreiheit rauben lassen, nach der Sintflut aber wieder in Enki und der

---

74 Moran (1971, 60) „In brief, Enlil is seen as a power, with his legitimate domain on earth, but as a power seriously flawed by fear, childish resentment, a certain obtuseness, and, above all, a wrath that can issue in completely irresponsible violence."

Muttergöttin Wortführer gefunden, die dem Regenten Paroli boten.
Vielleicht verbirgt sich hier ein Aufruf an diese Institution politischer
Meinungsbildung und Entscheidungsfindung, sich nicht zugunsten
eines absoluten Königtums entmachten zu lassen.

5.3.3 Parabel vom einsichtigen Herrscher

Wir müssen noch einmal zu unserem Text zurückkehren, denn sein
Ende ist noch nicht erreicht. Trotz beißender Ironie hat der weise Enki
die Führerrolle Enlils letzlich nicht in Frage gestellt. Der Satz

> Welcher Gott könnte dein Wort umstoßen!
> (III vi 26)

ist nicht leichtfertig dahergesagt. Enlil ist und bleibt Götterherrscher.
Samsu-iluna sagt, er verdanke seinen Sieg Enlil, dessen Stadt doch im
feindlichen Lager gestanden hatte. Und auch wenn Nippur nach
seinem 29. Regierungsjahr (1721 v. Chr.) untergeht – in Babylon steht
weiter ein Enliltempel, auf den die politische Funktion des Enlilkultes
übergegangen zu sein scheint. Auch Samsu-ilunas Nachfolger auf
dem Thron von Babylon benennen jeweils ihr zweites Regierungsjahr
nach dem ihnen von den Göttern An und Enlil erteilten Regierungs-
auftrag.

Enki weist Enlil den Weg zu erfolgreicher Regentschaft. Wie er
zuvor den Weg aus der Konfrontation Enlils mit den Arbeitergöttern
fand, zeigt er den neuen Ausweg in der Begrenzung des Lebens. Enlil
nimmt Enkis Rat an, erweist sich nun als einsichtiger Herrscher, der
klugen Rat befolgt.

So ist es keine so große Überraschung, wenn wir nach einer Textlücke von ca. 25 Zeilen am Schluß unseres Epos Enkis Worte an Enlil
lesen:

> Zu Deinem Preise sollen dieses Lied die Igigū-Götter hören, Deinem
> Ruhme lauschen!
> (III viii 14-17)

gefolgt vom Schlußwort des Dichters:

Die Sintflut besang ich für die gesamte Menschheit – hört (es)!
(III viii 18-19)

Gerade, wenn wir die politisch-historische Lesart wählen, bleibt der Eindruck herber Kritik an absoluter Macht und vom Entwurf eines deutlichen Gegenbildes in der Gestalt des vernünftig überlegenden Herrschers, dazu der eines Aufrufs zum Widerstand gegen Unvernunft und Willkür auf Königsthronen.

Vielleicht fällt Ihnen Atram-hasīs ein, wenn Sie das nächste Mal versucht sind, zu sagen: „Nach mir die Sintflut!"

Götterarbeit — Streik

I_1	**Götter sind Mensch**	**Götterlärm**
I_{39-40}		Igigū-Götter schimpfen und klagen laut
I_{77-78}		Lärm der Igigū-Götter weckt Enlil.
$I_{145/158}$	Igigū-Götter sind *hupšu* (= *nišū* Menschheit)	Igigū-Götter schreien Antwort an Enlil.
I_{179}		Enki: Anunakkū-Götter hören Lärm der Igigū.

Menschenschöpfung

$I_{190/236c}$	**Nintu = Menschenschöpferin = Lebensschöpferin**	
I_{212}	**Gott und Mensch** im Lehm zu vermischen	
$I_{214-17/227-30}$		**Herzschlag (=Trommel) + Geist** *(eṭimmu)* **Mahnmal für Menschenschöpfung: Leben.**
I_{223}	**Gott-Mensch** mit *ṭēmu* **(Verstand) geschlachtet**	
I_{239-42}	Nintu:	**Göttergemeinschaft schlachtete Gott mit** *ṭēmu* **(= Streikführer).** **Göttergemeinschaft hat Götter-Geschrei auf Menschheit abgeworfen.**

Menschenarbeit — Plagen

	Menschenlärm
I_{354}	**Land schreit (***šapû***) wie Stier.**
I_{355-58}	Lärm raubt Enlil den Schlaf.
I_{361}	Gott Namtar soll mit Plage Lärm unterbinden.
$I_{377/392/404}$	Enki-Strategie: Herolde bringen Lärm zum Schweigen (*šapû*): Lärm = Produktivität für Götter, Schweigen = Mangel für Götter.
I_{410-15}	Erfolg von Enkis Strategie. Lärm wieder da: Zeichen von Gesundheit.
II_{3-8}	**Land schreit (***šapû***) wie Stier.** Lärm raubt Enlil den Schlaf.
$II_{9ff.}$	Gott Adad: Hungerplage durch Dürre.

jB-Si-5$_{7\text{ff.}}$	Enki-Strategie: Herolde bringen Lärm zum Schweigen (*šapû*): Lärm = Produktivität für Götter, Schweigen = Mangel für Götter.
D$_{\text{ii } 28\text{-}36}$	Erfolg von Enkis Strategie. Lärm wieder da: Zeichen von Gesundheit.
jB-Si-5$_{45\text{-}50}$	**Land schreit (*šapû*) wie Stier.** Lärm raubt Enlil den Schlaf.
jB-Si-5$_{51\text{ff.}}$	Anu (Himmel), Enlil (Erde), Enki (Wasser) verantwortlich für neue Hungerplage.
D$_{\text{iii } 29}$; jB-Si-5$_{74/84}$	Enki hört Hilfeschrei von Atram-hasīs
D$_{\text{v}}$	Enki ermöglicht Fischfang. Zorn Enlils. Streit mit Enki.

Sintflut

jB-B-x$_{\text{Rs.ii } 44\text{-}48}$		Auf Verlangen Enlils schwören Anu, Enlil und seine Kinder, die Sintflut zu bringen.
D$_{\text{vii } 1'\text{-}4'}$	Nintu:	**Göttergemeinschaft hat Götter-Geschrei auf Menschheit abgeworfen. Göttergemeinschaft schlachtete Gott mit *ṭēmu* (= Streikführer).**
D$_{\text{vii } 11'\text{ff}}$	Enki:	will nicht schwören, seine Geschöpfe zu vernichten. [Enlil] sei für Sintflut zuständig.
D$_{\text{viii}}$ -C$_{\text{i}}$		Enki warnt Atram-hasīs, umgeht Eid mit Träumen.

	Götterlärm
III$_{\text{ii } 49\text{f/}53}$	Gott Adad brüllt in Wolken.
III$_{\text{iii } 10}$	Sinflut zerschmettert Lärm des Landes wie Krug.
III$_{\text{iii } 15}$	**Sintflut brüllt wie Stier.**
III$_{\text{iii } 17}$	Stürme schreien.
III$_{\text{iii } 19}$	**Menschen** gehen zugrunde **wie Fliegen**
III$_{\text{iii } 20}$	Götter fürchten Lärm der Sintflut.
III$_{\text{iii } 23}$	Anu(?) fürchtet Lärm der Sintflut.
III$_{\text{iii } 30}$	Götter hungern und dürsten.
III$_{\text{iii } 43\text{-}45}$	Nintu hört (Todes)schrei der Menschen. **Menschen sind wie Fliegen.**

III$_{iii\ 47}$	Nintus Lärm im Klagehaus ist still.
III$_{iii\ 51}$	**Enlil = Gott mit dem $\underline{t}\bar{e}mu$ = Verursacher der Katastrophe**
III$_{iv\ 4}$	Nintu klagt laut.
III$_{iv\ 6f}$	Menschen wie Libellen
III$_{iv\ 13-15}$	Nintu klagt laut; Götter weinen mit ihr.
III$_{iv\ 17/21-23}$	Nintu und Götter hungern und dürsten. [Textlücke]
III$_{v\ 35}$	**Götter wie Fliegen.**
III$_{v\ 40}$	Nintu klagt laut (an).
III$_{v\ 39-43}$	**Enlil = Gott mit dem $\underline{t}\bar{e}mu$ = Verursacher der Katastrophe**
III$_{vi\ 2-4}$	**Fliegengeschmeide Mahnmal für Untergang der Menschheit: Tod.**

Todesschöpfung

III$_{vi\ 18f}$	Enki bekennt sich zur Rettung menschlichen Lebens.
III$_{vi\ 20-22}$	Ironie: weiser Herrscher Enlil hat unvernünftig gehandelt.
III$_{vi\ 24-26}$	Rat für vernünftiges, maßvolles Herrschen. Anerkennung der Herrschaft.
III$_{vi\ 41-44}$	Enlil delegiert Planung an Enki und Nintu.
III$_{vi\ 47}$	**Nintu Schöpferin der Schicksale = Todesschöpferin**
III$_{vi\ 48ff.}$	Schaffung von (natürlichem) Tod, Sterilität, Kindersterblichkeit, priesterlicher Kinderlosigkeit.
III$_{viii}$	Enkis Lob für Enlil. Zu dessen Preis sollen die Igigū-Götter das Epos hören.

Literatur

Afanasieva, Veronika 1996: „Der irdische Lärm des Menschen (nochmals zum Atramasīs-Epos)", Zs. für Assyriologie und Vorderasiatische Archäologie (ZA) 86, 89-96.

AHw = Wolfram von Soden, Akkadisches Handwörterbuch (Wiesbaden 1958-1981).

Benito, Carlos 1969: 'Enki and Ninmah' and 'Enki and the World Order' (Ph. Diss. Philadelphia).

Borger, Rykle 1967: Handbuch der Keilschriftliteratur, Bd. 1 (Berlin).

Bottéro, Jean 1967/68: „Antiquités Assyro-Babyloniennes", École pratique des Hautes Études, 4ᵉ Section, Annuaire 113-122.

--, 1982: „La Création de l'homme et sa nature dans le poème d'Atraasîs", in J.N. Postgate, Hg., Societies and Languages of the Ancient Near East. Studies in Honour of I.M. Diakonoff (Warminster) 24-32.

--, (/ Kramer, Samuel Noah) 1989: Lorsque les dieux faisaient l'homme (Paris).

CAD = The Chicago Assyrian Dictionary. Chicago/Glückstadt 1956ff.

Cooper, Jerrold S. 1989: „Enki's Member: Eros and Irrigation in Sumerian Literature", in H. Behrens et al., Hg., Dumu-é-dub-ba-a (Fs. Å. Sjöberg. Philadelphia) 87-89.

Dalley, Stephanie 1989: Myths from Babylonia. (London, New York).

van Dijk, Jan(= Johannes Adrianus Jacobus) 1983: Lugal ud me-lám-bi nir-ĝál, Bd. 1-2. (Leiden).

Foster, Benjamin 1996: Before the Muses (Bethesda, MD)₂.

Frayne, Douglas 1990: The Old Babylonian Period (= The Royal Inscriptions of Mesopotamia. The Early Periods 4. Toronto).

George, Andrew 1992: Rezension zu W. von Soden, Aus Sprache, Geschichte und Religion Babyloniens. Gesammelte Aufsätze (Hg. L. Cagni), in: Bibliotheca Orientalis 49, 758-761.

George, Andrew / al-Rawi, Farouk, 1996: „Tablets from the Sippar Library VI. Atra-hasīs", Iraq 58, 147-190.

Groneberg, Brigitte 1981: „Philologische Bearbeitung des Agušayahymnus", Revue d'Assyriologie 75, 107-134.

--, 1991: „Atramhasīs, Tafel II iv-v", in D. Charpin / F. Joannès, Hg., Marchands, Diplomats et Empereurs. Études sur la civilisation Mésopotamienne offertes à Paul Garelli (Études Garelli, Paris) 397-408.

--, 1997: Lob der Ištar. Gebete und Ritual an die altbabylonische Venusgöttin (= Cuneiform Monographs 8, Groningen).

Heimpel, Wolfgang 1987: „The Natural History of the Tigris according to the Sumerian Literary Composition Lugal", Journal of Near Eastern Studies 46, 309-317.

Jacobsen, Thorkild 1939: The Sumerian King List (= Assyriological Studies 11. Chicago).

Kilmer, Anne Draffkorn 1972: „The Mesopotamian Concept of Overpopulation and its solution in the mythology", Orientalia (Or) 41, 160-177.

--, 1977: „A Note on uppu", Conn. Acad. of Arts and Sciences, Mem. 19 (= Gs. J.J. Finkelstein) 129-136.

--, 1987: „The Symbolism of the Flies in the Mesopotamian Flood Myth and Some Further Implications", American Oriental Series (AOS) 67 (= Fs. Erica Reiner) 175-180.

--, 1996: „Fugal Features of Atrahasīs: The Birth Theme", in: M.E. Vogelzang, H.L.J. Vanstiphout, Hg., Mesopotamian Poetic Language: Sumerian and Akkadian (=Cuneiform Monographs 6, Groningen) 127-139.

Klein, Jacob 1990: „Notes to Atram-Hasīs, Tablet II", N.A.B.U. Nouvelles Assyriologiques Brèves et Utilitaires 1990, Nr. 98-99.

Kovacs, Maureen Gallery 1989: The Epic of Gilgamesh. (Stanford, Cal.)

Kümmel, Hans Martin 1973: „Bemerkungen zu den altor. Berichten von der Menschenschöpfung", Die Welt des Orients 7, 25-38.

Kutscher, Raphael 1989: The Brockmon Tablets at the University of Haifa. Royal Inscriptions (Wiesbaden/Haifa)

Lambert, Wilfrid G. / Millard, Allan R. 1965: Cuneiform Texts from Babylonian Tablets in the British Museum, Bd. 46.

--, 1969a: Atra-hasīs. The Babylonian Story of the Flood (Oxford).

Lambert, Wilfrid G. 1969b: „New Evidence for the First Line of Atra-hasīs", Or 38, 533-538.

--, 1971: „Critical Notes on Recent Publications", Or 40, 90-98.

--, 1980a: „The Theology of Death", in: B. Alster, Hg., Death in Mesopotamia (Kopenhagen) 53-66.

--, 1980b: „New Fragments of Babylonian Epics," Archiv für Orientforschung 27, 71-82.

--, 1980c: „Line 10 of the Etana Legend", Journal of Cuneiform Studies (JCS) 32, 81-85.

--, 1991: „Three New Pieces of Atra-hasīs", in: Études Garelli 411-414.

--, 1994: „Enuma Elisch", in O. Kaiser, Hg., Texte aus der Umwelt des Alten Testaments (TUAT) III/4 (Gütersloh) 565-602.

Matouš, Lubor 1967: „Zur neueren epischen Literatur im Alten Mesopotamien", Archiv Orientalní 35, 1-25.

Mayer, Werner 1987: „Ein Mythos von der Erschaffung des Menschen und des Königs", Or 56, 55-68.

Michalowski, Piotr 1989, The Lamentation over the Destruction of Ur and Sumer (= Mesopotamian Civilizations 1. Winona Lake, Ind.).

--, 1996: „Sailing to Babylon, Reading the Dark Side of the Moon", in: J. Cooper, G. Schwartz, Hg., The Study of the Ancient Near East in the Twenty-First Century. Winona Lake.

Moran, William L. 1970: „The Creation of Man in Atrahasīs I 192-248", Bull. of the American Schools of Oriental Research 200, 48-56.

--, 1971: „Atrahasīs, The Babylonian Story of the Flood", Biblica 52, 51-61.

--, 1981: „duppuru (dubburu) - ṭuppuru, too?", JCS 33, 44-47.

--, 1987: „Some Considerations of Form and Interpretation in Atra-hasīs", AOS 67, 245-255.

Müller, Manfred 1978: „Zur historischen Wertung der Darstellung des Arbeitsstreiks der Igigū-Götter im altbabylonischen Atramhasīs-Mythos", in B. Brentjes, Hg., Der arbeitende Mensch in den Gesellschaften und Kulturen des Orients. (Halle. Martin-Luther-Univ. Halle Wittenberg. Wiss. Beitr. 1978/41 [1/4]) 120-131.

Oberhuber, Karl 1982: „Ein Versuch zum Verständnis von Atra-hasīs I 223 und I 1", in G. van Driel et al, Hg., Zikir Šumim (Fs. F.R. Kraus. Leiden) 279-281.

Pettinato, Giovanni 1968: „Die Bestrafung des Menschengeschlechts durch die Sintflut", Or. 37, 165-200.

--, 1971: Das Altorientalische Menschenbild und die sumerischen und akkadischen Schöpfungsmythen (= AHAW 1971/1).

Sallaberger, Walther 1993: Der kultische Kalender der Ur III-Zeit (Untersuchungen zur Assyriologie und Vorderasiatischen Archäologie 7/1-2. Berlin).

(Schott, Albert /) von Soden, Wolfram 1988: Das Gilgameschepos (Reclam, Stuttgart).

Seux, Marie-Joseph 1967: Épithètes royales akkadiennes et sumériennes (Paris).

von Soden, Wolfram 1958ff.: s.o., AHw.

--, 1969: „Als die Götter (auch noch) Mensch waren". Einige Grundgedanken des altbabylonischen Atram-hasīs-Mythus", Or 38, 415-432.

--, 1971: „Zu W.G. Lambert, „Further Comments on the Interpretation of Atra-hasīs", Or 40, 99-101.

--, 1972: „Der Mensch bescheidet sich nicht. Überlegungen zu den Schöpfungserzählungen in Babylonien", in Symb. F. de Liagre Boehl (Leiden) 349-358.

--, 1978: „Die erste Tafel des altbabylonischen Atram-hasīs-Mythus. Haupttext und Parallelversionen", ZA 68, 50-94.

--, 1979: „Konflikte und ihre Bewältigung in babylonischen Schöpfungs- und Fluterzählungen", Mitt. der Dt. Orientges. 111, 1-33.

--, 1989: „Die Igigū-Götter in altbabylonischer Zeit und Edimmu im Atramhasīs-Mythos", in L. Cagni, H.-P. Müller, Hg., W. von Soden, Aus Sprache, Geschichte und Religion Babyloniens (Neapel) 339-349.

--, 1994: „Der altbabylonische Atram-chasis-Mythus", in TUAT III/4, 612-645.

Sollberger, Edmond 1966: Business and Administrative Correspondence under the Kings of Ur (= Texts from Cuneiform Sources 1, Locust Valley, N.Y.).

--, 1967: „The Rulers of Lagaš", JCS 21, 279-291.

Stol, Marten 1976: Studies in Old Babylonian History (= Uitgaven van het Nederlands Historisch-Archaeologisch Instituut te Istanbul 40. Leiden).

Stone, Elizabeth 1987: The Nippur Neighborhoods (= Studies in Ancient Oriental Civilization 44. Chicago, IL).

Streck, Michael P. 1995: „ittašab ibakki „weinend setzte er sich": iparras für die Vergangenheit in der akkadischen Epik", Or. 64, 33-91.

Vicente, C.A. 1995: „The Tall Leilan Recension of the Sumerian King List", ZA 85, 234-270.

Wilcke, Claus 1969: Das Lugalbandaepos. Wiesbaden.

--, 1977: „Die Anfänge der akkadischen Epen", ZA 67, 153-216.

--, 1985: „Familiengründung im Alten Babylonien", in E.W. Müller, Hg., Geschlechtsreife und Legitimation zur Zeugung (= Kindheit Jugend Familie I. Freiburg/München) 213-317.

--, 1993: „Politik im Spiegel der Literatur, Literatur als Mittel der Politik im älteren Babylonien", in K. Raaflaub, Hg., Anfänge politischen Denkens in der Antike (Schr. d. Hist. Kollegs 24). München.

--, 1997: Kleine Notizen zu Atram-ḫasīs, in Nouvelles Assyriologiques Brèves et Utiles 1997.

--, 1998: Flurschäden. In: J. Renger, ed., Landwirtschaft ... Berlin. im Druck.

Wilhelm, Gernot 1991: Keilschrifttexte aus Boghazköy, Bd. 36 (Berlin).

Zgoll, Annette 1997: Der Rechtsfall der En-hedu-Ana im Lied nin-me-šara (= Alter Orient und Altes Testament 246. Münster).

Weltlauf und Weltende bei den alten Ägyptern

Elke Blumenthal

Die altägyptischen Überlieferungen vom Ende der Welt sind sowohl komplex als auch lückenhaft. Sie sind komplex, insofern sie unterschiedliche Konzepte und keine einheitliche Systematik erkennen lassen, und lückenhaft, weil sie sich ungleichmäßig über einen Zeitraum von mehr als zweitausend Jahren verteilen. Zwar können wir die Beschäftigung mit dem Weltende in allen Hauptperioden der pharaonischen Geschichte nachweisen, aber die Quellen sind höchst heterogen, und die spezifische Optik einer jeden Gruppe gibt jeweils andere Blickwinkel auf den Gegenstand vor.

Ich werde daher in einem ersten, systematischen Teil, ausgehend vor allem von den Arbeiten von Schott (1954), Kákosy (1963/81) und Assmann (1983/91), die verschiedenartigen Vorstellungen vom Untergang der Welt und seinen Ursachen referieren (3.1-4) und mit Voraussetzungen und Konsequenzen zu interpretieren versuchen (1, 2, 4). Im zweiten Teil soll aus der Intention und zeitlichen Streuung der Quellen, die das Weltende behandeln, auf dessen Bedeutung im Bewußtsein der Ägypter im Lauf ihrer Geschichte geschlossen werden (5.1-7).

1 Die Beschaffenheit der Welt und ihre Erschaffung

Nach altägyptischer Anschauung ist die Welt im Wortsinne Kosmos, d.h. geordnete, gestaltete Schöpfung, doch gibt es kein einheitliches Weltbild. Das All kann als Ebene gedacht sein, über der sich, von Pfeilern gestützt, der Himmel als ausgebreitetes Flügelpaar eines Falken spannt,

Abb. 1: Die Barke mit dem falkengestaltigen Sonnengott befährt den aus einem Flügelpaar gebildeten Himmel, der von zwei Heilshieroglyphen getragen wird. Darunter steht, in eine Palastarchitektur eingeschrieben, der Name des Königs „Schlange", der Ägypten, den Inbegriff der irdischen Welt, vertritt. [Prunkkamm aus dem Grab des Königs „Schlange" (Vordynastische Zeit). Kairo, Ägyptisches Museum; nach Schäfer, Heinrich: Ägyptische und heutige Kunst und Weltgebäude der Alten Ägypter (Berlin-Leipzig: de Gruyter 1928): 113 Abb. 39.]

oder als Kuh, die, von göttlichen Wesen gehalten, mit ihren vier Beinen fest auf der Erde steht und mit ihrem Leib den Himmel bildet.

Abb. 2: Die Himmelsgöttin Nut in Kuhgestalt, gehalten von dem Luftgott Schu und acht Stützgöttern an ihren Beinen. An ihrem Leib sind Tages- und Nachtlauf des Sonnengottes Re durch zwei Barken wiedergegeben. [Schrein aus dem Grab des Königs Tutanchamun (Neues Reich, 18. Dynastie). Kairo, Ägyptisches Museum; nach Hornung, Erik: Der ägyptische Mythos von der Himmelskuh, OBO 46 (Freiburg, Göttingen: Universitätsverlag/Vandenhoeck & Ruprecht, 2. Aufl. 1982): 82 Abb. 3.]

Es kann sich auch aus menschengestalten Göttern konstituieren:
dem liegenden Erdgott Geb und der ihn überwölbenden Himmelsgöttin Nut, zwischen beiden kniend der Luft- und Lichtgott Schu.
Immer erscheint der Himmel als Ort und Bahn des Sonnengottes, oft auch als
Sitz der Sterne. Die meisten Modelle sind aus drei Zonen konstruiert,
aber gelegentlich kommt die Unterwelt, das Reich der Toten, als
vierte hinzu.

Abb. 3: Der Erdgott Geb, liegend, von der Himmelsgöttin Nut überwölbt, zwischen
ihnen kniend der Luftgott Schu. An Beinen und Armen der Nut laufen die
Morgen- und die Abendkarte des Sonnengottes Re entlang; letztere wird von
dem Totengott Osiris empfangen und in die Unterwelt geholt. [Totenpapyrus
des Neuen Reiches. Paris, Louvre; nach Schäfer a.a.O. 105 Abb. 29.]

Den bildlichen Darstellungen – hauptsächlich aus dem Totenkult – ist
zu entnehmen, daß die Welt als von göttlichen Kräften durchwaltet
galt; aus Textquellen erfahren wir darüber hinaus, daß man den Kosmos vom Chaos umgeben glaubte, dem raumlosen, finsteren, unendlichen Ungestalteten, dessen Bedrohlichkeit nur selten, z.B. in Form
verfemter Tiere – Schlange, Krokodil, Antilope, Gazelle –, Gestalt
gegeben wurde.

Abb. 4: Der Sonnengott Re, widderköpfig und als Skarabäus, vertreibt bei seinem morgendlichen Aufgang die Chaostiere Krokodil, Schlange und Antilope. [Theben, Tal der Könige: Grab König Sethos' II. (Neues Reich, 19. Dynastie); nach Hornung, Erik: Altägyptische Jenseitsbücher (Darmstadt: Wiss. Buchgesllschaft 1997): 177 Abb. 61.]

Auch über die Entstehung der Welt wurde unterschiedlich gedacht. Die Schöpfungslehre von Hermopolis charakterisiert den Urzustand durch die Namen der Schlangenwesen Nun „Urgewässer", Kuk „Urfinsternis", Huh „Unendlichkeit", Amun „Verborgenheit", Tenmu „Raumlosigkeit", Gereh „Stille", u. a. und differenziert sie mitunter auch geschlechtlich, indem sie ihnen weibliche Pendants – Naunet, Kauket, Hauhet usw. – zur Seite stellt. In einem Prozeß göttlicher Selbstorganisation entwickelte sich daraus der Kosmos, in Form eines Urhügels etwa, der einen festen Ausgangspunkt für die weitere Weltentstehung oder einen regelrechten Schöpfungsakt bildete. Die Schöpfungstheologien von Heliopolis und von Memphis kennen am Anfang jeweils einen Urgott in Menschengestalt, Atum oder Ptah, der durch Selbstbefruchtung oder durch sein kreatives Wort weitere Götter, menschliches Leben, Wachstum und Gedeihen der Natur und die Zivilisation mit Städten und Provinzen aus sich freisetzte oder erschuf. Obwohl diese Mythen voneinander abweichen und andere Mythen anderes Gedankengut mit dem ihren kombinieren, so geht doch aus allen hervor, daß die Welt einen Anfang hatte und daß dieser als göttliche Ureinheit und die Schöpfung als deren Differenzierung verstanden wurde. Auch die Götter, mit Ausnahme der Urgottheit, waren Teil dieser Schöpfung und ihren Gesetzen unterworfen.

2 Dynamik und Gleichgewicht der Welt

Zu den Bedingungen des Seins gehört das Gesetz der Zeit. Wie in vielen frühen Gesellschaften wurde Zeit in Ägypten vorwiegend in zyklischen Abläufen erlebt, die sich im wesentlichen von der regelmäßigen Wiederkehr der Naturerscheinungen ableiteten. Bestimmend war die Sonne, die zwölf Tagesstunden am Himmel und zwölf Nachtstunden in der Unterwelt durchlief und die an den Nahtstellen zwischen Himmel und Erde, also bei ihrem Auf- und Untergang, und während ihrer Nachtfahrt im Totenreich in ihrer Existenz bedroht schien. Dort lauerte der Drache Apophis, der allnächtlich neu überwunden werden mußte (vgl. Abb. 10), so daß der Aufgang des lebenspendenden Gestirns an jedem Morgen als Überwindung des Chaos, als Neuschöpfung, begrüßt wurde.

Abb. 5: Nun, das personifizierte Urgewässer, stemmt am Morgen die von vielen Göttern bevölkerte Sonnenbarke aus den Fluten. Als Skarabäus und Scheibe wird der Sonnengott von der Himmelsgöttin Nut empfangen und zur Nacht an die Unterwelt weitergegeben, die der Totengott Osiris mit seinem Körper umschließt. [Sarg König Sethos' I. (Neues Reich, 19. Dynastie). London, Soane Museum; nach Schäfer a.a.O. 108 Abb. 31.]

Das Jahr hieß bezeichnenderweise das „Sich Verjüngende". Es empfing seine kalendarische Einteilung in zwölf Monate von den Wandlungen des Mondes und seinen natürlichen Rhythmus vom regelmäßigen Kommen der Nilflut aus den Gebirgen Abessiniens im Sommer. Davon, daß dies zum richtigen Zeitpunkt und im erforderlichen Umfang geschah, hingen Bewässerung und Fruchtbarkeit des Landes ab.

Ägypten war dieser Dynamik auch in seinem gesellschaftlichen Selbstverständnis unterworfen. Seine Identität personifizierte sich im König, mit dessen Regierungsantritt eine neue Jahreszählung begann, dessen Tod, wie das nächtliche Chaos, den Fortbestand des Landes gefährdete und der sich in seinem Thronfolger regenerierte. So vollzog er mit seinem Amtsantritt das Schöpfungswerk des Sonnengottes

nach, und auch sein tägliches In-Erscheinung-Treten bildete das
kosmische Geschehen ab, dessen zyklische Bewegung das Gleichgewicht der Welt gewährleistete.

Im Unterschied zu dem Sonnengott verkörperte freilich das Königtum nicht nur die ewigen Weltläufe, sondern jeder Repräsentant
war zugleich ein Individuum und Glied in einer Kette von Vorgängern
und Nachfolgern. Im politischen wie im persönlichen Bereich kam
man auch in Ägypten nicht ohne ein lineares Zeitverständnis aus.
Könige zählten ihre Regierungsjahre, Annalen verzeichneten Herr-
scherabfolgen, Beamte schrieben ihre Autobiographien. Selbst die
Götter wurden in Dynastien geordnet und denen der Könige vorangestellt, und man berechnete den zeitlichen Abstand zu dem „Ersten
Mal", dem Zeitpunkt der Welterschaffung.[1] Es kennzeichnet das
ägyptische Denken, daß die scheinbar gegensätzlichen Zeitauffassun-
gen sich nicht ausschlossen, sondern ergänzten. Als unabsehbare Dauer und als unendliche Wiederholung bezogen sie auch das zeitliche
Jenseits ein, das wir Ewigkeit nennen.[2]

3   Das Ende der Welt und seine Ursachen

3.1   Permanente Bedrohung als strukturelle Gegebenheit

Die Vorstellung, daß die Welt einen Anfang hat, bedeutet nicht
zwangsläufig, daß sie zugleich auch endlich ist. Der Strahl linear ver-
standener Zeit könnte sich durchaus im Unendlichen verlieren, und
die im offiziellen theologischen Denken der Ägypter vorherrschende
zyklische Zeitauffassung schließt erst recht den Gedanken an ein
Weltende prinzipiell aus. Daß dennoch mit dieser Möglichkeit ernst-
haft gerechnet werden mußte, ergibt sich aus der Verbindung der ewigen Kreisläufe der Existenz mit dem Bewußtsein einer ständigen
Gefährdung der Schöpfung.[3] Nahm man die Gefährdung ernst, so

---

1   Vgl. Kákosy 1981: 56; Hornung 1978: 297 hat aus den Quellen insgesamt
    etwa 40000 Jahre errechnet.
2   Vgl. Hornung 1978; Assmann 1996: 26-31.
3   Nach Plato, Timaios 22 c/d glaubten die Ägypter an einen periodischen
    Weltuntergang; vgl. Kákosy 1981: 68 A. 81.

konnte der Neubeginn eines jeden Zyklus der letzte und jedes Ende das endgültige sein.

Den Fortgang der Welt und mit ihr das eigene Schicksal in latenter Bedrohung zu wissen, hat die Ägypter nicht zur fatalistischen Ergebung, sondern im Gegenteil zu höchster Aktivität herausgefordert. Auf der Ebene der Staatsreligion war es die primäre Aufgabe des Pharao, in das göttliche Kräftespiel einzugreifen und es zugunsten der Weltordnung zu beeinflussen.

Abb. 6: König Ramses II. (Neues Reich, 19. Dynastie), dem Gott Ptah die personifizierte Maat darbringend. [Theben, Amuntempel; nach Bonnet, Hans: Ägyptische Religion. Bilderatlas zur Religionsgeschichte, ed. Hans Haas, 2.-4. Lieferung (Leipzig-Erlangen: Deichert 1924): Abb. 90.]

Das geschah in unablässigem kultischen Handeln, mit dem der Sonnenlauf ermöglicht, die Nilschwelle gelenkt und das Wohlwollen der Götter, die Schutz und Gedeihen des Landes verbürgten, errungen werden sollte. Auch in der Gesellschaft, wo Gerechtigkeit gestiftet, die Versorgung gewährleistet und Feinde abgewehrt werden mußten, agierte der König – unabhängig von seiner praktischen politischen

Wirksamkeit – vornehmlich mit den Mitteln von Ritualen, welche die gewünschten Ergebnisse magisch vorzeichneten und vorwegnahmen. Zwar stimmte die Realität oft genug nicht mit ihnen überein, doch läßt die schriftliche und bildliche Aufzeichnung königlicher Taten nur die Stereotypen des Ideals erkennen. Jeder König war ein Heiland, der „Maat" verwirklichte, d.h. die mit der Schöpfung gegebene Grundordnung, die Wahrheit und Wahrhaftigkeit, Rechtsstaatlichkeit und Gerechtigkeit, Versorgtheit von Göttern, Menschen und Toten und die Ausschaltung äußerer Feinde auf Erden, aber auch das Funktionieren der kosmischen Voraussetzungen für die irdische Existenz umfaßte.

Als Gegenkraft, die dies alles zu zerstören drohte, wirkte die von jedem König erneut zu überwindende „Isfet". Die täglich in allen Tempeln des Landes von priesterlichen Vertretern des königlichen Kultherrn praktizierte rituelle Anstrengung läßt ahnen, wie wenig sich eine Welt in Maat von selbst verstand.

3.2 Rückführung in den Urzustand als Werk des Schöpfers

So wie in Ägypten die Frage nach Beschaffenheit und Beginn der Welt jeweils mehrere Antworten gefunden hat, so gab es auch unterschiedliche Vorstellungen von ihrem Ende. Mitunter galt es als das Werk des Schöpfergottes selbst. Das jedenfalls geht aus dem Gespräch hervor, das der Urgott Atum mit dem Totengott Osiris im 175. Kapitel des Totenbuches über die zwar freudlose, aber friedvolle Beschaffenheit des Jenseits führt. Als Osiris fragt, wie lange er dort werde zubringen und von Atum getrennt leben müssen, antwortet Atum:

Du wirst Millionen und Abermillionen (von Jahren) verbringen,
eine lange Lebenszeit von Millionen (Jahren).
Ich aber werde alles, was ich geschaffen habe, zerstören.
Diese Welt wird wieder in das Urgewässer zurückkehren,
in die Urflut, wie bei ihrem Urzustand.
Nur ich bin es, der übrigbleibt, zusammen mit Osiris,

nachdem ich mich wieder in andere Schlangen verwandelt habe,[4]
welche die Menschen nicht kennen und die Götter nicht sehen.[5]

Während also nach Aussage des Totenbuches aus dem Neuen Reich
der Schöpfer in unausdenkbar ferner Zukunft sein Werk in das Urchaos
zurückführt, wird sein endzeitliches Zusammensein mit Osiris, einem
nem Spruch der älteren Sargtexte zufolge, in einer Art von Chaos
stattfinden, das er als Gegenbild zur geordneten Wirklichkeit charakterisiert:

> Ich habe Millionen von Jahren gemacht
> zwischen mir und jenem Müdherzigen, dem Sohn des Geb (d.h. Osiris);
> dann aber werde ich mit ihm zusammen wohnen an einer einzigen Stätte,
> während die Trümmerstätten zu Städten,
> die Städte zu Trümmerstätten werden;
> Haus wird Haus zerstören.[6]

Noch einmal ist diese Perspektive in einem Hymnus auf einer der
Wände im Opettempel von Karnak anzutreffen, der zur Zeit des Königs
nigs Ptolemaios VIII. Euergetes II. angebracht wurde. Dort heißt es
von Osiris:

> Man sagt über ihn in den Schriften:
> Der dauert nach der Zeit,
> denn er ist der Eine, der übrigbleiben wird
> zusammen mit der Majestät des (Atum-)Re,
> während die Erde im Urgewässer sein
> [und in der Flut versinken wird] wie bei ihrem Urzustand
> und es keinen Gott und keine Göttin geben wird,
> die sich in eine andere Schlange verwandeln werden (d.h. es dem Urgott
> gleich tun).[7]

---

4   Vgl. die aus einer Vielzahl schlangengestaltiger Urwesen bestehende Ur-
    flut nach der Schöpfungstheologie von Hermopolis o. S. 116.
5   Ttb 175: Hornung 1979: 367; vgl. Schott 1959: 320f.; Kákosy 1981: 56f.,
    66.
6   CT Sp. 1130 (VII 467e-468b); vgl. Otto 1962: 255f.; Assmann 1975: 24;
    Otto 1977: 11f.
7   Bibl Aeg XI, 112-113, Z. 12-13; vgl. Otto 1962: 252; Assmann 1975: 25
    A. 67.

In allen drei Zeugnissen wird der Schöpfergott mit dem Urchaos identifiziert und das Ende als Rückkehr in den Zustand vor der Schöpfung beschrieben, den der Schöpfer dann allerdings mit Osiris teilen wird (s. o. S. 121 f.). Dagegen liefert der Mythos, der als Beischrift zu dem Bild der Himmelskuh in Königsgräbern des Neuen Reiches überliefert ist (vgl. Abb. 2), eine Erklärung für die Absicht des Welt- und Sonnengottes Re, sein Werk zu zerstören. Es ist die Auflehnung der Menschen gegen ihren alternden Erzeuger, die ihn erzürnt hat. Zwar reut ihn sein Entschluß, als ihm bewußt wird, wie schön seine Geschöpfe doch seien, und es gelingt ihm, die Vollstreckerin seiner Strafe, seine blutrünstige Tochter Hathor, auf halber Strecke von ihrem Tun abzubringen, so daß ein Teil der Menschheit überlebt. Doch dann schwingt Re sich auf den Rücken der Kuh und reitet davon, um sich auf immer von den Menschen zu entfernen.[8] Sie sind noch einmal davongekommen, aber ihr Zusammenleben bleibt fortan gestört, und der Mythos hält für alle Zeiten fest, daß sie selbst ihre Gottferne und Friedlosigkeit verschuldet haben. Obwohl nicht davon die Rede ist, daß die Schöpfung gänzlich zurückgenommen werden sollte, und obwohl die Götter nicht von dem Zorn des Sonnengottes betroffen waren, ist die Vernichtung in den Bereich des Möglichen getreten. Die Gestalt der Himmelskuh ist hier ausdrücklich als Erscheinungsform der Himmelsgöttin Nut ausgegeben. Doch konnte sie die Assoziation der himmlischen Urkuh Mehet-weret auslösen, die mit dem Urgewässer identisch oder aus ihm hervorgegangen war, und so konnte das Bild für sich genommen Ur- und Endzeittöne anklingen lassen.[9]

In diesem Licht gewinnt auch der Kontext der beiden älteren Weltuntergangsprognosen an Interesse. Der Sargtextspruch 1130 ist als Rede des Allherrn an seine himmlische Mannschaft überliefert, vor der er sich gegen Anklagen aus Götterkreisen mit dem Argument verteidigt, nicht seine Schöpfung sei unvollkommen, sondern die Bosheit der Menschen habe sie mißbraucht. Das wenig später angekündigte Weltende (s. o. S. 122) ist zwar nicht als Strafe gemeint, sondern unterstreicht die absolute Souveränität des Schöpfers gegen-

---

8 Vgl. Hornung 1982. Zu mythischen und kultischen Texten im Gefolge dieses Mythos bis in ptolemäische Zeit vgl. Hornung a.a.O. 90-95.

9 Zu der Urkuh Mehet-weret und ihrer Bedeutung für die Regeneration des Sonnengottes vgl. Hornung 1982: 96-101.

über seiner Schöpfung, doch wird es mit der stilistischen Figur beschrieben, die sonst den Untergang der menschlichen Gesellschaft charakterisiert (s. u. S. 125).

Dem Jenseitsgespräch zwischen Atum und Osiris im Totenbuch sind gleichfalls Auseinandersetzungen unter Göttern vorangegangen. Die „Kinder der Nut" haben einen Aufruhr angezettelt, worauf der Botengott Thot, den Atum um Hilfe bittet, eine Götterdämmerung ankündigt:

> Ihre Jahre sollen verkürzt sein, ihre (letzten) Monate herankommen,
> weil sie alles, was du geschaffen hast, im Verborgenen gestört haben.[10]

Hier nun sind es zwar Götter, denen ihr Ende als Strafe in Aussicht gestellt wird, aber die Delikte – Gewalt, Empörung, Streit – gleichen denen der Menschen im Himmelskuhbuch.

3.3 Zerstörung der gesellschaftlichen Ordnung als menschliches Verschulden oder göttliches Versagen

In mehreren literarischen Texten des Mittleren Reiches wird der gegenwärtige (oder ein bevorstehender) Zustand Ägyptens mit vielfältigen Wendungen und Bildern als in höchstem Maße entsetzlich beschrieben und beklagt. Die gesellschaftstragenden Institutionen Königtum, Wirtschaft, Verwaltung und Recht sind gefährdet oder schon verloren, Götter- und Totenkult ausgesetzt:

> Wahrlich, die Gesetze der Halle sind herausgeworfen,
> man tritt sogar auf sie auf den Plätzen,
> und der Pöbel zerreißt (sie) dort auf den Straßen.[11]

Das gesamte Volk ist davon direkt oder – da die religiösen Voraussetzungen seines Wohlergehens beschädigt sind – indirekt betroffen. Doch die Klagen sind aus der Sicht der Oberschicht geschrieben, und

---

10 Ttb 175; vgl. Hornung 1979: 366.
11 Admonitions 6,9-11; vgl. Helck 1995 (B 53).

so wird vor allem die Umkehrung der sozialen Verhältnisse und damit
der Verlust ihrer Privilegien betrauert:

> Die (einstigen) Besitzer von Gräbern sind (jetzt) auf den Boden geworfen,
> der sich (einst) keinen Sarg machen konnte, ist (jetzt) Besitzer eines
> Schatzhauses.[12]

Andere Symptome für den Verfall sind die Bedrohung Ägyptens
durch äußere Feinde und der Verlust der zwischenmenschlichen Solidarität:

> Zu wem soll ich heute sprechen?
> Der Verbrecher ist zum Vertrauten,
> der Bruder, mit dem man umging, ist zum Feind geworden.

Daß die hier zitierten Lieder des sogenannten Lebensmüden,[13] die
Mahnworte des Ipu-wer (sogenannte Admonitions),[14] die Prophezeiung des Neferti,[15] die Beschwerden des redekundigen Bauern[16] und
die Reflexionen des Cha-cheper-Re-seneb[17] mit den einzelnen Erscheinungen, die sie jeweils thematisieren, eine umfassende Katastrophe meinen, geht aus der Vielfalt der behandelten Aspekte hervor, die
alle Lebensbereiche einschließlich der natürlichen Umwelt betreffen:

> Der Fluß Ägyptens ist leer,
> man überquert das Wasser zu Fuß
> und wird Wasser für die Schiffe suchen, um ihn zu befahren.
> Sein Weg ist zum Ufer geworden,
> aber das Ufer wird zur Flut.[18]

So scheint die Schöpfung als ganze in Frage gestellt:

> Das Geschaffene ist, als wäre es nicht geschaffen.
> Re sollte die Schöpfung von neuem beginnen![19]

---

12 Admonitions 7,8; vgl. Helck 1995 (C 12).
13 Barta 1969; zitierte Stelle: Z. 113-115.
14 Helck 1995.
15 Helck 1970.
16 Parkinson 1991; Hornung 1990: 11-29.
17 Ockinga 1983.
18 Neferti E 26-28; vgl. Helck 1970.
19 Neferti E 22; vgl. Helck 1970.

Dies vernichtende Urteil ist implizit auch in dem Formular des Um-
kehrspruchs enthalten, das den eben zitierten Aussagen über unheilvolle Umschichtungen in der Gesellschaft, im zwischenmenschlichen
Bereich und in der Natur zugrundeliegt. Diese häufig verwendete Stil-
form stellt schreckliche jetzige Verhältnisse als Verkehrung einer vorangegangenen Normalität dar und kennzeichnet nicht nur in
literarischen Texten, sondern auch in dem Sargtextspruch 1130 Symptome des Weltuntergangs (s. o. S. 122). Der Spruchtyp entstammt
dem Ritual der Totenklage und stellt der freudlosen Existenz eines
Verstorbenen ohne jeden Lebensgenuß sein Wohlergehen zu Lebzeiten gegenüber. Übertragen auf die Gesellschaft, soll er deren Agonie
diagnostizieren. Die Maat ist unteilbar; wo sie im kleinen gestört wird,
droht das Chaos total.

Ursachen für diese heillose Lage werden in den Texten nur selten
erörtert. In den Mahnworten des Ipu-wer allerdings wird dem Schöpfergott der Vorwurf gemacht, er habe den schlechten Charakter der
Menschen nicht erkannt und ihrem bösen Treiben nicht Einhalt geboten, habe sich nicht um seine menschliche Herde gekümmert und die
Maat verraten.[20] Derartige Äußerungen müssen es gewesen sein,
durch die sich der Allherr in dem Spruch 1130 der Sargtexte zu einer
Apologie herausgefordert sieht, in der er die Verantwortung für alles
Unglück an die Menschen zurückverweist:

Ich habe nicht befohlen, daß sie Unrecht tun sollten,
sondern ihre Herzen waren es, die sich dem widersetzten, was ich gesagt
habe.[21]

Die Beschreibung der gegenwärtigen Katastrophe in den Klagen der
Literatur und der Ausblick auf das ferne Weltende, das auf die göttliche Selbstrechtfertigung in dem Sargtext folgt, scheinen weit ausein-
anderzuliegen. Unverkennbar ist aber, daß beide Äußerungen in den
intertextuellen Diskurs gehören, mit dem das Mittlere Reich auf die
Erfahrungen der zurückliegenden, als tiefe Krise erlebten Ersten Zwi-
schenzeit geantwortet hat.[22]

---

20 Admonitions 11,12-13,6; vgl. Helck 1995 (G).
21 CT Sp. 1130 (VII 464a-b); vgl. Otto 1977: 8f.
22 Vgl. Sitzler 1995; Blumenthal 1996.

3.4 Zerstörung der kosmischen Ordnung als Menschenwerk

Jahrhunderte ehe die ägyptische Literatur das Thema Weltende zu verarbeiten begann, spielte der von Menschen inszenierte Weltuntergang bereits in den Zauberpraktiken der Volksreligion eine Rolle, doch haben sich davon nur indirekte Zeugnisse in den Pyramidentexten erhalten. Eins davon ist ein solcher Zauberspruch, der zugunsten des verstorbenen Königs umfunktioniert worden ist. Da wird dem gealterten Weltgott gedroht:

Er (der König) wird die Arme des Schu unter der Nut wegschlagen,
König NN wird seine Schultern gegen jene Mauer stemmen, an die du dich lehnst.[23]

So wird der tote Pharao das Weltgebäude zum Einsturz bringen (vgl. Abb. 3-4), wenn Re ihm nicht seinen Platz im Himmel räumt. In dem Zweiwegebuch der Sargtexte, das die Route der Sarginhaber in himmlischen Gefilden vorzeichnet und kommentiert und in das auch der Spruch 1130 eingebaut ist, wird ein Dämon am Wege des Toten davor gewarnt, sich ihm in Gestalt einer Schlange zu nähern, denn

dann wird Re sterben, und Apophis wird dich schlachten,[24]

der Sonnengott würde also von seinem Todfeind überwunden werden und käme von seiner Nachtfahrt nicht mehr zur Erde zurück, Apophis aber hätte freie Bahn für sein Zerstörungswerk im Jenseits. Häufig macht sich der Zauberer einen mythischen Präzedenzfall zunutze.

Die Erde fällt in Finsternis,
Scherben laufen,
Steine sprechen,
Berge wandern,[25]

---

23 Pyr 299; vgl. Schott 1959: 324.
24 CT Sp. 1100 (VII 419b-c); andere Auffassungen der Stelle bei Schott 1959: 326; Faulkner 1978 Bd. 3: 157.
25 Ostr Deir el-Medine 1066; vgl. Schott 1959: 323f.

als Re von einer Schlange gebissen wird, und so könnte wohl auch ein Schlangenbiß an einem gewöhnlichen Sterblichen katastrophale kosmische Folgen haben. Auf der Metternichstele, einer Sammlung derartiger mythisch begründeter Heilungszauber aus der Spätzeit, wird ausführlicher beschrieben, was geschehen kann, wenn Skorpion oder Schlange ein Götterkind stechen. Die Göttin Selkis rät Isis, der um ihren Sohn Horus bangenden Gottesmutter:

> O Isis, rufe doch zum Himmel.
> Dann geschieht ein Stillstehen in der Mannschaft des Re,
> und die Barke des Re fährt nicht,
> solange (dein) Sohn Horus auf seiner Seite liegt.

Tatsächlich stößt Isis einen Schrei aus. Die Sonne kommt zum Stillstand, und der zaubermächtige Gott Thot eilt herbei und macht mit seinem Spruch und in der Vollmacht des Re, verstärkt durch stereotype Wiederholungen, die Genesung des Kosmos von der Genesung des göttlichen Patienten (und ausdrücklich auch von der des betroffenen menschlichen Kranken) abhängig:

> Weiche zurück, Gift!
> Sieh, eine Beschwörung aus dem Mund des Re
> und eine Abwehr von der Zunge des großen Gottes:
> Die Barke ist zum Stillstand gekommen, ohne daß sie gerudert wird,
> und die Sonne ist noch an ihrem Platz von gestern,
> bis Horus gesund wird für seine Mutter Isis
> und bis der Patient gleichfalls gesund wird für seine Mutter.
> Komm herab zur Erde,
> dann fährt die Barke, und die Mannschaft des Himmels rudert.
> Die Opfergaben sind schifflos, die Tempel versperrt,
> bis Horus gesund wird für seine Mutter Isis
> und bis der Patient gleichfalls gesund wird für seine Mutter.
> Das Drunter- und Drüber der Barke
> wendet die Strömung zurück auf ihren Platz von gestern (?),
> bis Horus gesund wird für seine Mutter Isis
> und bis der Patient gleichfalls gesund wird für seine Mutter.
> Der Böse geht um, die Zeiten sind nicht geschieden,
> die Schatten der Gestalten sind nicht zu sehen,
> bis Horus gesund wird für seine Mutter Isis
> und bis der Patient gleichfalls gesund wird für seine Mutter.

Die beiden Quellöcher (des Nils) sind versperrt, die Vegetation ist verdorrt,
das Leben wendet sich ab von den Lebenden,
bis Horus gesund wird für seine Mutter Isis
und bis der Patient gleichfalls gesund wird für seine Mutter.
Komm zur Erde, Gift!
dann werden die Herzen froh werden, und der Sonnenglanz wird wieder wandern.[26]

Die Einheitlichkeit einer Welt, in der Kosmos und Individuum, Großes und Kleines, Göttliches und Menschliches kompatibel sind, ist die Voraussetzung für alle Magie. Mit ihr verfügt der Mensch über ein Werkzeug, durch das er den Weltlauf aufhalten oder abbrechen und das einzusetzen er drohen kann, um seine persönlichen Ziele zu erreichen. Diese Ziele sind allerdings nicht beliebig, sondern sie erwachsen aus existenziellen Notlagen im Diesseits und Jenseits. Hier wie dort geht es um Krankheit und Tod, menschliche Feinde, wilde Tiere und Dämonen. Das einschlägige Zauberwissen stand nicht jedermann zu Gebote. Es galt als höchst gefährlich, war nur wenigen zugänglich und unterlag strengster Geheimhaltung.

4 Chaosbewußtsein und Chaosbewältigung

Die unterschiedlichen Vorstellungen der Ägypter vom Ende der Welt sollen nicht gewaltsam harmonisiert werden. Doch ist bei aller Verschiedenheit unverkennbar, daß sie sich vor einem gemeinsamen, naturmythischen Hintergrund entwickelt haben. Das Bewußtsein einer allgegenwärtigen Infragestellung der Schöpfung durch das Chaos war hier vielleicht deshalb so stark ausgeprägt, weil es sich nicht nur aus der extremen Abhängigkeit von einer undurchschaubaren und unberechenbaren Welt göttlicher Personen und Mächte speiste, welche die Lebenshaltung in allen frühen Kulturen bestimmt. Mit der geographischen Lage des schmalen Landes, eingebettet in die lebensfeindliche Wüste, hinter deren Gebirgen die Sonne allabendlich verschwand,

---

26 Metternichstele Z. 204-206. 235-245.; vgl. Sander-Hansen 1956; Schott 1959: 322f.; Kákosy 1981: 60; Assmann 1983: 369.

stand diese Abhängigkeit täglich vor aller Augen. Gleichzeitig muß jedoch auch das soziale Gleichgewicht als labile Errungenschaft empfunden worden sein. Das spiegelt sich in dem Himmelskuh-Mythos wider, wo die Rebellion der Geschöpfe genügt, um den Schöpfer zum Widerruf seines Werkes zu veranlassen (s. o. S. 123).

Vor diesem Hintergrund verstand sich die Schöpfung als funktionierende Ordnung nicht von selbst. Es entspricht der Ganzheitlichkeit des Prinzips Maat, daß dabei grundsätzlich nicht zwischen Himmel und Erde, Götter- und Menschenwelt, Diesseits und Jenseits unterschieden wurde, und es entspricht dem Wesen der ägyptischen Religion, daß sie sich vornehmlich ritueller Mittel bediente, um die Maat in Gang zu halten und die Isfet auszuschließen (und daß diese Mittel auch dann wirksam waren, wenn sie im Zauber aus ihrem kultischen Funktionsrahmen gelöst und zu sekundären, d.h. individuellen Zwecken eingesetzt wurden). Die Opfergabe Maat in Gestalt einer kleinen Personifikation, die der König den Göttern darbrachte (vgl. Abb. 6), faßt seine Aufgabe als des Garanten der Richtigkeit zusammen. So nimmt es nicht wunder, daß dort, wo nach dem Zeugnis der literarischen Klagen der Götterkult ausgesetzt und das Königtum mißachtet war, wo Unrecht und Brudermord herrschten, Anzeichen für das hereinbrechende Weltende, apokalyptische Symptome, diagnostiziert wurden. Auch wenn in vielen Fällen nachzuweisen ist, daß diese Klagen bereits als tradierte Topoi verwendet sind, so sollte nicht vergessen werden, daß den Formulierungen, die später Topoi wurden, reale Erfahrungen vorausgegangen sein müssen. Der zyklische Zeithorizont, in dem jeweils ein neuer Anfang möglich schien, dürfte in existenzbedrohender Lage irrelevant, die Endlichkeit der linearen Zeit das einzig Reale gewesen sein. Es zeigt die Grenzen der rituellen Bewältigungsstrategien, wenn sich die bedrängten Zeitgenossen in solchen Situationen nicht auf sie verließen, sondern nach göttlicher und menschlicher Schuld fragten und dabei auch vor dem Schöpfergott nicht haltmachten.

Auch das nicht unmittelbar bevorstehende, sondern vom Allgott in weitester Ferne angekündigte endgültige Ende dürfte als Schlußpunkt einer irreversiblen Zeitgeraden gemeint sein, selbst wenn es als Rückkehr zum Uranfang theoretisch der Ausgangspunkt eines neuen Weltkreislaufs, wiewohl mit unvorstellbar langer Zeitachse, hätte werden können – der Schöpfer war ja geblieben. Derlei Überlegungen sind aber deshalb bedeutungslos, weil die permanenten kultischen Anstrengungen um den Fortbestand des Kosmos, der Ernst, mit dem die literarischen Texte den Schöpfergott bei seiner Verantwortung behafteten, und die auf der Glaubwürdigkeit der Weltuntergangsdrohungen beruhenden Zaubersprüche beweisen, daß auch das zyklische Zeitmodell keinen automatischen Wiederbeginn verbürgte. Der Sonnengott, der sich auf seiner Nachtreise durch die Unterwelt regenerierte, um verjüngt am Morgen aufzugehen, durchlief die Schattenseite der geschaffenen Welt und nicht das Chaos, das allerdings in Gestalt der dort auftauchenden Apophis-Schlange, die Nacht für Nacht seine Erneuerung und seinen Rückweg in Frage stellte, immer wieder unschädlich gemacht werden mußte.

5 Das Ende der Welt im Spiegel der Überlieferung

Die ägyptischen Auffassungen vom Weltende sind nicht als Lehrinhalte um ihrer selbst willen aufgezeichnet worden, sondern sie entstammen unterschiedlichen Gruppen von Texten, die sie zu ihren besonderen Zwecken verarbeitet haben. Gerade darin liegt die Chance zu erfahren, warum und wann es erforderlich schien, das normalerweise eher tabuisierte Thema zur Sprache zu bringen, d.h. nicht nur als Isfet zu benennen, sondern zu beschreiben und zu reflektieren. Selbst wenn man sich dabei stets dessen bewußt bleiben muß, daß nur ein geringer Bruchteil von der schriftlichen Produktion der Ägypter erhalten geblieben ist, so scheint es doch mehr als ein Zufall zu sein, daß der Weltuntergang zu bestimmten Zeiten in jeweils anderen Funktionszusammenhängen eine Rolle gespielt hat. Diese Schwerpunkte der Thematisierung, auch wenn sie nicht absolut gesetzt werden dürfen, sollen im folgenden behandelt werden.

5.1 Literarische Texte des Mittleren Reiches

Sieht man von den im Totenkult benutzten Zaubersprüchen der Pyramidentexte (s. o. S. 127) ab, so begegnet das Thema Weltende zuerst in den großen Literaturwerken des Mittleren Reiches. Sie entfalten ein breites Spektrum von individuellen, kollektiven und kosmischen Unzuträglichkeiten, erklären die Mängel als Symptome einer gestörten Weltordnung und beschuldigen den Weltschöpfer oder seine irdischen Repräsentanten,[27] versagt zu haben. In seiner Selbstrechtfertigung, die zwar nur in dem zeitgenössischen Sargtextspruch 1130 erhaltengeblieben, dort aber sicher sekundär eingefügt ist und ursprünglich wohl zu einem literarischen Text gehört hat, macht der Schöpfergott jedoch die Menschen selbst für alles Mißlingen verantwortlich (s.o. S. 126). Andererseits stellt er im weiteren, mythischen Kontext dieses Spruches seine künftige Rückkehr zum Zustand vor der Schöpfung als Reaktion auf Kämpfe unter den Göttern in Aussicht.

Das Alte Reich hat nur vergleichsweise wenige Schriftquellen hinterlassen, und so muß man sich hüten, aus dem Mangel an Textzeugnissen grundsätzlich auf ein Nichtvorhandensein zu schließen. Trotzdem ist kaum zu bezweifeln, daß erst die Literatur des Mittleren Reiches die Realität einer Welt erörtert hat, die dem Schöpfungskonzept Maat radikal widerspricht, und daß sie auch zum ersten Mal einen Gott für Wohl und Wehe seiner Kreatur verantwortlich gemacht, ihn damit aber auch über alle Götter erhoben und zugleich in menschliche Nähe gerückt hat. In alledem spiegeln sich die inneren Bewegungen wider, die der tiefgreifende wirtschaftliche, politische und soziale Paradigmenwechsel vom Alten zum Mittleren Reich ausgelöst hatte. Welchen Status die intellektuelle Elite besaß, die sich so zu Wort meldete, ist allerdings unbekannt. Aus der Art, wie sie die Gottesfrage und das religiöse Selbstverständnis des einzelnen in den Mittelpunkt stellte und das Königtum eher marginal behandelte, ist immerhin zu schließen, daß sie nicht im Staatsauftrag schrieb.

---

27 Zum Staatsbeamten als Stellvertreter des Re in den Klagen des Bauern vgl. Blumenthal 1999.

Nur in der Prophezeiung des Neferti steht die Chaosschilderung unmittelbar im Dienst königlicher Propaganda. Hier sind bevorstehende unheilvolle Zustände im Lande mit dem vollen Instrumentarium der Klageliteratur thematisiert worden, um davon desto wirkungsvoller das angekündigte Heilsregiment des rettenden Königs Amenemhet I. abzuheben, zu dessen Legitimierung der Text als *vaticinium ex eventu* verfaßt worden war. Daß aber die Literatur des Mittleren Reiches den Weltuntergang nicht nur als soziale und kosmische Katastrophe problematisieren, sondern ihn mit leichter Hand auch als Märchenmotiv verwenden konnte, geht aus der Erzählung des Schiffbrüchigen hervor.[28] Ihm nämlich war auf der verwunschenen Insel, auf die es ihn verschlagen hatte, ein mit allen Zeichen der Göttlichkeit ausgestatteter Schlangendämon begegnet, der ihm weissagte, er werde glücklich heimkehren, doch die Insel (und mit ihr der Gott) würde danach im Meer versinken.[29]

5.2 Königsinschriften des Neuen Reiches

Nachdem es im Mittleren Reich einmal für die königliche Selbstdarstellung entdeckt worden war, hielt das Thema Weltende im Neuen Reich Einzug in Königsinschriften auf Tempelwänden und Repräsentationsstelen. So beschreibt der junge Tutanchamun den Zustand Ägyptens, den sein Vorgänger Echnaton hinterlassen hatte, mit Sätzen aus dem Repertoire der älteren Weltuntergangstexte. Tatsächlich hatte der Revolutionär von Amarna zugunsten des Sonnengottes Aton die Kulte aller anderen Götter vernachlässigt, ausgesetzt und verfolgt. In Tutanchamuns Restaurationsedikt, das deren Rechte wiederherstellen sollte, ist dieser politische Hintergrund zum Chaos umstilisiert worden, um den neuen König als seinen Überwinder erscheinen zu lassen und damit an das Handeln des Schöpfergottes anzunähern.

> Die Tempel der Götter und Göttinnen
> von Elephantine an

---

28 Burkard 1993.
29 Z. 153-154; vgl. Kákosy 1981: 64; Derchain-Urtel 1987; Brunner 1986: 1213. Naturmythische Deutung der Episode bei Kurth 1987: 173-7.

bis zu den Sümpfen des Deltas
[...] waren im Begriff einzustürzen,
ihre Kapellen waren im Begriff zu zerfallen,
zu Trümmerstätten geworden,
bewachsen mit Disteln,
ihre Sanktuare waren, als wären sie nie gewesen,
ihre Anwesen ein Fußweg.
Das Land befand sich im Drunter-und-Drüber.[30]

Im gleichen Stil schildert der Große Papyrus Harris die gesamtgesellschaftliche Katastrophe einer königs- und gottlosen Zeit, die durch dynastische Streitigkeiten am Ende der 19. Dynastie entstanden war. Hier ging es um den Thronanspruch des Sethnacht, der sich schließlich durchgesetzt und die 20. Dynastie begründet hatte und nun als von den Göttern gesandter Heilskönig ausgewiesen werden mußte.

Das Land Ägypten
war hinausgeworfen.
Jedermann lebte nach seinem eigenen Recht,
denn sie hatten keinen Obersten Sprecher
viele Jahre zuvor bis zu einer späteren Zeit,
als das Land Ägypten aus Beamten und Bürgermeistern bestand
und einer den anderen tötete
unter Vornehmen und Geringen....
Ebenso wie die Menschen behandelten sie auch die Götter,
ohne daß Opfer im Innern der Tempel dargebracht wurden.[31]

Man könnte meinen, daß diese und andere politische Chaosbeschreibungen in den Königsinschriften des Neuen Reiches[32] als ideales propagandistisches Mittel genutzt worden seien, um die staatstheologische Konstante zu illustrieren, derzufolge jeder König die Isfet bei seinem Machtantritt zu vertreiben hatte. Doch ist das nicht der Fall. Vielmehr wurden die längst zu Topoi verfestigten, wenngleich unablässig variierten Motive nur in kritischen Fällen eingesetzt, dann, wenn ein Pharao seine bereits errungene Herrschaft besonders nachdrücklich sanktionieren mußte. Obwohl sie stilisiert und keines-

---

30 Urk IV 2027/2-4.5-6; vgl. Assmann 1983: 365.
31 Pap Harris I 75/2-7; vgl. Assmann 1983: 367.
32 Desgl. Gedenkstein Sethos' I. für Ramses I.; Israelstele des Merenptah; vgl. Assmann 1983: 365f., 367f.

falls wörtlich zu nehmen sind, zeigen sie außerordentliche historische Umstände an. Ihre sparsame Verwendung spricht dafür, daß man die Krise selbst im nachhinein nicht leichtfertig zu beschwören wagte.

5.3 Politische Prophetie der Ptolemäer- und Römerzeit

Was diese Texte mit denen der älteren Zeit verbindet, ist die Position der Rückschau, für welche die geschilderten Schrecknisse bereits überwunden sind, auch da, wo sie sich, wie Nefertis Weissagung, als Prognose ausgeben. Es hängt wohl mit dem dominierenden Weltbild zyklischer, rituell bewirkter Regeneration der Ordnung zusammen, daß echte Zukunftsprophetie aus pharaonischer Zeit nicht überliefert ist, sondern sich erst unter den in griechischem Denken erzogenen Ptolemäerkönigen und römischen Kaisern entfalten konnte. Von der Literaturgattung der politischen Prophezeiung, die damals in Ägypten gepflegt wurde, sind nur zwei Werke erhalten geblieben. Die Weissagungen des Lammes geben in der spätägyptischen Literatursprache Demotisch die Ankündigung einer Periode bevorstehenden Unheils in Ägypten und seiner Zerstörung durch äußere Feinde wieder, die nach 900 Jahren von einer Zeit der Glückseligkeit und der Rückkehr zu den alten Ordnungen abgelöst werden würde.[33] Die Haupthandschrift der anderen Dichtung, des Töpferorakels, ist zwar griechisch geschrieben, aber aus dem Demotischen übersetzt. Der prophetische Töpfer zitiert sogar die Visionen des Lammes und kündigt gleichfalls ein von einbrechenden Fremden verursachtes Chaos in Ägypten und dessen Überwindung durch einen messianischen König an. Nicht nur der Kontrast von Unheils- und Heilszeit und die Gestalt des Retterkönigs, sondern auch die Symptome des Elends einschließlich der Verkehrten Welt erinnern so deutlich an Nefertis fingierte Voraussagen, daß man eine lebendige Tradition dieses Werks oder doch seiner Textgattung über nahezu zwei Jahrtausende annehmen muß, obwohl die Zwischenglieder fehlen:

Der Nil wird niedrig sein, die Erde unfruchtbar,

---

33 Vgl. Assmann 1983: 363.

die Sonne wird sich verfinstern, weil sie das Unheil in Ägypten nicht sehen will,
die Winde werden Schaden auf der Erde anrichten...
Krieg wird zwischen Geschwistern und Eheleuten herrschen,
die Menschen werden sich gegenseitig umbringen.
Not macht egoistisch: jeder hält sein Übel für das schlimmste.
Die Bauern haben nichts zu essen und müssen versteuern, was sie nicht
gesät haben;
die Not treibt sie mit Waffen gegeneinander.
Die Sklaven werden frei werden und ihre Herren Mangel leiden.
Der Vater wird der Tochter den Gatten abspenstig machen
und die Söhne die Mutter heiraten.[34]

Beide Werke haben eine aktuelle Tendenz. Sie sind vermutlich von
der einheimischen Priesterschaft in der Auseinandersetzung mit den
nichtägyptischen Herrschern des Landes verfaßt worden, das Orakel
des Lammes im Widerspruch zu den Perserkönigen, die Ägypten 525
v. Chr. an sich gebracht hatten, die Töpferweissagung in Opposition
zu den ptolemäischen Diadochen Alexanders des Großen oder deren
Nachfolgern, den römischen Kaisern. Die Wahl des alten literarischen
Schemas mit den apokalyptischen Motiven war daher nicht nur ein
Kunstgriff, sondern knüpfte auch aus politischen Gründen an pharao-
nische Traditionen an. Nicht zufällig wenden sich beide Propheten an
Könige der ägyptischen Geschichte: Bokchoris, ein Pharao der 24.
Dynastie, ist der Ansprechpartner des Lammes, während sich in
Amenophis, dem Gegenüber des Töpfers, die große Vergangenheit
des Neuen Reiches, speziell der 18. Dynastie, verkörpert, zu der mehrere Träger dieses Namens gehörten. Es kennzeichnet den veränderten
zeitgeschichtlichen Hintergrund beider Schriften, daß für sie im Unterschied zu ihren Vorbildern der Fremdeneinfall in Ägypten nicht
Symptom, sondern Ursache für das Weltuntergangsszenario war und
daß dieses Szenario wahrscheinlich nicht zur nachträglichen Legitimierung von Regierenden, sondern eher im Widerstand gegen sie in
einer realen Bedrängnis entfaltet wurde – ganz sichere Rückschlüsse
erlaubt der fragmentarische Erhaltungszustand der Handschriften

---

34 Text: Koenen 1968; kontaminierte Übersetzung von Pap Oxyrhynchos
   2332 Z. 13-20.24-25.38-39.20-22.45-46.46-48 und Pap Wien G 19813
   (Pap Rainer) Z. 1-8.11.23-24.24-25.8-9 von Assmann 1983: 362.

nicht. Im Unterschied zu früheren Zeiten würde freilich der messianische König, wer immer er sein und wann immer er kommen würde,
nicht mehr selbst mit den Feinden aufräumen, sondern zuvor würden
die

> Gürtelträger (d.h. die Griechen), welche auch selbst Typhonische (d.h.
> Anhänger des verfemten Gottes Seth) sind, sich selbst zerfleischen und
> wie Herbstlaub von den Bäumen fallen.[35]

5.4 Tempelrituale der Ptolemäer- und Römerzeit

Typisch für die Daseinsangst in dieser späten Zeit ist auch die wach-
sende Zahl der Rituale, mit denen Gefahren abgewendet werden sollten. Zwar hatte die Vernichtung der Feinde seit ältester Zeit zu den
essentiellen gottesdienstlichen Pflichten der Könige gehört, weshalb
sie sich auf ihren Monumenten in stereotypen martialischen Attitüden
verewigen ließen.

Abb. 7: König Narmer, einen Feind packend und niederschlagend; vor ihm ein falken-
        gestaltiger Gott, der ihm eine personifizierte Feindesland-Hieroglyphe über-
        gibt. [Prunkpalette des Königs Narmer (Vordynastische Zeit). Kairo,

---

35 Pap Oxyrhynchos 2332 Z. 49.53-54; Pap Wien G 19813 Z. 27-28.31-32;
   vgl. Koenen 1968: 181f., 189.

Ägyptisches Museum; nach Hornung, Erik: Geist der Pharaonenzeit (Zürich-München: Artemis 1989) 151 Abb. 28.]

Abb. 8: König Sethos I. (Neues Reich, 19. Dynastie), ausländische Feinde bündelnd und niederschlagend, vor dem falkenköpfigen Gott Horus, der ihm ein Sichel-schwert und personifizierte Feindesländer übergibt. [Redesie, Amuntempel; nach Bonnet a.a.O. Abb. 92.]

Auch vorwiegend positive Liturgien wie die stündliche hymnische Begleitung der Sonne im Tag- und Nachtlauf bezogen den Kampf mit den Gegenkräften ein, und außerdem gab es spezielle Feind-Verfluchungsriten.[36] Jetzt aber tritt die Vernichtung der Gegner ins Zentrum des kultischen Geschehens, wobei das auszuschließende Chaos nicht nur benannt oder personifiziert, sondern in seinen vielfältigen Schattierungen ausgemalt wird und Himmel und Erde, Kosmos und Kult, mythische und menschliche Wirklichkeit gleichermaßen angesprochen werden.[37] Als Beispiel stehe das Ritual für die Abwehr des Bösen, nämlich des Gottes Seth, dessen Schreckensherrschaft ebenso von einem Drunter-und-Drüber der Naturgewalten wie von der Profanierung des Heiligen auf Erden begleitet sein würde. Daher wird der Unheilbringer beschworen:

O weiche zurück als Krokodil,

36 Vgl. Assmann 1996: 166-71.
37 Desgl. Pap Salt 825; Pap Jumilhac; vgl. Schott 1959: 321f.; Assmann 1983: 370ff.

damit die Sonne sich nicht verfinstert...,
damit der Himmel nicht den Mond verschluckt...,
damit die Schildkröte nicht den Nil schlürft
und die Gewässer austrocknen;
damit nicht ein Feuer aus der Mitte des Ozeans hervorkommt
und Flamme durch Flamme verbrennt,
damit nicht das Nordwärts- und Südwärtsfahren der Sonne bekannt wird
und die Menge der Wege beim Befahren des Firmaments,
damit sich nicht die beiden Himmel (über und unter der Erde) auf ein
Mal fort-bewegen
und sich der Himmel mit der Erde vereint;
damit nicht die Lade in Heliopolis geöffnet
und das, was in ihr ist, gesehen wird,
damit nicht das Gewand in Memphis gelöst wird,
so daß der Arm von NN (eine Gottesreliquie?) betrachtet wird,
damit nicht die Fackel in der Nacht des Bösen erlischt
zu jener Zeit, die nicht geschehen soll;
damit nicht das „Große Grün" (d.h. das Meer) süß wird
und von seinem Wasser geschlürft wird.[38]

Die Grundvorstellung einer zerstörerischen Kräften stets ausgesetzten
Schöpfung ist noch dieselbe wie eh und je, aber das Königtum hat als
maatsichernde Instanz an Bedeutung verloren. Jetzt leiten die Priester
ihre Legitimität nicht mehr von der Person des Pharao ab, sondern
gründen sie darauf, daß sie selbst mit den Riten über den Schlüssel für
das Weltgleichgewicht verfügen.

5.5 Kultmythen der Ptolemäer- und Römerzeit

Die Rituale, die den Kosmos vor dem Absturz bewahren sollten, sind
auf Papyrusrollen aufgezeichnet und wurden im Tempelinnern an un-
zugänglicher Stätte zelebriert. Dagegen sind die Mythen, die seit ptolemäischer Zeit in Text und Bild Kämpfe und Triumphe eines Gottes
über die Gegenwelt des Bösen verherrlichen, in aller Öffentlichkeit
auf den Wänden der Tempel angebracht, zum Ruhme der Gottheit und
zum Zweck der Abschreckung. Der bestüberlieferte Mythos dieser Art

---

38 Urk VI 123/4--127/2; vgl. Schott 1954; Schott 1959: 326f.; Kákosy 1981:
    59ff.; Assmann 1983: 371.

ist der des falkenköpfigen Horus von Edfu. Im Angesicht des Sonnengottes Re, assistiert von anderen Göttern und göttlichen Wesen, eilt er
von Herausforderung zu Herausforderung und sticht er einen Gegner
nach dem anderen ab. Die Feinde erscheinen meist als Nilpferde oder
Krokodile, doch auch in menschlicher Gestalt oder als Gazelle und

Abb. 9: Der falkenköpfige Gott Horus in zweifacher Ausführung, eine Gazelle bzw.
ein Nilpferd harpunierend und Gefangene vorführend, hinter ihm der Sonnengott Re und einer der Gehilfen des Horus, der mit einem Lasso ein Nilpferd
oder Krokodil fängt. [Edfu, ptolemäischer Horustempel: Horusmythos Szene
3 (Tableau 7); nach Schenkel, Wolfgang: Kultmythos und Märtyrerlegende.
GOF IV 5 (Wiesbaden: Harrassowitz 1977): 32 Abb. 3.]

meinen immer nur einen: den in dieser Zeit als Inkarnation des Bösen
angesehenen Gott Seth und seine Genossen, d.h. die Gegnerschaft der
durch Re vertretenen Schöpfungsordnung schlechthin. Nur gelegentlich treten in den standardisierten Begleittexten die bekannten Chaos-
motive hervor; dort, wo die Rebellen wie im Töpferorakel (s. o. S.
135) anfangen, sich gegenseitig niederzumetzeln,[39] tun sie das im
Schrecken vor dem Rächergott und zeigen weniger die Aussichtslo-
sigkeit der unheilvollen Lage an als deren beginnende Überwindung.
Wie sehr hier Mythos und Tempelkult verzahnt sind, geht schon aus
dem Aufzeichnungsort und deutlicher noch aus dem Versprechen des
Re hervor, er werde den Horus zum Dank für seinen befreienden Sie-
geszug mit Heiligtümern und Tempelpersonal ausstatten.[40] Tatsächlich schließt sich an die Schilderung des Triumphzugs eine Folge von

---

39 Episode 1 § 1.2 (6,3); Anhang § 16.5 (12,11), desgl. in der älteren Parallel-
überlieferung § A; vgl. Schenkel 1977.
40 Episode 12 § 12.2 (10,11-12); vgl. Schenkel 1977.

Szenen einer rituellen Siegesfeier an, die offenbar wirklich mit vielen
Beteiligten aufgeführt worden ist. In diesem Teil wirkt auch der König als Assistent des kriegerischen Horus oder als ein Festpriester mit,
ist ihm aber immer zu- und untergeordnet. Neben der alten mythischen Rolle des Seth, der dem Re die Apophisschlange in der Unterwelt vom Leibe zu halten hatte,

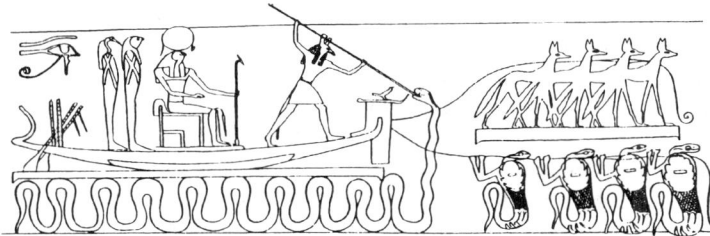

Abb. 10: Der Gott Seth, am Bug der von Schakalen und Uräusschlangen getreidelten
        Sonnenbarke die Apophisschlange abstechend. [Totenpapyrus B der Her-
        uben (3. Zwischenzeit, 21. Dynastie). Kairo, Ägyptisches Museum; nach
        Piankoff, Alexandre-Nina Rainbova, Mythological Payri (New York: Pan-
        theon 1957):75 Abb. 54.]

hat der göttliche Held hier auch die Position und Funktion der Könige
früherer Epochen übernomen. Er ist es, der die Gegner der Weltordnung bezwingt (vgl. Abb. 7-8), zu denen jetzt auch Seth gehört, und
nunmehr sind seine Leistungen auf den Mauern des Tempels verewigt
und magisch aktualisiert. Der Wandel macht anschaulich, in welchem
Grade Kult und Mythos die geschichtliche Wirklichkeit nicht mehr
nur begleiten und deuten, sondern ersetzen. Die Tempel sind zum
Schauplatz des Weltgeschehens geworden, auf dem der Kampf zwischen Kosmos und Chaos ausgetragen wird, und die Kultmythen sind
dazu da, den Anspruch der jeweiligen Tempelherrn auf Universalität
(und den des Kultortes auf Vorherrschaft) dadurch zu beweisen, daß
sie ihren Tempel als Knotenpunkt des Weltgeschehens darstellen. Das
Thema Weltuntergang zählt dabei als gewichtiges Argument, weil die
Gottheit in diesem Kontext als Ur- und Weltgott oder als dessen Helfer präsentiert werden kann.

5.6 Zaubertexte der Spätzeit und der Ptolemäer- und Römerzeit

In ganz anderer Funktion erscheint das Weltende in den Zaubertexten. Sie sollten nicht, wie die mit verwandtem magischen Instrumentarium operierenden Rituale, den Weltuntergang zum Heil der Allgemeinheit abwenden, sondern sie drohten im Gegenteil damit, ihn um individueller Ziele willen auszulösen. Die unerhörte Diskrepanz zwischen Mittel und Zweck – meist ging es darum, feindliche Wesen oder Krankheitserreger unschädlich zu machen – wird dem modernen Betrachter am ehesten verständlich, wenn er annimmt, daß die Zauberer von der erwünschten Wirkung ihrer Drohungen überzeugt waren und ausschlossen, daß sie sie in die Tat umsetzen mußten, oder daß sie sich die Möglichkeit offenhielten, dies auch in dem Fall zu unterlassen, daß die erhoffte Wirkung ausblieb.

Vielleicht gehen aber derlei psychologische Erklärungsversuche gänzlich fehl. Denn daß die Magier sich oft, wenn sie ihre Drohungen aussprachen, als Ur- und Allgötter ausgaben, bedeutet doch wohl nicht nur, daß sie sich deren Autorität und Kompetenz aneignen wollten, sondern auch, daß sie notfalls mit ihnen das Weltende überleben wollten. Mythische Präzedenzfälle, die häufig aus der bedrängten Lage der Gottesmutter Isis bezogen wurden, weil sie ihr Horuskind vor feindlichen Nachstellungen schützen mußte, wurden vorab erzählt oder anspielungsweise zitiert, um mit der götterweltlichen Parallele die Wirkung des Zaubers zu erhöhen. Vermutlich kam aber hinzu, daß der Zauberer, indem er nur noch vorgeprägtes mythisches Geschehen nachvollzog, in seinem ungeheuerlichen Alleingang entlastet werden sollte.

Wie die Abwehrriten des offiziellen Kults, so hat es Zauberpraktiken, die mit dem Weltende spielten, schon seit alters gegeben, wie der zitierte Pyramidenspruch (s. o. S. 127) beweist. Aber auch wenn die auf fragilen Materialien und oft im geheimen überlieferten magischen Texte älterer Epochen wenig Überlebenschancen hatten, so ist es wohl signifikant, daß die Quellen in der Zeit der Ptolemäer- und Römerherrschaft beträchtlich zunehmen. Das Vertrauen in die Stabilität der Wirklichkeit und der sie erhaltenden Strategien war tiefer Verunsicherung gewichen. Spätestens jetzt wurde der Weltuntergang auf allen Ebenen todernst genommen.

5.7 Königliche und private Totenliteratur

Das gilt erst recht für die Totenliteratur, in der das Thema von jeher zu Hause war, obwohl oder gerade weil das Totenreich nicht als außerweltlich, sondern als Teil des Kosmos verstanden wurde und daher den gleichen Risiken ausgesetzt war wie die Welt der Lebenden. Nur galten dort andere Maßstäbe: Wenn ihre Absichten gestört wurden, drohten der tote König der Pyramidentexte und der tote Privatmann in den Sargtexten, die Welt zum Einsturz zu bringen, wie es auf Erden nur professionelle Zauberer zu tun wagten (s. S. 127-129). Auch identifizierten sich die Verstorbenen mit dem Totengott Osiris und anderen Gottheiten, um sich deren Schicksal und Mächtigkeit anzueignen. So ist die Botschaft von einem Weltuntergang, nach dem nur der Schöpfergott und Osiris übrigbleiben würden (s. o. S. 121 f.), aus literarischen oder mythischen Kontexten zum Nutzen der Besitzer in Sargtexte bzw. Totenbuch aufgenommen worden. Sie garantierten ihnen, daß mit dem Totengott auch sie selbst überleben würden, weil sie, wie alle Verstorbenen, seinen Namen angenommen, vor ihren eigenen gesetzt und so ihr Jenseitsschicksal an das seine gebunden hatten. Zur Sicherheit behaupteten sie freilich außerdem sogar, der Allgott Atum oder Re zu sein.[41] Jedes Mittel war recht, um dem zweiten, endgültigen Tod zu entgehen, „nicht noch einmal zu sterben im Totenreich", wie es der Titel der Mythensammlung des Totenbuch-Kapitels 175 verheißt.[42]

Ging es in diesen Sprüchen aus dem privaten Totendienst darum, kosmische und individuelle Eschatologie zu verknüpfen, so bezweckte die Dekoration der Königsgräber des Neuen Reiches, mit den unterschiedlichen Bild-Text-Folgen von der nicht unangefochtenen, aber letztlich erfolgreichen Reise der Sonne durch die Gefilde des Jenseits den verstorbenen Pharao in das permanente Heilsgeschehen einzube-

---

41 Vgl. Otto 1977:16.
42 Vgl. Hornung 1979: 365.

ziehen. Der Mythos von der begonnenen Ausrottung der Menschheit
(s. o. S. 123) war vermutlich ebensowenig für diesen Zweck erdacht
worden wie die Weltuntergangsprognose des Atum für die zitierten
Totentexte (s.o. S. 121), ist aber nur in diesem Zusammenhang überliefert. Mit dem Bild der Himmelskuh, dem er beigeschrieben ist (vgl.
Abb. 2), wurde das Grab zum Kosmos und der König zum Zeugen für
den täglichen und nächtlichen Lauf von Sonne und Sternen, die sich
am Bauch der Kuh befinden; dadurch, daß er gelegentlich mit dem
stützenden Luftgott Schu identifiziert wurde,[43] rückte der Pharao in
eine tragende Götterrolle ein. Darüber hinaus hatte er – und das unterscheidet das Kuhbuch von den anderen Jenseitsbüchern – auch die
mythischen Vorgänge, die zur Trennung von Göttern und Menschen
geführt hatten, für Zeit und Ewigkeit vor Augen. Das konnte in der
Zeit unmittelbar nach dem Angriff des Echnaton auf die religiöse
Identität der Ägypter besonders notwendig geworden sein, denn es
vermittelte die Gewißheit, daß Re nicht nur bestrafte, sondern auch
verschonte. Bezeichnenderweise ist der Mythos von der Vernichtung
der rebellischen Menschheit zum ersten Mal im Grab von Echnatons
Nachfolger Tutanchamun bezeugt, und nur in seiner Version des
Textes wird der verstorbene Pharao von der kuhgestaltigen Flutgöttin
Mehet-weret eingeladen, mit Re und seinem Gefolge bei ihr zu ver-
weilen,[44] also gegebenenfalls auch die Rückkehr der Welt in ihren
Urzustand zu überstehen und an ihrer Schöpferkraft teilzuhaben.

Nicht den dramatischen Ereignissen einer mythischen Vergangenheit, sondern ausschließlich der Kenntnis dessen, was ständig im
Totenreich geschieht, sind die Jenseitsbücher gewidmet, deren Bilder
und Texte zur selben Zeit wie das Kuhbuch und in seiner räumlichen
Nähe auf die Wände der Pharaonengräber im Tal der Könige bei The-
ben graviert und gemalt worden sind. Hier ist die nächtliche Schiffs-
reise des Sonnengottes festgehalten einschließlich des riskanten
Kampfes gegen den Chaosdrachen Apophis, den Re schließlich immer
gewinnt, und der glücklichen Rückkehr der Sonne zum Leben auf der
Erde. Der Herrscher, in dessen Sargkammer sich dies abspielte, lag im
Zentrum der Ereignisse, welche die Welt im innersten zusammenhiel-

---

43 Vgl. Hornung 1982: 86f.
44 Vgl. Hornung 1982: 49f.

ten, so wie er zu Lebzeiten auf Erden für den Weltlauf verantwortlich gewesen war.

In der Spätzeit Ägyptens und unter dem Regiment der Ptolemäer und Römer gelang den privaten, also nicht-königlichen Zeitgenossen, sich diese ursprünglich dem König vorbehaltene Jenseitsliteratur zu eigenem Nutzen anzueignen. Sogar die Rituale, die, wie das Ritual für die Abwehr des Bösen (s. o. S. 138 f.), zugunsten der Gemeinschaft ausschließlich im Tempelkult zelebriert worden waren, wurden nun zusätzlich zu den herkömmlichen Totentexten in die Gräber mitgenommen, um der Angst der Individuen vor dem Weltuntergang und einem zweiten Sterben im Totenreich mit allen erreichbaren Mitteln zu wehren.

Schlußbemerkung

Die ägyptischen Vorstellungen vom Weltende sind zeitlich und räumlich und auch sozial weit gestreut und in Ausprägung und Relevanz überaus mannigfaltig. Dennoch meine ich, einige Konstanten feststellen zu können, die sich, aus dem ritualistischen Weltverständnis gelöst und in eine verallgemeinernde, entmythologisierende Diktion übertragen, etwa so ausnehmen:
- Die von Menschen bewohnte Welt ist immer bedroht.
- Zu ihrer Erhaltung bedarf es unablässiger unerhörter Anstrengung.
- Die dafür ausgebildeten Bewältigungsstrategien können versagen, wie soziale und kosmische Katastrophen zeigen.
- Die Natur in ihrer Ambivalenz von aufbauenden und zerstörenden Kräften ist nicht restlos beherrschbar.
- Der Mensch ist ursächlich und schuldhaft an der Gefährdung der Schöpfung beteiligt.
- Er verfügt über die Mittel, ihr Ende herbeizuführen, und wagt es, damit zu drohen.

So gesehen, scheinen die Einsichten der alten Ägypter uns, am Ende des zweiten nachchristlichen Jahrtausends, nicht allzu fern zu sein.

Zeittafel

Vordynastische Zeit	bis 3000 v. Chr.
Archaische Zeit	ca. 3000-2650 v. Chr.
Altes Reich	ca. 2650-2140 v. Chr.
Erste Zwischenzeit	ca. 2160-2040 v. Chr.
Mittleres Reich	ca. 2040-1785 v. Chr.
Zweite Zwischenzeit	ca. 1785-1560 v. Chr.
Neues Reich	ca. 1560-1070 v. Chr.
Dritte Zwischenzeit	1070-712 v. Chr.
Spätzeit	712-332 v. Chr.
Ptolemäerzeit	332-30 v. Chr.
Römerzeit	30 v. Chr.-395 n. Chr.

Literatur

Assmann, Jan 1975: *Zeit und Ewigkeit im alten* Ägypten. *Ein Beitrag zur Geschichte der Ewigkeit.* Abh. Heidelb. Ak. d. Wiss. Phil.-hist. Kl. 1975/1 (Heidelberg: Winter).

Assmann, Jan 1983: „Königsdogma und Heilserwartung. Politische und kultische Chaosbeschreibungen in ägyptischen Texten" in David Hellholm, ed., *Apocalypticism in the Mediterranean World and in the Near East* (Tübingen: Mohr): 345-77. Nachdruck in Jan Assmann: *Stein und Zeit. Mensch und Gesellschaft im alten Ägypten* (München: Fink 1991): 259-87.

Assmann, Jan 1996: *Ägypten. Eine Sinngeschichte* (München-Wien: Hanser).

Assmann, Jan 1996 a: „Denkformen des Endes in der altägyptischen Welt" in Karlheinz Stierle - Rainer Warning, ed.: *Das Ende. Figuren einer Denkform* (München: Fink): 1-31.

Barta, Winfried 1969: *Das Gespräch eines Mannes mit seinem BA (Papyrus Berlin 3024).* Münchner Ägyptologische Studien 18 (Berlin: Hessling).

Blumenthal, Elke 1996: „Die literarische Verarbeitung der Übergangszeit zwischen Altem und Mittlerem Reich" in Antonio Loprieno, ed., *Ancient Egyptian Literature. History and Forms.* Probleme der Ägyptologie 10 (Leiden -New York-Köln: Brill): 105-35.

Blumenthal, Elke 1999: „Der Vorwurf an Rensi. Gott und Mensch in den *Klagen des Bauern*" in Andrea M. Gnirs, ed.: Akten der Tagung „Cognitive, Cultural and Linguistic Aspects of Text Interpretation. The

Story of the Eloquent Peasant", Los Angeles, März 1997. Lingua Aegyptica 7, 1999.

Brunner, Hellmut 1986: „Weltende" in *Lexikon der Ägyptologie* 6 (Wiesbaden): 1213-4.

Burkard, Günter 1993: *Überlegungen zur Form ägyptischer Literatur. Die Geschichte des Schiffbrüchigen als literarisches Kunstwerk.* Ägypten und Altes Testament 22 (Wiesbaden: Harrassowitz).

Derchain-Urtel, Maria Theresia 1974: „Die Schlange des Schiffbrüchigen", *Studien zur altägyptischen Kultur* 1 (Hamburg): 83-104.

Faulkner, Raymond O. 1978: *The Ancient Egyptian Coffin Texts*, 3 Bde (Warminster: Aris & Phillips).

Helck, Wolfgang 1970: *Die Prophezeiung des Nfr.tj.* Kleine Ägyptische Texte (Wiesbaden: Harrassowitz).

Helck, Wolfgang 1995: *Die „Admonitions". Pap Leiden I 344 recto.* Kleine Ägyptische Texte 11 (Wiesbaden: Harrassowitz).

Hornung, Erik 1978: „Zeitliches Jenseits im alten Ägypten", *Eranos. Jahrbuch* 47 (Ascona): 269-307. Neudruck in Erik Hornung: *Geist der Pharaonenzeit* (Zürich-München: Artemis: 1989): 67-79.

Hornung, Erik 1979: *Das Totenbuch der Ägypter* (Zürich-München: Artemis).

Hornung, Erik 1982: *Der ägyptische Mythos von der Himmelskuh. Eine Ätiologie des Unvollkommenen.* Orbis Biblicus et Orientalis 46 (Fribourg-Göttingen: Universitätsverlag/Vandenhoeck & Ruprecht, 2. Aufl.).

Hornung, Erik 1990: *Dichtung am Hofe der Pharaonen. Gesänge vom Nil* (Zürich-München: Artemis).

Koenen, Ludwig 1968: „Die Prophezeiung des „Töpfers"", *Zeitschr. f. Papyrologie u. Epigraphik* 2 (Bonn): 178-209.

Kákosy, László 1963, 1981 „Schöpfung und Weltuntergang in der ägyptischen Religion", *Acta Antiqua Academiae Scientiarum Hungaricae* 11 (Budapest): 17-30. Nachdruck in László Kákosy: *Selected Papers (1956-73)*. Studia Aegyptiaca 7 (Budapest 1981): 55-68.

Kurth, Dieter 1987: „Zur Interpretation der Geschichte des Schiffbrüchigen", *Studien zur altägyptischen Kultur* 14 (Hamburg): 167-79.

Ockinga, Boyo G. 1983: „The Burden of Kha'kheperrē'sonbu", *The Journal of Egyptian Archaeology 69* (London): 88-95.

Otto, Eberhard 1962: „Zwei Paralleltexte zu TB 175", *Chronique d'Egypte* 37 (Bruxelles): 249-56.

Otto, Eberhard 1977: „Zur Komposition von Coffin Texts Spell 1130" in Jan Assmann u.a., ed., *Fragen an die altägyptische Literatur. Studien zum Gedenken an Eberhard Otto* (Wiesbaden: Reichert): 1-18.

Parkinson, Richard 1991: *The Tale of the Eloquent Peasant* (Oxford: Griffith Institute).

Sander-Hansen, Constantin E. 1956: *Die Texte der Metternichstele*. Analecta Aegyptiaca 7 (København: Munksgard).

Schenkel, Wolfgang 1977: *Kultmythos und Märtyrerlegende. Zur Kontinuität des ägyptischen Denkens.* Göttinger Orientforschungen IV 5 (Wiesbaden: Harrassowitz).

Schott, Siegfried 1954: *Die Deutung der Geheimnisse des Rituals für die Abwehr des Bösen. Eine altägyptische Übersetzung.* Abh. d. Akad. d. Wiss. u. d. Lit. Mainz, Geistes- u. sozialwiss. Kl. 1954/5 (Wiesbaden: Steiner).

Schott, Siegfried 1959: „Altägyptische Vorstellungen vom Weltende". *Studia Biblica et Orientalia 3. Analecta Biblica* 12 (Roma): 319-30.

Sitzler, Dorothea 1995: *Vorwurf gegen Gott. Ein religiöses Motiv im Alten Orient (Ägypten und Mesopotamien).* Studies in Oriental Religions 32 (Wiesbaden: Harrassowitz).

Die abgekürzt zitierten Quellenpublikationen ohne Übersetzung und Kommentar (Bibl Aeg, CT, Ostr DeM, Pyr, Ttb, Urk) sind hier nicht nachgewiesen, können aber über die jeweils angegebene Sekundärliteratur erschlossen werden.

(Alt-)Israelitische Vorstellungen vom Weltende

Siegfried Wagner

Um 1200 v. Chr. betraten die jüngsten Stammes- und Familienverbände des nachmaligen Israel[1] den syrisch-palästinischen Raum im Vorderen Orient. Das Territorium, auf dem sie sich ansiedelten, war von den Kanaanäern bewohnt, die in mehr oder weniger großen Stadtstaaten (mit Umland) organisiert waren und sich einem Mehrgottglauben verpflichtet fühlten. Die Einwanderer brachten eine eigene, sie prägende Gottesanschauung mit, deren Ausstrahlung verwandte Sippen und Stämmegruppierungen erfaßte, die schon vorher in Palästina Boden gewonnen hatten. Die Kraft des Glaubens an

---

1 Die Bezeichnung „Israel" ist leider nicht eindeutig. Sie steht für sehr unterschiedliche Phänomene. So wird sie als Name für eine Person, ein Land, eine Stämmevereinigung, ein Volk, einen (antiken bzw. modernen) Staat und als Symbolname für eine Glaubensgemeinschaft („altes" bzw. „neues" Israel") gebraucht. Im Zusammenhang dieser Untersuchung meint „Israel" und dementsprechend „israelitisch" eine Gruppe von Menschen, die in einem Familien-, Sippen- oder Stammes- bzw. Stämmeverband oder gar als (Teil-) Staat verfaßt ist und auf die die später kanonisierte Literatur des sogen. „Alten Testaments" zurückgeht. Außerkanonische israelitische, christliche und nachbiblisch-jüdische Literatur muß außer Betracht bleiben. Zu allem s. Weippert, RLA 5, 200-208; Zobel, ThWAT 3, 986-1012; Albertz, Thoma, Hübner, Kickel, TRE 16, 368-393; Gottwald, Tribes passim; bei den Genannten weitere Literatur. Im Sprachgebrauch des Alten Testaments stellt „Kanaanäer" einen Sammelbegriff für die Vorbewohnerschaft der nachmaligen israelitischen Wohngebiete dar.

den einen Gott Jahwe förderte den Zusammenschluß in regionaler
Stammesverbundenheit.

Etwa um die gleiche Zeit wanderten andere semitische Völkerschaften in das syrisch-palästinische Kulturland ein, die sehr rasch
Königtümer bildeten, so z.B. östlich des Jordans und des Toten Meeres die Ammoniter, Moabiter und Edomiter, deren Religiosität sich
der kanaanäischen stark anglich.[2]

Wenige Jahre vor der Wende zum 1. Jahrtausend erfolgte die Ei-
nigung der protoisraelitischen Stämme zu einem Staatsgebilde Israel
unter einem König, das aber seine Gliederung in mindestens zwei
Regionen behielt. Schon nach knapp hundert Jahren (Saul, David,
Salomo) zerfiel dieses Reich in zwei Teile (Nordreich Israel, Südreich
Juda). Auch diese beiden Teilstaaten behaupteten sich nur etwa zwei-
hundert bzw. dreihundertfünfzig Jahre als eigenständige politische
Größen. In den folgenden Jahrhunderten existierte „Israel" nur noch
als Tempel- bzw. Kultgemeinde weiter.

Die gegenüber den ursprünglich doch wohl nomadisierenden
protoisraelitischen Stämmen kulturell überlegenen Kanaanäer übten
einen starken Einfluß auf Lebensgestaltung, Sitte und Brauchtum der
Zuwanderer aus. Selbst der Kult der Vorbewohner war anzugskräftig.
Es gab von Anfang an Konflikte zwischen dem Jahweglauben und
dem Kanaanismus.[3]

Innerhalb des ersten vorchristlichen Jahrtausends entstand in Israel unter der Wirkkraft des Jahweglaubens eine vielschichtige Literatur[4], die sich als „Heilige Schrift" durchsetzte und ihre kanonische

---

2 Die nordisraelitischen Stammesgebiete grenzten an syrisch-phönizische
   (aramäische) Stadtstaaten. Im Westen siedelten an der palästinischen Küste
   die nichtsemitischen Philister. Auch sie übernahmen die kanaanäische Religion und Kultur, waren aber oligarchisch verfaßt.
3 Näheres in den Geschichtsdarstellungen von Herrmann; Gunneweg; Donner 1.2; speziell für die Spätzeit Janssen, Gottesvolk; Schäfer, Geschichte
   der Juden; Maier, Geschichte des Judentums; speziell zur Religionsgeschichte Albertz, Religionsgeschichte 1.2.
4 Vgl. Kaiser, Einleitung; Smend, Entstehung.

Bedeutung[5] in Judentum und Christentum bis heute behalten hat. In abgeleiteter Form wirkt sie auch in den Islam hinein.

1 Weltentstehung als Voraussetzung für Weltende

Zufolge eines in Israel sich ausprägenden geschichtlichen Denkens hat alles Bestehende einen Anfang und ein Ende (Ziel). So ist im Prozeß der Aufstellung des Schriftenkanons Israels den Geschichtserzählungen die „Urgeschichte" (Genesis 1-11) vorangestellt worden, die mit zwei aus unterschiedlichen Zeiten stammenden Schöpfungsberichten[6] (Gen 1,1-2,4a P; 2,4b-3,24 J) beginnt.

Nach diesen hat der außer- und überweltliche Gott Israels, Jahwe, der letztlich auch der Gott der Juden und Christen ist, der selbst nicht Teil der Welt, aber in einem entschiedenen Selbstbeschluß ihr unbedingt zugewandt ist und bleibt, am Anfang Himmel und Erde, Sonne, Mond und Sterne, Festland und Meere, Pflanzen und Tiere sowie den Menschen geschaffen. Der Mensch ist als einziges Schöpfungswerk nach Gottes Bild und in der Gottähnlichkeit gemacht und als vernunftbegabtes Wesen zur Gemeinschaft mit Gott bestimmt, was sich in der Ansprechbarkeit durch Gott und in der Befähigung zur Antwort von seiten des Menschen ausdrückt (Gen 1,26-28 P). Von Gott als Herrscher in der Welt eingesetzt wird der Mensch beauftragt, diese „zu gestalten und zu bewahren" (Gen 2,15 J).[7] Er ist Gott gegenüber in Zutrauen und Gehorsam für sein Tun verantwortlich. Auf Grund

---

5 Zur Kanonsproblematik s. Barr, Holy Scripture; Childs, Introduction. Vgl. Anm. 3.

6 In der Pentateuchforschung ist seit längerem bekannt, daß in Gen 1-3 zwei Schöpfungsberichte vorliegen, der priesterschriftliche (P) und der jahwistische (J). Sie unterscheiden sich in der Wortwahl, im Gebrauch unterschiedlicher Redefiguren und in der Erzählweise. J wird um 950 v.Chr. und P um 550 v.Chr. angesetzt. Zu weiteren Differenzierungen von J und P s. Kaiser, Einleitung, § 8.10; Smend, Entstehung, § 9.14.

7 Vgl. Gottes Schöpfungsauftrag an den Menschen, die Erde zu beherrschen und sich untertan zu machen (Gen 1,26.28 P), nach welchem dieser zum Weltherrscher bestellt wird.

seiner Ausstattung (Psalm 8)[8] will er sich aber durch niemanden begrenzen lassen, auch nicht durch Gott, sondern selber wie Gott sein und sein Leben autonom führen. Der Bruch mit Gott (Gen 3 J) treibt den Menschen zur Selbsttranszendierung und zum Verlust der (Mit-) Menschlichkeit. Er überzieht die ganze Welt mit Gewalt und Frevel und verdirbt sie (Gen 6,11f P).[9]

2 Weltendevorstellungen

2.1 Sintflut als Weltende?

Der Sintfluterzählung in Gen 6,5-9,17 liegen zwei verschiedene Berichte (J; P) zugrunde, die von den gleichen Verfassern stammen wie die Schöpfungsgeschichten. Im Gegensatz zu jenen sind die Fluterzählungen später stark ineinandergearbeitet, so daß es einer eingehenden literarkritischen Untersuchung bedarf, um die unterschiedliche Akzentuierung zu erkennen.

Als Gott gesehen hatte, daß die Welt durch den emanzipierten Menschen verdorben worden war, reute[10] es ihn, daß er die Erde und die Menschen geschaffen hatte, und er beschloß deren Vernichtung durch eine weltumspannende Sintflut. Nach dem antik-vorderorientalischen Weltbild brauchten nur die Schleusen der Himmelsglocke (*firmamentum*) und der auf dem Wasser schwimmenden Erdscheibe (*terra*) geöffnet zu werden, um den Erdkreis mit den chaotischen Urfluten des darüber bzw. darunter befindlichen *abyssus* zu überfluten und alles Leben zu vernichten. Die Schöpfung, bei der

---

8 Ps 8,6.7: „Du hast ihm von Gott her gesehen (nur) wenig mangeln lassen und mit Ehre und mit Hoheit hast du ihn gekrönt. Du läßt ihn herrschen über die Werke dei ner Hände, alles hast du unter seine Füße getan." Nach dieser Prädikation ist der Mensch ein „Beinahe-Gott".

9 Weiterführendes und Vertiefendes zu dem in Kapitel II Dargestellten findet sich in der umfangreichen Kommentarliteratur zur Genesis, so z.B. bei v.Rad, ATD 2-4; Zimmerli. ZBK AT 1./1; Westermann, BK I/1; Ruppert, Genesis; Soggin, Genesis. Außerdem: Schmidt, W. , Schöpfungsgeschichte; Rüterswörden, dominium terrae.

10 Gen 6,5-7 J, dazu neuerdings Jeremias, Reue Gottes, 19ff.

die Urgewässer (Gen 1,2) geteilt und in die Abgründe oberhalb des Himmels und unterhalb der Erde (Gen 1,6ff; 6,11 P) verbannt worden waren, fiel damit in das gestaltlose Chaos zurück.

In einer unableitbaren und unbefragbaren Inkonsequenz, die letztlich zugunsten von Welt und Mensch ausschlägt, läßt der von Israel bezeugte Gott eine Menschenfamilie, die des Noah, und je ein Paar (P) bzw. sieben Paare (J)[11] von allen Tieren das Inferno in einer Arche überleben. Nachdem über einen gewissen Zeitraum[12] hinweg die alles Leben vernichtenden Wassermassen auf Erden getobt hatten, „gedachte" Gott[13] der in den Holzkasten eingeschlossenen Überlebenden, ließ Wind aufkommen und verstopfte die Schleusen des Erdbodens und der Himmelsfeste, so daß die Wasser sinken und die Berge und das Land allmählich wieder hervortreten konnten (Gen 8,1ff P u. J).

Als die Fluten sich verlaufen hatten, betritt Noah mit seiner Familie und den hinübergeretteten Tieren die wiedergeschenkte Erde. Während einer Dankopferszene garantiert Gott dem Noah den Weiterbestand der Welt unter dem Vorbehalt „solange die Tage der Erde (währen)" in der kontinuierlichen Wiederkehr der Gezeiten von „Saat und Ernte, Frost und Hitze, Sommer und Winter, Tag und Nacht" (Gen 8,22 J). Als sichtbares Zeichen dieses Bundes setzt Gott den Regenbogen an den Himmel (Gen 9,13-17 P).

Durch das Heraufführen der Sintflut hat Gott in seiner Eiferheiligkeit sinnfällig seinen Zorneswillen über allen Vertrauens- und Treuebruch des sich selber vergottenden Menschen offenbart und die urgeschichtliche Welt unwiederbringlich zugrundegehen lassen. Zugleich stellt er in der Gestalt des Noah, den er als gerecht und fromm erklärt (Gen 6,9 P), in den mit ihm geretteten Angehörigen und den Tieren die Kontinuität zur vergangenen Weltepoche her. Die Davongekommenen befinden sich nach dem Verlassen der Arche auf keiner

---

11 Zusätzlich zu den sieben (reinen) Tierpaaren nimmt Noah nach J noch ein Paar von unreinen Tieren in die Arche auf (Gen 7,2).

12 Die Dauer der Sintflut wird Gen 7,4.12.17 nach J mit 40 Tagen (und 40 Nächten), nach P in Gen 7,24; 8,3b mit 150 Tagen angegeben.

13 Das Verb „gedenken" (hebr. *zakar*) in Gen 8,1 P ist theologisch stark angereichert im Sinne des heilvollen Handelns Gottes. S. Schottroff, THAT I, 514.

anderen Erde als der vorherigen, wie sie aus den Fluten wieder emporgetaucht ist. Deren Bestand wird durch den Selbstbeschluß Gottes, der in unergründlicher Barmherzigkeit Mensch und Welt zugewendet bleibt, gesichert: „Nicht will ich weiter fortfahren, zu verfluchen den Erdboden um des Menschen willen [...] und nicht will ich weiter fortfahren, alles Leben zu schlagen, so wie ich es getan habe" (Gen 8,21b J). Von der Erschaffung einer neuen Welt verlautet in den Berichten nichts. So wird die Frage nach dem eigentlichen Weltende offengehalten.

Daß die israelitischen Fluterzählungen in stofflicher Hinsicht Anteil an den einschlägigen mesopotamischen Mythen[14] haben, darf nicht wundernehmen, gehörte doch Israel geographisch und ethnographisch in den Kreis der semitischen Völkerschaften Alt-Vorderasiens hinein. Eine literarische Einflußnahme auf die israelitische Literatur ist darum nicht von vornherein auszuschließen.

Es besteht aber kein Zweifel darüber, daß die durch den Jahweglauben geprägte spezifische Theologie und Anthropologie, die in den Sintflutgeschichten zum Ausdruck kommen wollen, den altorientalischen Mythos von der großen Flut zu einem Schriftdokument *sui generis* umgestaltet haben.[15]

2.2 Weltendevorstellungen in der Apokalyptik

In den rund vierhundert Jahren zwischen 200 v.Chr. und 200 n.Chr. entfaltete sich in der Geschichte des israelitisch-judäischen und jüdischen Volkes eine lebhafte geistige Bewegung, die Apokalyptik[16], in

---

14 Aus dem antiken Zweistromland sind zahlreiche Sintflutüberlieferungen erhalten geblieben. Am ausführlichsten kommt das Flutthema im Atrahasis- und im Gilgamesch-Epos zur Sprache, vgl. Lambert-Millard, Atrahasis und Heidel, Gilgamesh Epic; s. auch ANET, 93ff; 104ff.

15 Zu den altorientalistischen Vorstellungen vom Weltende nimmt C. Wilcke in diesem Band Stellung.

16 In der nachexilischen prophetischen Literatur des Alten Testaments (von 586 v.Chr. an) hat man zuweilen apokalyptische Anschauungen in den (eschatologischen) Zukunftsankündigungen finden wollen. Dies gilt auch für die sog. „Nachtgesichte" des Propheten Sacharja (Kap. 1-8), der um

welcher Endzeitvorstellungen besonders intensiv reflektiert wurden. Sie brachte eine umfangreiche Literatur hervor, von der aber nur ein kleiner Teil Aufnahme in den israelitschen Schriftenkanon gefunden hat. Hierzu gehören u.a. das Buch Daniel, einige Kapitel aus dem Buch des Protojesaja (Kap. 24-27) und wenige Verse aus der Hinterlassenschaft des Tritojesaja (in Kap. 65 und 66).[17] Für die Behandlung der Weltende-Thematik ist es auch wichtig, einen Blick auf das Prophetenbuch Ezechiel (Kap. 37,1-14) zu werfen.

2.2.1 Die Vernichtung der Gesamtheit von Weltgeschichte im Bilde einer zerstörten Kolossalstatue (Dan 2)

Im zweiten Kapitel des Buches Daniel[18] begreift der Apokalyptiker Welt als Einheit von Weltgeschichte, die wie in einer Kolossalstatue zusammengefaßt im Traumgesicht von dem neubabylonischen König Nebukadnezar und danach von Daniel selbst erschaut wird. Die Statue ist aus vier verschiedenen Segmenten zusammengesetzt, die vier aufeinanderfolgende Weltreiche[19] symbolisieren. Die für die Gestaltung

---

520 v.Chr. in Jerusalem aufgetreten ist. Allerdings befaßt er sich nicht mit dem Thema „Weltende". Dazu Gese, Apokalyptik.

17 Außerkanonische apokalyptische Texte sind gesammelt in Kautzsch, Apokryphen und Pseudepigraphen; Rießler, Altjüdisches Schrifttum; JSHRZ V. Umfassend informieren über Apokalyptik, ihren Geist und ihr Wesen TRE Bd. 3, 189ff; Schreiner, Alttestamentlich-jüdische Apokalyptik; Vielhauer, NTApo 2, 407ff.

18 Koch, Daniel, EdF 144; TRE 8, 325ff; Bentzen, HAT I/19; Plöger, KAT 18; Porteous, ATD 23; Lebram, ZBK AT 23.

19 Die Zahl vier ist eine Symbolzahl, die z.B. bei der Angabe von vier Weltreichen die Gesamtheit von Weltgeschichte partitiv versinnbildlicht. Für die Identifizierung der Weltreiche sind in der Forschungsgeschichte unterschiedliche Vorschläge gemacht worden. Eine mögliche Abfolge ist diese: Babylonier (Nebukadnezar), Perser, Griechen, Römer. In der Danielexegese wird im Blick auf Kap. 11 immer wieder erwogen, für das letzte, besonders brutal herrschende Königtum an das der Seleukiden zu denken, insbesondere an die Schreckensherrschaft des Antiochus IV Epiphanes im syrisch-palästinischen Raum (175-164 v.Chr.). Der Anlaß zur Entstehung des Danielbuches war vermutlich die Entweihung des Tempels in Jerusa-

der einzelnen Körperteile verwendeten Materialien Gold, Silber, Bronze und Eisen (z.T. mit Ton vermischt) stehen für eine abnehmende Wertigkeit[20] der ganze Epochen bestimmenden Königtümer. Der Visionär umfaßt in dem Augenblick seiner Schauung die Gesamtheit der Weltgeschichte von ihrem Anfang bis zu ihrem Ende, das für ihn noch in der Zukunft liegt. Im Verlauf des Visionserlebnisses wird ein Stein ohne menschliches Zutun herabgerissen, der die Statue zerschlägt und sich zu einem Berg auswächst, der die ganze Erde füllt. In der darauffolgenden Deutung durch den Seher Daniel stellt der Stein das Königreich Gottes dar, das unzerstörbar ist und ewig bleiben wird (Dan 2,34.35.44.45). Weltende wird hier nicht nur als Abbruch, sondern als Vernichtung von Weltgeschichte durch die Aufrichtung des Gottesreiches verstanden.

2.2.2 Weltende als Weltendgericht Gottes (Dan 7)

Das in Dan 7 entworfene Traumbild, welches Daniel als Nachtgesicht schaut, veranschaulicht ähnliche Gedanken wie das Bild von der Kolossalstatue in Kap. 2. Allerdings gibt es auch bemerkenswerte Unterschiede zwischen den beiden Visionsberichten. Hier entsteigen dem von den vier Himmelsstürmen aufgewühlten Urmeer nacheinander vier gewalttätige Tiere, eines gräßlicher als das andere, Löwe, Bär, Parder und das vierte, besonders brutale, nicht näher bezeichnete. Diese versinnbildlichen vier großmächtige Weltreiche, deren letztes die vorangegangenen an Gewalt, Rechtlosigkeit und Grausamkeit überbietet. Auch in diesem apokalyptischen Text gelangt der einheitliche Weltgeschichtsverlauf an seine Grenze, wenn nicht an ein Ende, diesmal jedoch durch die feierlich-erhabene Gerichtsszene im Himmel, die zur Verurteilung aller Weltreiche und besonders zur Vernichtung des letzten durch den „Uralten", den Gott Israels, führt (Dan 7,9 u. ff). Im Fortgang des Visionserlebnisses erscheint mit den Wolken des Himmels eine weitere personhafte Gestalt „wie die eines Men-

---

lem und das Verbot der jüdischen Kultausübung zugunsten der Anbetung des olympischen Zeus (167 v.Chr.).

20 Diese negative Sicht ist ein typischer Zug apokalyptischer Geschichtsauffassung.

schen(sohns)".[21] Dieser wird zur Audienz vor den „Alten an Tagen"
geführt, der ihm „Gewalt, Ehre und Königtum" überträgt. Alle
„Völker, Nationen und Zungen" müssen ihm dienen, und seine Herrschaft soll ewig währen (Dan 7,13f). In der Ausdeutung des nächtlichen Traumgesichts durch einen *angelus interpres* werden die
„Heiligen des Höchsten" bzw. das „Volk der Heiligen des Höchsten"
(Dan 7,18.22.27), die hier für das ewig andauernde Gottesreich stehen, in die Königsherrschaft eingesetzt. Da die Machtübergabe in
Traum und Deutung an eine je unterschiedliche personale Größe er-
folgt, ist die Auffassung vertreten worden, daß der „Menschensohn"
mit dem „Volk der Heiligen des Höchsten"[22] identisch ist.[23]

In der apokalyptischen Visionserzählung von Dan 7 stellt sich
Weltende als Folge des Weltgerichtsurteils dar, das „der Höchste"
fällt, der kein anderer als der „Alte an Tagen", als der Gott Israels ist.
Unter den „Heiligen des Höchsten" bzw. dem „Volk der Heiligen des
Höchsten" kann wohl nur das Volk Israel verstanden werden. Hier
fließt ein israelitozentrischer Zug in die Darstellung ein. Mit dem
Gottesvolk Israel kommt die Botschaft von dem (künftigen) Gottes-
reich in die Welt.

2.2.3 Totenauferstehung am Weltende

Der Gedanke eines Welt- oder Endgerichts ist in der allgemeinen
Apokalyptik stark ausgebildet, wird aber in die kanonische Überliefe-
rung Israels nur zurückhaltend aufgenommen. Das Gericht nimmt eine
Differenzierung der Menschen in solche, die als Gerechte zum ewigen

---

21 Das Menschensohn-Thema wird auch in den außerkanonischen apokalyptischen Schriften behandelt, so z.B. im äthiopischen Henochbuch
XXXVII-LXXI (z.B. XLVI,1ff; XLVIII,2ff, zugänglich in JSHRZ V/6,
586ff.590ff) und im 4. Buch Esra XIII,1-13a.25-52 (JSHRZ V/4, 393-
395.396-399). Vgl. ThWNT 8, 422-431; EWNT III, 927f.

22 Nach dem kanonischen hebräischen (= masoretischen) Text müßte es heißen „Heilige *der* Höchsten", die anderen Versionen bevorzugen den Singular „Heilige *des* Höchsten". S. BHS z.St.

23 Die Diskussion über das Verhältnis des Menschensohns zu den Heiligen
des Höchsten wird bei Koch, EdF 144, 216-239 geführt.

Leben gelangen, und in solche, die als Frevler und Sünder in ewige
Schmach und Schande verstoßen werden, vor. In diesem Zusammenhang erstehen am Weltende alle Menschen vom Tode, um das Gerichtsurteil zu empfangen (Dan 12,1-4). Der apokalyptische Seher
Daniel erhält den Zuspruch: „Du aber, gehe zum Ende hin und ruhe
und stehe auf zu deinem Los am Ende der Tage" (Dan 12,13).[24]

In der kleinen Apokalypse, die im Protojesajabuch erhalten ist
(Jes 24-27), scheint grundsätzlicher von Totenauferstehung gesprochen zu sein. Die Belegstellen sind leider wegen Textverderbnis nur
schwer übersetzbar. Immerhin ist ihnen so viel zu entnehmen, daß zu
den Freuden der eschatologischen Heilszeit (Jes 25,6f) auch die Aufhebung der Begrenzung des Lebens durch den Tod gehört. Gott wird
ihn vernichten für immer und ein Leben ohne Leid, Tränen und
Schmach für sein Volk aufrichten (Jes 25,8). Ferner wird in einem
Gottesspruch gegenüber der Hoffnungslosigkeit, die sich im unterdrückten Gottesvolk breitgemacht hat (Jes 26,13-18), von seiten des
unbekannten Apokalyptikers die feste Zuversicht zum Ausdruck gebracht:

> Leben sollen deine Toten, meine Leichen auferstehn! Erwacht und jubelt,
> ihr Bewohner des Staubes! Denn Tau der Lichter (?) ist dein Tau, so daß
> die Erde die Schatten gebiert. (Jes 26,19).

Der Zusammenhang von Weltendevorstellung und Totenauferstehung
bezieht sich in den vorstehend genannten Textstellen in starker Konzentration auf das Schicksal des von Gott auserwählten Volkes Israel,
das in der Auferstehung am Ende der Zeiten die Erlösung aus Verfolgung, Gewalt und Tod erfahren und Zeuge der Vernichtung der ihm
feindlich gegenüberstehenden Welt sein wird.[25]

---

24 Vgl. die in Anm. 17 genannten Kommentare zum Buch Daniel; s. weiterhin Koch, EdF 144, 239-246; in der außerkanonischen apokalyptischen
Literatur s. vor allem äthiopisches Henochbuch, 4. Esrabuch sowie syrische Baruch-Apokalypse; TRE 4, 443-446.
25 Die kleine Jesaja-Apokalypse ist möglicherweise schon im 3. Jh.v.Chr.
entstanden. Neben der Literatur zur Apokalyptik sind einzusehen: Kaiser,
ATD 18; Wildberger, BK AT X/2; Fohrer, Jesaja ZBK AT 19/2; Höffken,
Jesaja NSK-AT 18/1.

Nur anhangsweise sei auf die Wiederbelebung von Totengebeinen in der Verkündigung des Propheten Ezechiel (Kap. 37,1-14) hingewiesen. Der Visionär wird in einem ekstatischen Entrückungserlebnis auf ein Schlachtfeld geführt, das übersät ist mit vermorschten Knochen. Die Niederlage muß total gewesen sein, eine Zukunft für die Gefallenen kann es nicht mehr geben. In diesem Bereich der potenzierten Todeswirklichkeit empfängt der Prophet von Gott den Auftrag, durch das Wort der Verkündigung den lebensschaffenden Geist über die Totengebeine zu entbieten. Im Vollzug des Wortgeschehens erstehen die Toten zu einem sehr, sehr großen Heer von Lebenden. Hier bedeutet Totenauferstehung allerdings Verlebendigung von gestorbener Geschichte: Israel wird als auferstandenes Volk auf seiner Ackerscholle wiedereingesetzt. Bedeutet Tod das Ende, so weist dieser „Auf-erstehungsbericht" auf die jedes Ende überschreitende und überwindende Macht des israelitischen Gottes hin.[26]

3 Der neue Himmel und die neue Erde

In späten prophetischen Texten wie Tritojesaja (Jes 56-66) werden ein neuer Himmel und eine neue Erde angekündigt, die Gott schaffen will (Jes 65,17ff; 66,22). Deren Konturen lassen sich nur als Gegenentwurf zu der vorfindlichen Welt(misere) zeichnen. Als inhaltliches Charakteristikum der neuen Welt wird all das genannt, was an Negativem und Zerstörerischen dann nicht mehr vorhanden sein wird (Leid, Tränen, Vergeblichkeit, Lebensschwäche u.a.m.). Dieser Topos von dem neuen Himmel und der neuen Erde setzt selbstverständlich das Ende der gegenwärtigen Welt voraus.[27]

---

26 Näheres dazu in den Kommentaren zum Buch Ezechiel, z.B. Zimmerli, BK AT XIII/2; Fuhs, NEB 22; s. auch Wagner, BZAW 240, 151-168.

27 Vgl. Fohrer, ZBK AT 19/3; Westermann, ATD 19. In der jüdisch-pseudepigraphischen Literatur wird zurückhaltend von der „neuen Schöpfung (Welt)" gesprochen, auf die die Apokalyptiker hoffen und warten, da die vorfindliche (erste) Welt von Grund auf verdorben und dem Untergang verfallen ist (u.a. äthiop. Henochbuch LXXII,1; 4.Esrabuch VII,75; syr. Baruch-Apokalypse XXXII,6; XLIV,12). ÄthHen XCI,16 erwähnt den „neuen Himmel". Vorstehendes findet sich in JSHRZ V. Auch im

4 Schlußbemerkungen

Innerhalb des kanonischen Schrifttums Israels ist nur an wenigen Stellen von Weltende die Rede. Dort, wo davon gesprochen wird, geschieht dies in ausdrucksstarker Weise. Auffällig ist, daß nirgends eine Theorie des Weltendes entwickelt wird. Unterschiedliche Vorstellungen stehen unausgeglichen nebeneinander. Die Thematik bleibt vom frühesten Zeitpunkt ihrer Behandlung an über Jahrhunderte hinweg erhalten. Die Sintflutkatastrophe, die nur in einem eingeschränkten Sinn ein Weltende bedeutet hat, erfährt eine theologisch-anthropologische Begründung in der Vermessenheit des Menschen Gott gegenüber und dem Überziehen der Welt mit Gewalttat. Für die Apokalyptik ist die verfehlte Weltgeschichte Anlaß und Ursache für deren Abbruch und Vernichtung nach einem Gottesgericht und für die Aufrichtung des unzerstörbaren ewigen Gottesreiches. In diesem Zusammenhang erhalten der „Menschensohn" als eine messianische Gestalt und die „Heiligen des Höchsten" als Gottesvolk eine entscheidende herrscherliche Funktion. Nach apokalyptischer Überzeugung wird am Ende der Tage die Zerstörung des Lebens durch den Tod aufgehoben sein. Das auserwählte Volk Israel steht im Mittelpunkt des Heilsgeschehens bei der Erschaffung eines neuen Himmels und einer neuen Erde.

Weltende ist nach den vorstehenden Untersuchungen in keinem einzigen der Fälle ein naturhaftes, wertfreies Geschehen. Im Gegensatz zu seiner altorientalischen Umwelt ist Israel nicht einem zyklischen Geschichtsverständnis verpflichtet, sondern eher einem linearen oder besser gesagt einem teleologischen. Weltende stellt sich ihm als ein von Gottes Seite her disqualifiziertes Ereignis dar, als Reaktion Gottes auf die menschliche Rebellion gegen ihn, durch welche der Mensch den göttlichen Auftrag, über die Welt zu herrschen, die eigentliche Sinngebung für sein Menschsein, korrumpiert hat, was immer wieder zur Vergewaltigung von Welt durch den Menschen

---

Buch der Jubiläen I,29 (JSHRZ II, 320) ist von der „neuen Schöpfung" in der Differenzierung von Himmel und Erde die Rede. Die Apokalypse des Johannes im Neuen Testament (21,1; vgl. 20,11) nimmt offenkundig die Ankündigungen vom neuen Himmel und der neuen Erde aus Tritojesaja auf, vgl. Kraft, HNT 16a z.ST.

geführt hat und führt. Mit der Statuierung und Vollendung des ewig-
währenden Gottesreiches über das Weltende hinaus gelangt Gott an
das endgültige Ziel seiner Schöpfung, zur unverbrüchlichen Gemeinschaft mit allen Menschen, die sich von ihm haben rechtfertigen und
heiligen lassen.

Literatur

Albertz, Rainer: Art. Israel I., *TRE 16* (1987), Studienausg. 1993, 368-379
Albertz, Rainer: Religionsgeschichte Israels in alttestamentlicher Zeit. 1.2.
    Göttingen 1992 (*Grundrisse zum Alten Testament*; 8/1; 8/2)
Barr, James: Holy Scripture: Canon, Authority, Criticism. Oxford 1983
Bentzen, Aage: Daniel. Tübingen, 2. Aufl. 1952 (*HAT*; I/19)
Childs, Brevard S.: Introduction to the Old Testament as Scripture. London
    ²1983
Colpe, Carsten: Art. *ho hyios toy anthropoy* [der Menschensohn], in: *ThWNT*
    VIII 1969, 422-431
Donner, Herbert: Geschichte des Volkes Israel und seiner Nachbarn in
    Grundzügen. 1.2. Göttingen, 2. Aufl. 1995 (*Grundrisse zum Alten Testa-
    ment*; 4/1; 4/2)
Fohrer, Georg: Das Buch Jesaja: 2. Band Kapitel 24-39. Zürich ³1991 (*ZBK
    AT*; 19/2)
Fohrer, Georg: Das Buch Jesaja: 3. Band Kapitel 40-66. Zürich ²1986 (*ZBK
    AT*; 19/3)
Fuhs, Hans F.: Ezechiel 25-48.Würzburg 1988 (*NEB*; 22)
Gese, Hartmut: Anfang und Ende der Apokalyptik, dargestellt am Sacharja-
    buch. *ZThK 70* (1973), 20-49. Wiederabgedruckt in: Ders.: Vom Sinai
    zum Zion: Alttestamentliche Beiträge zur biblischen Theologie. München
    1974, 202-230 (*BevTh*, 64)
Gottwald, Norman K.: The Tribes of Yahweh: A Sociology of the Religion of
    Liberated Israel, 1250-1050 B.C.E. Maryknoll ²1981
Gunneweg, Antonius H.J.: Geschichte Israels bis Bar Kochba und von Theo-
    dor Herzl bis zur Gegenwart. Stuttgart u.a. ⁶1989 (*Theologische Wissen-
    schaft*; 2)
Hahn, Ferdinand: Art. *hyios* (5. „Menschensohn"), in: Horst Balz / Gerhard
    Schneider (Hrsg.): *Exegetisches Wörterbuch zum Neuen Testament
    [EWNT] III*. Stuttgart u.a. 1983, 927f
Heidel, Alexander: The Gilgamesh Epic and Old Testament Parallels. Chica-
    go ²1949 (1963)

Herrmann, Siegfried: Geschichte Israels in alttestamentlicher Zeit. München ^{2}1980

Höffken, Peter: Das Buch Jesaja 1-39. Stuttgart 1993 (*NSK-AT*; 18/1)

Hübner, Hans: Art. Israel III., *TRE 16* (1987), Studienausg. 1993, 383-389

Janssen, Enno: Das Gottesvolk und seine Geschichte: Geschichtsbild und Selbstverständnis im palästinensischen Judentum von Jesus Sirach bis Jehuda ha-Nasi. Neukirchen-Vluyn 1971

Jeremias, Jörg: Die Reue Gottes: Aspekte alttestamentlicher Gottesvorstellung. Neukirchen-Vluyn, 2. Aufl. 1997 (*BThSt*; 31)

Kautzsch, Emil: Die Apokryphen und Pseudepigraphen des Alten Testaments. I. II. Tübingen u.a. 1900

Kaiser, Otto: Der Prophet Jesaja: Kapitel 13-39. Göttingen ^{3}1983 (*ATD*; 18)

Kaiser, Otto: Einleitung in das Alte Testament: Eine Einführung in ihre Ergebnisse und Probleme. Gütersloh, 5. Aufl. 1984

Kickel, Walter: Art. Israel IV., *TRE 16* (1987), Studienausg. 1993, 389-393

Koch, Klaus unter Mitarbeit von Till Niewisch und Jürgen Tubach: Das Buch Daniel. Darmstadt 1980 (*EdF*; 144)

Kraft, Heinz: Die Offenbarung des Johannes. Tübingen 1974 (*HNT*; 16a)

Kümmel, Werner Georg u.a. (Hrsgg.): Jüdische Schriften aus hellenistisch-römischer Zeit (*JSHRZ*). II.V. Gütersloh

Lambert, Wilfred George and Alan Ralph Millard: Atra-Hasis: The Babylonian Story of the Flood: with The Sumerian Flood Story by Miguel Civil. Oxford 1969

Lebram, Jürgen[-Christian]: Art. Apokalyptik II, *TRE 3* (1978), Studienausg. 1993, 192-202

Lebram, Jürgen[-Christian]: Art. Daniel/Danielbuch und Zusätze. *TRE 8* (1981), Studienausg. 1993, 325-349

Lebram, Jürgen-Christian: Das Buch Daniel. Zürich 1984 (*ZBK AT*; 23)

Maier, Johann: Geschichte des Judentums im Altertum: Grundzüge. Darmstadt ^{2}1989

Müller, Karlheinz: Art. Apokalyptik III., *TRE 3* (1978), Studienausg. 1993, 202-251

Plöger, Otto: Das Buch Daniel. Gütersloh 1965 (*KAT*; XVIII)

Porteous, Norman W.: Das Danielbuch. Göttingen ^{4}1985 (*ATD*; 23)

Pritchard, James B. (ed.): Ancient Near Eastern Texts relating to the Old Testament (*ANET*). Princeton New Jersey, Third Edition with Supplement 1969

v.Rad, Gerhard: Das erste Buch Mose Genesis. Göttingen ^{12}1987 (*ATD*; 2-4)

Rießler, Paul: Altjüdisches Schrifttum außerhalb der Bibel. Augsburg 1928

Rüterswörden, Udo: dominium terrae: Studien zur Genese einer alttestamentlichen Vorstellung. Berlin; NewYork 1993 (*BZAW*; 215)

Ruppert, Lothar: Genesis: 1. Teilband Gen 1,1-11,26: Ein kritischer und theologischer Kommentar. Würzburg 1992

Schäfer, Peter: Geschichte der Juden in der Antike: die Juden Palästinas von Alexander dem Großen bis zur arabischen Eroberung. Stuttgart; Neukirchen-Vluyn 1983

Schmidt, Werner H.: Die Schöpfungsgeschichte der Priesterschrift: Zur Überlieferungsgeschichte von Genesis 1,1-2,4a [P] und 2,4b-3,24 [J]. Neukirchen-Vluyn, 3. Aufl. 1973 (*WMANT*; 17)

Schottroff, Willi: Art. *zkr* gedenken. *THAT I*, [5]1994

Schreiner, Josef: Alttestamentlich-Jüdische Apokalyptik: Eine Einführung. München 1969 (*Biblische Handbibliothek*; VI)

Smend, Rudolf: Die Entstehung des Alten Testaments. Stuttgart u.a. , 5. Aufl. 1995

Soggin, J. Alberto: Das Buch Genesis: Kommentar. Darmstadt 1997

Stemberger, Günter: Art. Auferstehung I/2. *TRE 4* (1979), Studienausg. 1993, 443-446

Thoma, Clemens: Art. Israel II., *TRE 16* (1987), Studienausg. 1993, 379-383

Vielhauer, Philipp: Einleitung zu „Apokalypsen und Verwandtes", in: Edgar Hennecke: Neutestamentliche Apokryphen in deutscher Übersetzung *[NTApo]*, hrsg. v. Wilhelm Schneemelcher. Bd. II. Berlin 1966, 407-427

Wagner, Siegfried: Geist und Leben nach Ezechiel 37,1-14. *Theologische Versuche X*. Berlin 1979, 53-65, wiederabgedruckt in: Ders.: Ausgewählte Aufsätze zum Alten Testament, hrsg. v. Dietmar Mathias.   Berlin; NewYork 1996, 151-168 (*BZAW*; 240)

Weippert, Manfred: Art. Israel und Juda, *RLA 5* (1978), 200-208

Westermann, Claus: Genesis: 1. Teilband 1-11. Neukirchen-Vluyn [3]1983 (*BKAT* , I/1.)

Westermann, Claus: Das Buch Jesaja: Kapitel 40-66. Göttingen [5]1986 (*ATD*; 19)

Wildberger, Hans: Jesaja: 2. Teilband Jesaja 13-27. Neukirchen-Vluyn [2]1989 (*BKAT*; X/2)

Zimmerli, Walther: Ezechiel: 2. Teilband Ezechiel 25-48. Neukirchen-Vluyn [2]1979 (*BKAT*; XIII/2)

Zimmerli, Walther: 1. Mose 1-11: die Urgeschichte. Zürich [5]1991 (*ZBK AT*; 1/1.)

Zobel, Hans-Jürgen: Art. jisra'el, *ThWAT 3* (1982), 986-1012

Alle Abkürzungen nach:

Schwertner, Siegfried: Theologische Realenzyklopädie (TRE): Abkürzungsverzeichnis, Berlin; New York 1976

„Vorzeichen der Stunde" im sunnitischen Islam

Holger Preißler

Mitte des 14. Jahrhunderts verfaßte der gelehrte Abû l-Fidâ' Ismâ^{c}îl b. ^{c}Umar Ibn Kathîr, der von etwa 1300 bis 1373 in Damaskus lebte und der schafi'itischen Richtung innerhalb des Sunitentums angehörte, neben einem noch heute gern benutzten, umfangreichen Korankommentar ein voluminöses Geschichtswerk, dessen Aufbau sich von den zahlreichen vorausgegangen Weltchroniken unterschied. Programmatisch betitelte er es „*Al-Bidâya wa-'n-nihâya*" („Der Anfang und das Ende").[1] Er beginnt mit der Erschaffung des göttlichen Thrones und der himmlischen Urschrift, geht dann zur Schöpfung der Welt, der Engel, der Geister und des Teufels über, bis er schließlich zur Menschheitsgeschichte von Adam bis in seine eigene Zeit kommt. Aber damit beendet er seine Arbeit nicht, wie es sonst üblich ist. Er schließt vielmehr den Kreis und geht konsequent auch auf das Ende der Zeit ein. Seinen Plan beschreibt er in der Einleitung:

> Wir erwähnen die Versuchungen und Endzeitschlachten sowie die Vorzeichen der Stunde, dann die Auferweckung mit den Schrecken der Auferstehung, beschreiben dann das, was an jenem Tag geschehen wird und welche schrecklichen Dinge eintreten werden, beschreiben danach das Höllenfeuer und dann die Paradiesesgärten mit den dortigen schönen Wohltaten sowie anderes, was damit verbunden ist und was sich dazu in der Schrift und der Sunna, in den Überlieferungen und Nachrichten findet, die bei den Gelehrten, den Erben der Propheten, die von der Leuchte des mu-

---

1 Das arabischsprachige Werk wurde ohne den letzten Band 1348/1929 in Kairo in insgesamt 7 Bänden herausgegeben. Die hier erwähnten Zitate stammen aus der Ausgabe von Beirut 1405/1985. Vgl. den Plan des Buches in *"Al-Bidâya"* 1, 4f.

hammadanischen Prophetentums nehmen, überliefert werden. Wir werden aber von den Isrâ'îliyyât nur das erwähnen, dessen Überlieferung der göttliche Regler erlaubt hat, da es Gottes Schrift und der Sunna des Gottesgesandten nicht widerspricht.[2]

Der letzte Band, „*an-Nihâya fî 'l-fitan wa-'l-malâhim*" („Das Ende von den Versuchungen und Endzeitschlachten"), behandelt auf über 400 Druckseiten die geschilderten Themen.[3]

Ibn Kathîr verspricht hier, sich streng an die autoritativen Grundtexte des Islams, an Koran und Sunna, zu halten. Die als Isrâ'îliyyât (Israelitica) bezeichneten, phantasievollen Geschichten, wie sie im Volk beliebt waren und von populären Predigern verbreitet wurden, will er nur aufnehmen, wenn sie den islamischen Grundlagen nicht widersprechen. An diese Normen hält er sich insgesamt. So kompiliert er umfangreiche Materialien, die in sunnitischen Kreisen im Vorderen Orient damals sowohl als authentisch als auch als normativ angenommen wurden und, man kann wohl sagen, auch bis heute ihre Bedeutung nicht verloren haben. Er kann zu diesem Zweck nicht auf einige zusammenfassende Werke zurückgreifen, sondern ordnet nach den Regeln der Koranexegese und der Traditionsgelehrsamkeit unzählige Zitate, wie sie sich im Koran und in damals anerkannten Sammlungen von Überlieferungen finden, von denen er neben den beiden „*Sahîh*" („Den Gesunden") von al-Bukhârî (st. 256/870) und Muslim (st. 261/875) vor allem auch den umfangreichen *Musnad* von Ahmad ibn Hanbal (at. 241/855) exzerpiert. Das erste, diesem Gegenstand besonders gewidmete „*Kitâb al-Fitan*" („Buch von den Versuchungen") von Nuᶜaim b. Hammâd (st. 228/844)[4] kennt er zwar auch, greift aber nur gelegentlich darauf zurück. Gleichzeitig folgt Ibn Kathîr einem verbreiteten dramatischen Dreierschema, wenn er diese Thematik beschreibt. Auf verschiedenartige „Vorzeichen der Stunde" (*ashrât as-sâᶜa*), die das Ende dieser Welt ankünden, folgt als Höhepunkt die Auferstehung mit dem göttlichen Gericht, bei der universale mit individuellen Entwicklungen zusammenlaufen. Danach beschreibt er Hölle oder Paradies.

---

2   Ibn Kathîr 1405/1985: 1, 4f.

3   Der Band erschien erstmals 1396/1976 in Kairo und wurde seitdem mehrmals neuaufgelegt. Hier wird die 2. Beiruter Auflage von 1411/1991 benutzt.

4   Vgl. dazu Aguadé 1979.

Der frühe Islam, in dem die benutzten Texte entstanden, war nicht nur von bedeutenden politischen und militärischen Erfolgen geprägt, die in wenigen Jahrzehnten das Leben in großen Teilen Westasiens und Nordafrikas veränderten. Unter den Muslimen jener Zeit waren gleichzeitig Vorstellungen vom nahen Ende der Welt verbreitet. Muhammad predigte immer wieder davon, vom unverhofft und bald kommenden Gericht, von göttlicher Strafe mit dem Höllenfeuer und Belohnung mit den Wohltaten des Paradiesgartens. „Mein Volk! Dienet Gott und rechnet mit dem Jüngsten Tag!" So läßt der Koran den arabischen Propheten Shuᶜaib in der spätmekkanischen Sure 29 „Die Spinne", Vers 36, sein Volk auffordern, mit dem eigentlich Muhammads Zeitgenossen gemeint waren. In Gottesverehrung und Denken an das jüngste Gericht werden hier zwei Hauptstützen des Islams zusammengefaßt. Viele Koranverse führen diese Gedanken weiter aus und schildern die gleichsam unfaßbaren Veränderungen, die dem göttlichen Gericht vorausgehen. Die Bilder vom Ende sind beeindruckend und furchterregend. So heißt es in der Sure 81 „Die Ballung", Vers 1-14, in der einfühlsamen Übertragung von F. Rückert:

> Wann die Sonne wird sich ballen, die Sterne zu Boden fallen, und die Gebirge wallen, der Meere Fluten schwallen; wann Zuchtkamele sind unverwahrt, und die wilden Thiere geschaart, und die Seelen wieder gepaart! man das lebendig begrabne wird fragen, um welche Schuld es sei erschlagen; und die Bücher sind aufgeschlagen; wann der Himmel wird abgedacht, und die Hölle wird angefacht, und der Garten herangebracht; wird eine Seele wissen was sie dargebracht.[5]

Derartige apokalyptische Bilder gehören zum festen Bestand der koranischen Botschaft.[6] Sie widerspiegeln tiefgehende Umbrüche im damaligen Leben der Araber und greifen dabei schöpferisch auf das vielgestaltige apokalyptische Erbe zurück, wie es unter Juden und Christen entstanden war,[7] ohne daß man in der frühen islamischen Gemeinde die entsprechenden schriftlichen Texte kannte, denn Einflüsse waren anfangs nur über Kanäle der mündlichen Überlieferung möglich. Muhammad und seine Anhänger wußten weder vom Buch Daniel noch von

---

5 DER KORAN, 355.
6 Vgl. dazu die Leipziger Dissertation von Rüling, 1895.
7 Vgl. dazu u.a. Erlemann 1996.

der Offenbarung des Johannes, aber deren Stimmung war ihnen nicht
fremd geblieben. Da die islamische Tradition nach Muhammad von der
inhaltlich und formal normativen Kraft einerseits des frühzeitig kanoni-
sierten und vereinheitlichten, einzigartigen Korantextes und andererseits
von einer Vielzahl von Sprüchen und kurzen Erzählungen, die dann
zum großen Teil dem Propheten Muhammad selbst zugeschrieben
wurden, ausging, entstanden keine zusammenfassenden, literarisch
bearbeiteten apokalyptischen Schriften.[8] Es wurden vielmehr unzählige
kleine Mosaiksteine gesammelt, die ursprünglich nur grob geordnet
wurden, denen auch immer wieder neue hinzugefügt wurden. Die so
entstandenen Texte zeigten eher Skizzen als ausgearbeitete Bilder,
wodurch den Sammlern auch gewisse Freiheiten beim Hinzufügen
neuer Aspekte und beim Deuten gelassen wurden.

Unter Muslimen blieben messianische und Endzeiterwartungen
immer lebendig.[9] Wahrscheinlich rechnete man anfangs unmittelbar mit
solchen einschneidenden Ereignissen, suchte nach entsprechenden
Vorzeichen und bemühte sich um Berechnungen, obwohl bereits der
Koran verdeutlicht hatte, daß nach der spätmekkanischen Sure 41, Vers
47 Gott allein „vorbehalten ist das Wissen von der Stunde".[10] Und in
einer wohlbekannten Überlieferung, in der Muhammad und der Bote-
nengel Djibrîl ein Gespräch über die Grundsätze des Islams führen,
heißt es u.a.:

> Dann sagte er: „Gib mir Kunde über (das Eintreten) des jüngsten Tages!"
> Der Prophet antwortete: „Der Befragte weiß darüber nicht mehr als der Fra-
> gende!" Dann sagte er: „Gib mir Nachrichten über seine Vorzeichen!" Da
> antwortete der Prophet: „Sie bestehen darin, daß die Sklavin ihre Herrin
> gebiert und daß man die Barfüßigen, Nackten, Armen und Schafhirten
> sieht, wie sie sich lange mit dem Errichten von Bauten beschäftigen [...]"[11]

---

8 Eine Ausnahme bildet die von R. Hartmann behandelte kurze Apokalypse
  aus der Kreuzzugszeit: vgl. R. Hartmann 1924.
9 Vgl. Bashear 1993; Cook 1993; Madelung 1986.
10 Vgl. Matth. 24, 36.
11 Vgl. an-Nawawî 1402/1983: 6f. In dieser unter Sunniten beliebten
   Sammlung von vierzig Hadithen steht die Geschichte an zweiter Stelle.

In den Traditionscorpora finden sich allerdings auch andere Nachrichten, die dem Propheten ein besonderes Wissen über den Endzeittermin zuschreiben. So heißt es z.b. bei Ahmad ibn Hanbal:

Der Imam Ahmad überlieferte nach Ya°qûb ibn Ibrâhîm ibn Sa°d nach seinem Vater nach Muhammad ibn Ishâq nach Ziyâd ibn Abî Ziyâd al-Madanî nach Anas ibn Mâlik, daß er sagte: Ich hörte, wie der Gottesgesandte – Gottes Gebet und Heil ihm – sagte: „Ich und die Stunde sind wie diese beiden geschickt." Und er streckte seinen Zeige- und Mittelfinger aus. [12]

Mit dieser Gebärde mag wohl auf die Nähe dieser Zeit verwiesen werden.

Waren die Muhammad zugeschriebenen Überlieferungen erst einmal von der Öffentlichkeit angenommen, wurden sie bewahrt und von fleißigen Traditionsgelehrten immer wieder in ihre Werke aufgenommen, auch wenn sie nur noch historische Bedeutungen hatten oder Widersprüche zwischen einzelnen tradierten Äußerungen offenbar waren. Das betraf insbesondere die Verbindung zwischen Endzeitvorzeichen und konkreten historischen Ereignissen in den ersten Jahrhunderten des Islams, die auch messianische Erwartungen förderte, wie sie nach den Überlieferungen vor allem an die stürmischen Wandlungen um die Mitte des 8. Jahrhunderts geknüpft waren, als die Abbasiden auch mit Hilfe messianischer Hoffnungen an die Macht kamen und diese festigten. Spätere Überlieferungskritik hat solche Präzisierungen mißtrauisch geprüft, ihnen ihre Authentizität abgesprochen oder ihnen nur einen geringen Authentizitätsgrad gewährt. So lehnte der sunnitisch-hanbalitische Gelehrte und Prediger Ibn al-Djauzî (st. 597/1201) in seiner Kritik der „erfundenen" Hadithe präzise zeitliche Berechnungen ab, die beispielsweise für die Jahre 100/718, 130/747, 135/752, 150/767 und 260/873, aber auch noch nach 380/990 angestellt wurden. [13] So führt er z.B. folgenden Hadith an:

Nach al-Muhâdjir ibn °Abdallâh ibn Buraida nach seinem Vater heißt es: Der Gottesgesandte – Gottes Gebet und Heil ihm – sagte: „Am Beginn von hundert Jahren sendet Gott einen angenehmen kalten Wind, bei dem der

---

12 Nach Ibn Kathîr 1411/1991: 124.
13 Vgl. Ibn al-Djauzî 1415/1995: 2, 371-375.

Geist eines jeden Gläubigen ergriffen wird". Lakonisch meint er dazu: „Das ist ein falscher Hadith, den das Sein Lügen straft."[14]

Aus traditionsstrenger sunnitischer Sicht war man bestrebt, sich zunehmend von solchen Vorhersagen, die nicht eingetroffen waren, zu distanzieren und Äußerungen zu den „Vorzeichen" zu entpolitisieren. Auf der anderen Seite konnten die oft stereotypen knappen Äußerungen ohne zu große Schwierigkeiten aktualisiert und erweitert werden. So wiederholen sich immer wieder einleitende Formeln wie „Zu den Vorzeichen der Stunde gehört es, daß [...]" oder „Die Stunde wird erst eintreffen, wenn [...]".

Das Ende der Zeit, ob nun für den einzelnen Menschen oder für die Menschheit und die Welt, blieb unverändert ein oft bearbeiteter Gegenstand, auch wenn die individuelle Dimension in unterschiedlichen Literaturgattungen und namentlich in erbaulich-mahnenden Predigten zunehmend stärkere Beachtung gefunden zu haben scheint, vor allem im Zusammenhang mit dem nachkoranischen Konzept der Grabesstrafe.[15] Die entsprechende islamische Literatur wurde immer stärker spezialisiert und seit dem 5./11. Jahrhundert sind auch einige Monographien nachzuweisen, die sich ausdrücklich den „Vorzeichen der Stunde" widmeten.[16] Im 10. und 11./16. und 17. Jahrhundert steigt die Zahl der Titel an, ohne daß die Gründe dafür auf der Hand liegen. Die siegreichen Eroberungen der türkischen Osmanen zu Beginn des 16. Jahrhunderts und Hoffnungen und Ängste, die an den islamischen Jahrtausendwechsel gebunden waren, mögen dabei eine Rolle gespielt haben.

Eine weitere Schrift zum Thema verfaßte 1076/1666 der in Medina lebende, vielgereiste sunnitisch-schafi'itische Gelehrte Muhammad ibn ᶜAbd ar-Rasûl al-Barzandjî (st. 1113 /1691) unter direktem Bezug auf Werke zur Endzeit aus der Feder des ägyptischen Polyhistors as-Suyûtî

---

14 Ebd. 2, 370.
15 Vgl. mangels eines Überblicks z.B. Ahlwardt 1889 mit den entsprechenden Berliner Manuskripten und Hinweisen auf weitere Titel. Vgl. weiterhin Nagel 1978; Smith / Haddad 1981. Eine Sammlung von Überlieferungen mit volkstümlichen Schilderungen liefert Imam Abd ar-Rahim ibn Ahmad al-Qadi 1993.
16 Der erste Titel dieser Art stammt offenbar von Muhammad ibn Ahmad ibn Abî Sahl as-Sarkhasî (st. 483/1090) und ist in der Pariser Handschrift Bibl. Nat. 2800 erhalten.

(st. 911/1505). Unter dem Titel „*al-Ishāʿa li-ashrāt as-sāʿa*" („Die Kunde von den Vorzeichen der Stunde")[17] faßt es vorhandenes Material zusammen und erfreut sich augenscheinlich bis heute einer bestimmten Beliebtheit, wozu möglicherweise die am Ende des Buches stehende Berechnung für das Kommen des islamischen Messias, des Mahdî, beigetragen hat, die auf das Jahr 1407/1987 gelegt wird.[18] Im Grunde handelt es sich bei diesem Buch um eine gut geordnete Kompilation mit nur wenigen Autorenkommentaren, aber reichen Zitaten aus ganz unterschiedlichen Werken, wobei der Verfasser bemüht ist, die relevanten Stellen aus Koran und zahlreichen Hadith-Sammlungen möglichst vollständig anzuführen. Er teilt diese „Vorzeichen" in drei Gruppen, nämlich in „ferne", die bereits eingetreten und vergangen sind, in „mittlere", die nach ihrem Erscheinen noch nicht vergangen sind, und dann „große", die den genannten noch folgen werden. Ausgehend von Traditionen sucht er in der ersten und zweiten Kategorie nach konkreten Ereignissen, die sie beweisen.

Zu den fernen Zeichen zählt er zuerst in chronologischer Abfolge wichtige Ereignisse, „Versuchungen" (*fitan*) für die islamische Gemeinschaft seit Muhammads Tod 632 bis in die Mongolenzeit im 13. Jahrhundert auf. Muhammads Tod ist danach „der größte Schicksalsschlag für die Religion", der aber gleichzeitig als Trost für die Muslime betrachtet werden soll, denn er soll gesagt haben: „Wenn einer von euch von einem Schicksalsschlag getroffen wird, soll er an meinen Tod denken!"[19] Dabei nehmen die von ihm erwähnten konkreten Taten mit dem Lauf der Zeit ab. Als Sunnit sieht er auch im Auftreten der Fatimiden und Qarmaten, wie überhaupt extremer Schiʾiten, Endzeitmerkmale. Wie schon Ibn Kathîr und sein Vorgänger Abû shâma (st. 665/1268) verbindet er die mongolische Invasion mit dem großen Vulkanausbruch im Higâz von 654/1256, der seinerseits in dem Prophetenspruch „Die Stunde wird erst eintreten, wenn ein Feuer aus dem Lande Hidjâz ausgeht, das die Hälse der Kamele in Bosra [in Südsyrien] beleuchten

---

17 Die hier benutzte Edition gab Muwaffaq Fauzî al-Djabr in Damaskus und Beirut 1414/1993 nach einer Damaszener Handschrift heraus. Eine zweite Auflage erschien bereits 1416/1995. Das Buch wurde erstmals 1325/1907 publiziert.
18 Ebd. 283.
19 Ebd. 17.

wird." Diese einmalige Katastrophe hat Zeitgenossen und spätere
Exegeten intensiv bewegt, sahen sie doch darin ein Zeichen auf die
darauf folgende Zerstörung der Kalifenhauptstadt Baghdad durch die
Mongolen.[20] Ein solches Zusammentreffen von zwei außerordentlichen
Ereignissen wurde später nicht wieder festgestellt.

Auch das Auftreten religiöser Führer, die nicht in die oben genannten Richtungen eingeordnet werden können, wird als Zeichen bewertet,
wobei der Hadith „Die Stunde wird erst eintreten, wenn dreißig Lügner
auftreten, deren letzter der einäugige Antimessias sein wird"[21] angeführt
wird. In diesem Zusammenhang nennt der Autor auch Propheten und
Prophetinnen von lokaler Bedeutung, wie sie arabische Chroniken durch
die Jahrhunderte immer wieder erwähnen, meist aber nur kurz und oft
anonym.[22] Es folgen Nachrichten zur Einnahme von Jerusalem, das
auch für den Islam Funktionen in der Endzeit einnimmt, und von al-
Madâ'in (Ktesiphon-Seleukia), bevor auf außergewöhnliche Naturerscheinungen eingegangen wird, die Historiker nennen: das Versinken
ganzer Siedlungen, meist im Zusammenhang mit Erdbeben und Dürren,
Kometen, Stürmen mit besonderen Erscheinungen und Epidemien mit
ihren schrecklichen Folgen für die Menschen.[23] Barzandjî gibt hier
gestützt auf Aufzählungen aus Chroniken und speziellen Monographien
umfangreiche Listen in chronologischer Folge bis in seine Lebenszeit
und stützt sich dafür auf den bekannten Hadith: Nach Abû Huraira –
Gott sei ihm wohlgesonnen – heißt es: „Die Stunde wird erst eintreten,
wenn das Wissen weggenommen wird, die Erdbeben zahlreich werden,
die Zeit verkürzt wird, Versuchungen auftreten und das Töten zu-
nimmt."

Nach diesen datierbaren Ereignissen der ersten Kategorie erfaßt der
Autor Erscheinungen, die eher sozialer und kultureller Art sind und

---

20 Vgl. Nagel 1993: 17f.

21 Barzandjî 1414/1993: 71-76.

22 Die entsprechenden Angaben sollten einmal gesammelt und ihre Darstellung
untersucht werden. Sie beweisen die Lebendigkeit der prophetischen
Tradition im islamischen Gebiet, die mit dem Konzept von der Endgültigkeit
der prophetischen Botschaft Muhammads nie völlig unterdrückt werden
konnte.

23 Solche Zusammenstellungen gehörten zum Grundwissen islamischer
Prediger, vgl. die Auflistung bei Ibn al-Djauzî 1985: 70-75.

unabhängig von zeitgebundenen Phänomenen auftreten können. Diese bezeichnen zumeist einen Bruch der islamischen Normen und führen letztendlich zu einer verkehrten und chaotischen Welt, die der göttlichen Ordnung widerspricht. Zahlreiche Beschreibungen von einzelnen Erscheinungen nach den oben erwähnten formalen Schemata erfassen alle möglichen Regelverstöße im Sinne einer asketischen Weltsicht, die schließlich noch einmal in längeren Traditionen zusammengefaßt werden. Aus einer nicht näher bezeichneten Überlieferungssammlung von Ibn Mardawaih aus Isfahan (st. 410/1019) zitiert Barzandjî die folgende Geschichte, nach der der Prophet Muhammad bei seiner bekannten Abschiedswallfahrt über die Vorzeichen gesprochen habe und dabei mit seinem treuen Gefährten Salmân al-Fârsî, dem im Schi'itentum wie im volkstümlichen Islam eine besondere Bedeutung beigemessen wird, in ein Zwiegespräch gekommen sei, wobei im arabischen Text noch auf die Endassonanz von begrifflich nahen Sätzen besonderer Wert gelegt wird, wie es auch in Mahnpredigten üblich war:

> Der Prophet unternahm die Abschiedswallfahrt. Dann ergriff er den Ring an der Tür der Kaaba und sagte: „Ihr Leute! Soll ich euch von den Voraussetzungen der Stunde berichten?" Salmân trat auf ihn zu und sagte: „Berichte uns, dein Lösegeld sind mein Vater und meine Mutter, Gesandter Gottes!" Er sagte also: „Zu den Voraussetzungen der Stunde gehört, das rituelle Gebet zu vernachlässigen, der Leidenschaft nachzugeben und den Begüterten hochzuschätzen!" Salmân fragte: „Wird es das sein, Gesandter Gottes?" Er antwortete: „Ja, bei dem, in dessen Hand Muhammads Leben ist! Dabei, Salmân, wird die Almosenabgabe Strafe sein, der kanonische Beuteanteil wird wilde Beute sein, dem Lügner wird geglaubt und der Aufrichtige als Lügner bezeichnet werden, dem Treulosen wird vertraut werden und der Treue wird als treulos angesehen werde [...] Der Islam wird vergehen, so daß nur sein Name bleiben wird, und der Koran wird vergehen, so daß nur sein Name bleiben wird. Koranexemplare werden mit Gold verziert werden und die Männer meiner Gemeinde werden fett werden. Mägde werden zur Beratung herangezogen, Knaben werden auf den Kanzeln predigen und das Rederecht wird den Frauen zukommen. Dabei werden die Moscheen wie Kirchen geschmückt werden, die Kanzeln werden lang und die Reihen der Betenden zahlreich sein, während die Herzen voll von gegenseitigem Haß und die Zungen voller Meinungsverschiedenheiten sein werden. Die Leidenschaften werden über allem stehen." Salmân fragte: „Wird es das sein, Gesandter Gottes?" Er fuhr fort: „Ja, bei dem, in dessen Hand Muhammads Leben ist! Dabei, Salmân, wird der Gläubige so sein, daß ein

Elenderer als eine Magd bedeutsam ist und sein Herz im Leibe schmilzt,
wie Salz im Wasser vergeht, weil er Verwerfliches sieht, ohne daß er es ändern kann. Männer werden sich mit Männern, Frauen mit Frauen begnügen.
Man wird auf junge Männer eifersüchtig sein, wie man auf ein jungfräuli-
ches Mädchen eifersüchtig ist. Dabei, Salmân, werden Fürsten Frevler,
Wesire lasterhaft und Treue treulos sein. Man wird das Gebet vernachlässigen und den Leidenschaften folgen. Wenn ihr sie noch erlebt, verrichtet euer Gebet zur rechten Zeit. Dabei, Salmân, wird ein Böser aus dem Osten
und ein Böser aus dem Westen kommen. Ihr Leib wird wie der von Menschen sein, doch ihre Herzen werden des Satan sein. Sie werden sich weder
eines Kindes erbarmen noch einen Alten ehren. Dabei, Salmân, wird er zu
diesem heiligen Haus wallfahren und ihre Könige werden aus Lust und
Vergnügen wallfahren, ihre Reichen wegen des Handels, ihre Armen wegen
des Bettelns und ihre Koranleser aus Augendienst und wegen des Rufs." Er
fragte: „Wird es das sein, Gesandter Gottes?" Er fuhr fort: „Ja, bei dem, in
dessen Hand Muhammads Leben ist! Dabei, Salmân, wird Lüge sich ver-
breiten und der Stern mit dem Schweif erscheinen. Die Frau wird am Handel ihres Mannes teilhaben und die Märkte werden einander nahe sein."
„Was bedeutet einander nahe sein?" Er antwortete: „Ihren Niedergang und
geringen Gewinn. Dabei, Salmân, wird Gott einen Sturm aussenden, in dem
gelbe Schlangen sind, um die Köpfe der Gelehrten zu packen, weil sie das
Verwerfliche sehen und nicht ändern." „Wird es das sein, Gesandter Gottes?" Er fuhr fort: „Ja, bei dem, der Muhammad mit der Wahrheit ausge-
sandt hat!"[24]

Nach dem ebenfalls aus Isfahan stammenden Traditionarier ᶜAbdallâh b.
Muhammad al-Ansârî Abû ᶜsh-shaikh (st. 369/979) überlieferte der auch
im Sunnitentum populäre ᶜAlî folgende Rede seines Schwiegervaters
Muhammad:

> Er – Gottes Gebet und Heil ihm – sagte: „Die Stunde wird nahe sein, wenn
> du siehst, wie die Leute das rituelle Gebet vernachlässigen und das anver-
> traute Gut vergeuden, wenn sie die großen Vergehen für erlaubt erklären,
> Wucherzinsen und Bestechungsgelder verzehren, (große) Bauten errichten
> und der Leidenschaft folgen, die Religion für die Welt verkaufen und den
> Koran zum Psalter machen, Löwenfelle als Satteldecken, Moscheen als
> Durchgangswege benutzen und Seide zu Gewändern machen, wenn Un-
> recht zunimmt, Hurerei sich verbreitet und man über die Verstoßung gering
> denkt, wenn der Treulosen vertraut und dem Treuen mißtraut wird, wenn
> der Regen zum Mangel und das Kind zum Ärger wird, wenn die Fürsten

---

24 Barzandjî 1414/1993: 125f.

Frevler, die Wesire Lügner, die Treuen Verräter und die Sachwalter unge-
recht werden, wenn die Gelehrten abnehmen, die Koranleser zahlreich und
die Rechtsgelehrten gering werden, wenn die Koranexemplare geschmückt,
die Moscheen verziert und die Kanzeln lang gemacht werden, wenn die
Herzen verdorben werden, Sängerinnen genommen und Musikinstrumente
erlaubt werden, Wein getrunken wird und die göttlichen Grenzen aufgehoben werden, wenn die Monate verkürzt und die Abmachungen gebrochen
werden, wenn die Frau am Handel ihres Mannes beteiligt wird und die
Frauen auf Pferden reiten, die Frauen den Männern und die Männer den
Frauen gleichen, wenn bei jemand außer Gott geschworen wird und der
Mann Zeuge wird, ohne daß er als Zeuge betrachtet wird, wenn die Almo-
senabgabe zur Strafe und das Anvertraute zur Beute wird, wenn der Mann
seiner Frau gehorcht und seine Mutter nicht liebt, seinen Freund zum
Nächsten macht und seinen Vater fortschickt, wenn die Fürstentümer erb-
lich werden und der letzte dieser Gemeinde den ersten schmäht, wenn der
Mann wegen seines Verharrens im Übel geehrt wird und die Polizisten
zahlreich werden, wenn die Unwissenden die Kanzeln besteigen und die
Männer Kronen tragen, wenn die Straßen eingeengt werden und (große)
Bauten errichtet werden, wenn Männer sich mit Männern und Frauen sich
mit Frauen begnügen, wenn die Prediger auf euren Kanzeln zahlreich werden und eure Gelehrten sich auf eure Machthaber stützen, so daß sie ihnen
das Verbotene erlauben und ihnen das Erlaubte verbieten und ihnen die
Ratschläge geben, die sie wünschen, wenn eure Gelehrten das Wissen er-
lernen, um damit eure Dinare und Dirhams herzuholen, wenn ihr den Koran
als Handelsgegenstand nehmt und Gottes Anteil an euren Gütern vernachlässigt, wenn eure Güter bei euren Bösen sein werden und ihr eure Ver-
wandtschaftsbande brecht, wenn ihr Wein in eurer Gesellschaft trinkt,
Glücksspiele treibt und ihr den Blasebalg, mit Saiten- und Blasinstrumenten
spielt, wenn ihr euren Bedürftigen eure Almosenabgabe verwehrt und sie
als Strafe anseht, wenn der Unschuldige getötet wird, damit das Volk erzürnt, und eure Leidenschaften sich widersprechen, wenn der Sold Sklaven
und Gefallenen zukommt, die Maße und Gewichte gering gemacht werden
und die Törichten eure Angelegenheiten übernehmen."[25]

Diese Äußerungen können mühelos durch weitere Traditionen ergänzt
oder konkretisiert werden. Die Normenbrüche betreffen alle Bereiche
der Gesellschaft: das Verhalten zu den islamischen Ritualen, die Bezie-
hungen zwischen den Geschlechtern und Altersgruppen, das Verhalten
der Herrschenden, die Einstellung zum Besitz sowie die Umkehrung der

25 Ebd. 130f.

moralischen Werte. Jedem islamischen Hörer oder Leser werden derartige Phänomene mehr oder minder zahlreich aus seinem eigenen Erleben bekannt sein. Wortgewandte Prediger erwähnen sie gern und können damit mit dem Bezug sowohl auf die Normenwidrigkeit als auch die Endzeit Kritik an gesellschaftlichen Mißständen üben. Es mag sein, daß derartige Beschreibungen in ihrer Zeitlosigkeit auch heute fromme Muslime bewegen und unter bestimmten Umständen auch mobilisieren können. Ihre Aufzählung soll aber nicht Verzweiflung wecken, sondern mit dem Blick auf Jenseits und göttliches Gericht zur Umkehr bewegen, da diese „Vorzeichen" letztlich durch die Menschen selbst herbeigerufen werden.

Wenn sie sich mehren, wird es auch zu einer Verkürzung der Zeit kommen, wie in der Rede angedeutet wird. Nach einem Hadith bei Ahmad ibn Hanbal heißt es denn auch:

> Uns überlieferten Hâshim und Abû Kâmil: Uns überlieferte Zuhair: Uns überlieferte Suhail b. Abî Sâlih nach seinem Vater nach Abû Huraira: Der Gottesgesandte – Gottes Gebet und Heil ihm – sagte: „Die Stunde setzt erst ein, wenn die Zeiten sich einander annähern, so daß ein Jahr wie ein Monat, eine Woche wie ein Tag, ein Tag wie eine Stunde und eine Stunde wie eine kurze Zeit, in der ein Palmblatt verbrennt."[26]

Auch über die Selbstzerstörung der Welt wird in einer Überlieferung berichtet. In der „Denkschrift über die Umstände der Toten und die Angelegenheiten des Jenseits" (*Kitâb at-Tadhkira bi-ahwâl al-mautâ wa-umûr al-âkhira*) aus der Feder des sunnitischen Gelehrten aus Andalusien, Muhammad ibn Ahmad al-Qurtubî (st. 671/1273), heißt es:

> Und aus dem Hadith von Hudhaifa b. al-Yamân wurde nach dem Propheten – Gottes Gebet und Heil ihm – wurde überliefert, daß er sagte: „Die Zerstörung beginnt an den Enden der Erde, bis Ägypten zerstört wird. Ägypten ist vor Zerstörung sicher, bis Basra zerstört ist. Die Zerstörung Basras kommt durch Überschwemmung. Die Zerstörung Ägyptens kommt durch Austrocknung des Nils. Die Zerstörung Mekkas und Medinas kommt durch Hunger. Die Zerstörung des Jemen kommt durch Heuschrecken. Die Zerstörung von al-Ubulla [Hafenstadt bei Basra] kommt durch Einschließung. Die Zerstörung von Fârs [Persis] kommt durch die Räuber. Die Zerstörung der Türken kommt durch die Dailamiten. Die Zerstörung der Dailamiten

---

26 Ibn Kathîr 1411/1991: 119.

kommt durch die Armenier. Die Zerstörung der Armenier kommt durch die Khazaren. Die Zerstörung der Khazaren kommt durch die Türken. Die Zerstörung der Türken kommt durch Stürme. Die Zerstörung von Sind kommt durch die Inder. Die Zerstörung der Inder kommt durch die Chinesen. Die Zerstörung der Chinesen kommt durch Sand. Die Zerstörung der Abessiner kommt durch Erdbeben [...] Die Zerstörung des Iraq kommt durch das Töten."[27]

Damit werden universale Ereignisse nach Barzandjîs dritter Kategorie eintreffen, die einmalig und endgültig sind. Obgleich auch hier viele Einzelheiten nebeneinander stehen, werden sie doch anders als die meisten vorigen Ereignisse in einen größeren dramatischen Zusammenhang gebracht, ohne daß es gelingt, die unterschiedlichen Überlieferungsströme zu harmonisieren oder die Kategorien so säuberlich voneinander zu trennen, wie es Barzandjî bisher versucht hat. Insofern ist dieses sein drittes Kapitel für ihn auch besonders schwierig. Zur beherrschenden Gestalt wird nun der endzeitliche islamische Messias, der Mahdî, „der (von Gott) Rechtgeleitete". Doch wer wird das sein? Die islamischen Gelehrten finden zu keiner einheitlichen Meinung. Grundsätzliche Unterschiede bestehen zwischen sunnitischen und schiᶜitischen Auffassungen. Sunniten können die messianischen Konzepte aus dem schiᶜitischen Milieu von bestimmten bereits aufgetretenen oder bestimmten zu erwartenden Mahdî-Gestalten nicht teilen,[28] auch wenn sie sie in gelehrten Schriften aufführen. Auch messianische Prätendenten aus dem sunnitischen Bereich wie der Almohade Muhammad ibn Tûmart (st. 525/1130) werden nicht allgemein anerkannt. Nachdem die innerislamischen Positionen abgegrenzt sind, muß das Verhältnis zwischen islamischem und christlichem Erbe geklärt werden, denn in der Endzeit treten nach islamischen Auffassungen sowohl der Mahdi als auch ᶜÎsâ, der islamisierte Jesus, auf. Die Aufgaben beider sind weitgehend gleich. Barzandjî beschreibt sie für den Mahdî folgendermaßen:

> Was seinen Lebenswandel betrifft, so handelt er nach der Sunna des Propheten – Gottes Gebet und Heil ihm. Er weckt keinen Schlafenden und vergießt kein Blut, er kämpft für die Sunna und läßt keine Sunna, ohne sie einzurichten, und keine Neueinführung, ohne sie aufzuheben. Er errichtet

27 Zitiert nach ebd.: 39.
28 Vgl. Sachedina 1981. Siehe auch Kippenberg 1990, bes. 21-24.

die Religion am Ende der Zeit, wie sie der Prophet – Gottes Gebet und Heil ihm – am Anfang errichtet hat. Er beherrscht die ganze Erde, wie Dhû l-Qarnain [der legendäre Alexander d.Gr.] und Sulaimân [der legendäre Salomo] sie beherrscht haben. Er zerbricht das Kreuz und tötet das Schwein. Er gibt den Muslimen ihre Eintracht und Güte zurück. Er erfüllt die Erde mit Gerechtigkeit und Billigkeit, wie sie vordem mit Unrecht und Unterdrückung erfüllt gewesen ist. Er verstreut das Gut, ohne es zu zählen, indem er es gleich verteilt. Die Bewohner des Himmels wie die Bewohner der Erde, die Vögel in der Luft, die wilden Tiere in der Wüste und die Fische im Meer sind mit ihm zufrieden. Er erfüllt die Herzen von Muhammads Gemeinde so reichlich, daß er einem Herold befiehlt, auszurufen, ob nicht jemand Geld braucht, aber nur einer zu ihm kommt, der „Ich" sagt, dem er dann sagt: „Du bist der Wächter!" [...] Die Gemeinde, Fromme wie Frevler, genießen in seiner Zeit die Wohltaten [...]. Die Leute suchen Zuflucht bei ihm, wie die Bienen bei ihrer Königin Zuflucht suchen, bis die Menschen wieder in ihrem ursprünglichen Zustand sind. Gott unterstützt ihn mit dreitausend Engeln, die die Gesichter und Rücken seiner Widersacher schlagen, mit _ibrîl an der Spitze und Mîkâ'îl hinter ihm. Schaf und Wolf weiden in seiner Zeit an ein und demselben Ort. Knaben spielen mit Schlangen und Skorpionen, ohne daß sie ihnen Schaden zufügen. Der Mensch sät ein Maß und erntet dafür achthundert Maß. Wucher und Pest, Hurerei und Weintrinken werden aufgehoben. Das Leben wird lang, das anvertraute Gut wird zurückgebracht und die Bösen kommen um. Es bleibt niemand, der die Familie Muhammads – Gottes Gebet und Heil ihm. Er wird geliebt unter den Geschöpfen. Mit ihm erstickt Gott die blindwütige Versuchung. Die Erde wird sicher, so daß eine Frau mit fünf Frauen die Wallfahrt unternehmen kann, ohne daß ein Mann bei ihnen ist und sie etwas außer Gott zu fürchten hat.[29]

Das Verhältnis zwischen dem Mahdî und ʿÎsâ bleibt offen. Der bekannte sunnitisch-hanbalitische Gelehrte Ibn Qaiyim al-Djauziyya (st. 751/1350) meint, man könne beide miteinander identifizieren und führt dafür einen Hadith an: „Es gibt keinen Mahdî außer ʿÎsâ, Maryams Sohn".[30] Andere, wie der große Traditionskenner Ibn Hadjar al-ʿAsqalânî (st. 802 / 1449), sehen keine Schwierigkeiten darin, daß sich ihre Funktionen überschneiden.[31] Doch meist werden zwei Gestalten gesehen, wobei angenommen wird, daß der islamische Mahdî aus der

---

29 Barzandjî 1414/1993: 142f.
30 Vgl. ebd. 174.
31 Vgl. ebd. 143.

Familie des Propheten Muhammad stammt und wie dieser heißt. Man ist versucht, weitere persönliche Merkmale zu nennen, doch werden dabei dann lokale Besonderheiten deutlich. Während die einen meinen, er werde in Medina geboren, beansprucht der genannte Qurtubî das für den islamischen Westen. Man möchte auf jeden Fall sein Bild so genau wie möglich und beschreibt so sein Aussehen genau, eben auch um ihn in der Endzeit zu erkennen. Was sein Äußeres betrifft, so ist er sehr braun, mittelgroß, mit offener Stirn und gekrümmter guter Nase, mit schönen gewölbten Augenbrauen, großen Augen, die mit Antimon umrahmt sind, mit glänzenden Zähnen, mit einem schwarzen Mal auf der rechten Wange, wobei sein Gesicht wie ein Stern leuchtet, mit dichtem Bart, mit dem Zeichen des Propheten auf der Schulter, mit langen Schenkeln, mit der Farbe eines Arabers, mit schwerer Zunge. Und wenn ihm das Reden zu langsam geht, schlägt er mit der rechten Hand auf den linken Schenkel. Er ist vierzig Jahre alt.[32] Wenn er und Jesus zwei verschiedene Gestalten bleiben, wird die Hierarchie zwischen ihnen klar hergestellt, da Jesus das Gebet hinter ihm verrichten und also seine Führungsrolle anerkennen wird. Wenn der Mahdî kommt, können bestimmte der oben genannten „Vorzeichen" auftreten und auch andere, aber sekundäre messianische Gestalten wie der Sufyânî aktiv werden. Gleichzeitig finden große Kämpfe statt, bei denen historische Feinde wie die Byzantiner bekriegt werden, bis Jerusalem und Konstantinopel sowie Rom von den Muslimen eingenommen werden.

Doch in dem Endzeitdrama braucht der Mahdî seinen Gegenspieler, den Anti-Messias, der in den arabischen Quellen als der Dadjdjâl bezeichnet wird und dem neutestamentlichen Antichristen nachgebildet ist.[33] Auch im Äußeren ist er ein Gegenbild zum Mahdî, denn er ist gedrungen, einäugig, krummbeinig, dicht behaart und zwischen seinen Augen stehen die Buchstaben k-'-f-r, die als „Ungläubiger" zu lesen sind. Die Szenerie des fürchterlichen Kampfes zwischen dem Mahdî und dem Dadjdjâl ist meist in Syrien und Palästina angesiedelt. Wahrscheinlich sind hier also lokale Überlieferungen aufgenommen worden, die christliche Wurzeln haben mögen. Wenn er mit seinem Gefolge vor Damaskus lagert, betört er dessen Einwohner mit Zaubereien, wie er

---

32 Ebd. 141.
33 Vgl. Abel 1965.

überhaupt mit phantastischen Zügen versehen ist und die verschiedensten Gestalten und Erscheinungen in seinen Kampf einbezogen werden: Schätze erscheinen an der Erdoberfläche, Teufel treten auf und eine dreijährige Dürrezeit bricht aus. Auch die genannte Zeitverkürzung wird hier genannt. Sein Treiben währt so lange, bis ʿÎsâ vom Himmel auf das Weiße Minarett der Damaszener Umaiyadenmoschee herabsteigt, ihn vertreibt und schließlich am Tor des palästinensischen Ortes Ludd [Lydda] niederstreckt. Nun bricht eine vierzigjährige Zeit des Friedens aus, in der

> niemand stirbt und der Mann zu seinen Schafen und sonstigen Tieren sagt: Geht und weidet! Dann geht das Vieh durch die Saaten, ohne eine einzige Ähre zu fressen. Schlangen und Skorpione schaden keinem und die wilden Bestien an den Türen der Häuser fügen niemandem Schaden zu. Der Mann nimmt ein Maß Weizen und sät es, ohne zu pflügen. Dann kommen siebenhundert Maß davon.[34]

Auch diese Zeit geht zu Ende, und nun treten die letzten Ereignisse vor der Auferstehung ein. Nun bricht aus der Ferne das sagenhafte Volk von Ya'djûdj und Ma'djûdj hervor. Erneut wird eine Größe aus dem biblischen Erbe übernommen, denn hinter ihnen verbergen sich Gog und Magog. Die Autoren bemühen sich, nach arabischer Art ihre Genealogie festzustellen, ob sie Adams Kinder sind oder einfach aus Samen und Erde geformt sind. Andere identifizieren sie mit zentralasiatischen Turkvölkern. Sie haben „breite Gesichter, kleine Augen und blondes Haar".[35] Auch diese wilden kriegerischen Völker aus der Fremde werden vernichtet, entweder durch ʿÎsâ oder durch Feuer.

Dann sterben auch der Mahdî und ʿÎsâ und die ganze Zivilisation geht unter. Die Kaaba, Medina und Mekka werden zerstört, die Sonne geht statt im Osten im Westen auf und das große apokalyptische Tier erscheint. Überall verbreitet sich heißer Rauch. Die koranische Botschaft wird aufgehoben. Die Menschen werden, sofern sie nicht bereits als Gläubige gestorben sind, wieder zu Heiden. Nun ist die Zeit der Auferstehung ganz nah. Alle Zeichen dafür sind eingetroffen.

Die apokalyptischen Vorstellungen werden, je mehr sich die Welt dem Ende nähert, immer gewaltiger. Den Autoren fällt es immer schwe-

---

34 Barzandjî 1414/1993: 220.
35 Ebd. 235.

rer, sie gegeneinander abzuwägen und zu ordnen, zumal sie sich dabei nur in geringem Maße auf den koranischen Text berufen können und auf unsichere und widersprüchliche Traditionen angewiesen sind. Hinweise auf das Jenseits, das Ende der Zeit und das Jüngste Gericht mit seinen Folgen bleiben lebendiges Gut islamischer Verkündigung, vor allem in traditionsgebundenen Kreisen, die eine nicht unbeträchtliche Mehrheit unter den Muslimen bilden. So spricht der angesehene saudi-arabische Gelehrte Muhammad ibn Sâlih Ibn ʿUthaimîn in seiner Predigtsammlung „Der strahlende Glanz aus den umfassenden Kanzelreden" („Ad-Diyâʾ al-lâmiʿ min al-khutab al-djawâmiʿ") auch von den bedrohlichen Erscheinungen des Antimessias wie der Völker Yaʾdjûdj und Maʾdjûdj, übrigens - vielleicht aus politischen Rücksichten - ohne näher auf den Mahdî einzugehen, und fordert die Gläubigen auf, die Dinge als authentisch überliefert zu glauben, geht aber auch auf die Normbrüche bei den „mittleren" Zeichen ein, bevor er sich dem Gericht, dem Paradies und der Hölle zuwendet. Dabei schöpft er aus dem Material, das seit Jahrhunderten im islamischen Umfeld verbreitet ist. Es sind in besonderer Weise Warnungen, im modernen Leben gegenüber der Überschreitung islamischer Normen aufmerksam zu bleiben.[36] Hier treffen sich Traditionalisten auch mit islamischen Aktivisten, die allerdings meist auf einen Jenseits- und Endzeitbezug verzichten und sich fast ausschließlich den bestehenden diesseitigen Verhältnissen und deren aus ihrer Sicht islamgemäßen Umgestaltung zuwenden. Doch kann aus dem reichen Repertorium relevanter islamischer Überlieferungen jeder Aspekt gerade unter dem Eindruck großer Ereignisse aktualisiert und wenigstens partiell wirksam werden. Als Ende der siebziger Jahre nach dem islamischen Kalender das 14. Jahrhundert durch das 15. Jahrhundert abgelöst wurde, zeigten sich entsprechende Erwartungen, wie sie beispielsweise durch die islamische Revolution in Iran oder auch die Besetzung der Kaaba im November 1979 gefördert wurden. Eine solche Stimmung scheint in manchen Milieus sogar anzuhalten und kann auch zu spektakulären Aktionen führen.

---

36 Vgl. Ibn ʿUthaimîn o. J., bes. 57f., 633f.

182 Holger Preißler

Literatur

Abd ar-Rahim ibn Ahmad al-Qadi 1993: *Das Totenbuch des Islam. Die Lehren des Propheten Mohammed über das Leben nach dem Tod.* Freiburg.

Abel, A: 1965: „al-Dadjdjal", in: *Encyclopaedia of Islam* I² 2, 76f.

Aguadé, J. 1979: *Messianismus zur Zeit der frühen Abbasiden.* Diss. Tübingen.

Ahlwardt, W. 1889: *Die Handschriften-Verzeichnisse der Königlichen Bibliothek zu Berlin. Achter Band. Verzeichniss der arabischen Handschriften. Zweiter Band.* Berlin.

An-Nawawî (st. 676/1277) 1402/1983: *al-Arbaᶜûn hadîthan an-Nawawiyya.* Beirut.

Barzandjî 1414/1993: Al-Ishâᶜa li-ashrât as-sâᶜa. Damaskus.

Bashear, S. 1993: „Muslim apocalypses and the hour: A case-study in traditional reinterpretation", *Israel Oriental Society* 13, 75-99.

Cook, M. 1993: „An early Islamic apocalyptic chronicle", *Journal of Near Eastern Studies* 52, 25-29.

DER KORAN. In der Übersetzung von Friedrich Rückert herausgegeben von Hartmut Bobzin mit erklärenden Anmerkungen von Wolfdietrich Fischer. Würzburg 1995.

Erlemann, K. 1996: *Endzeiterwartungen im frühen Christentum.* Tübingen, Basel.

Hartmann, R. 1924: *Eine islamische Apokalypse aus der Kreuzzugszeit.* Berlin.

Ibn Kathîr 1405/1985: *Al-Bidâya.* Beirut.

Ibn Kathîr 1411/1991: *An-Nihâya.* Beirut.

Ibn al-Djauzî 1405/1985: *Al-Mudhish.* Beirut.

Ibn al-Djauzî 1415/1995: *Al-Maudûᶜât.* Beirut.

Ibn ᶜUthaimîn, Muhammad ibn Sâlih: *Ad-Diyâ' al-lâmiᶜ min al-khutab al-djawâmiᶜ* o. J.: 3. Aufl., Mekka, Beirut.

Kippenberg, H. 1990: „Apokalyptik / Messianismus / Chiliasmus", in: *Handbuch religionswissenschaftlicher Grundbegriffe* 2, 9-26.

Madelung, W. 1986: „Apocalyptic prophecies in Hims in the Umayyad Age", *Journal of Semitic Studies* 31, 141-185.

Nagel, T. 1978: „Das Leben nach dem Tod in islamischer Sicht", in: H. J. Klimkeit (Hg.), *Tod und Jenseits im Glauben der Völker.* Wiesbaden, 130-144.

Nagel, T. 1993: *Timur der Eroberer und die islamische Welt des späten Mittelalters.* München.

Rüling, Josef Bernhard 1895: *Beiträge zur Eschatologie des Islam.* Leipzig.

Sachedina, A. 1981: *Islamic Messianism, the Idea of the Mahdi in Twelver Shi'ism.* Albany.

Smith, J.I. / Y. Y. Haddad 1981: *The Islamic Understanding of Death and Resurrection.* New York.

Zerfall von Schöpfung und Ordnung: Indien

Bernhard Kölver

Sieht man reinweg auf den äußeren Ablauf der Ereignisse, dann hat vieles in den Mythen der Hindus vom Weltende eine unverkennbare Ähnlichkeit mit den Ideen, die andere Kulturen entwickelt haben – wie es nicht zuletzt die anderen Beiträge zu diesem Band deutlich machen. Gleichwohl wirkt der Blickwinkel, aus dem der Hinduismus das Ende der geschaffenen Welt betrachtet, trotz aller apokalyptischer Schrecken eher ruhig und gefaßt. Das versteht sich leichter, wenn man sich dem Thema gewissermaßen vom anderen Ende her nähert, wenn man sich vor Augen führt, wie die Welt beschaffen und entstanden ist.

Die im Anhang zusammengestellten Textproben geben einen gewissen Eindruck vom Gängigsten. Und wer sie überfliegt, merkt sehr schnell: Auch die indische Mythologie setzt an einem Punkt ein, der auf den ersten Blick nicht so sehr viel anders wirkt als das uns vertraute Modell einer Schöpfung mit ihrem Schöpfer. Freilich führt der indische Ausdruck, der noch am ehesten der Vokabel Schöpfung entspricht, zu einer etwas anderen Sicht. Das üblichste Wort, *visarjana*, heißt, wenn man wörtlich – oder von mir aus auch etymologisierend – übersetzt, ,Entlassen'. Und nun ist es nützlich, einen Moment den Implikationen dieses Begriffs nachzugehen: es sagt ja doch, es gibt etwas oder einen, das oder der entläßt, einen Ursprung, welcher Art auch immer – und die Vorstellung einer Gottheit läge an sich nicht so ganz fern. Aber im Unterschied zum Wirken eines schaffenden Gottes fehlt einem ,Entlassen' das Element des bewußten Willensakts.

Lassen wir diese Folgerungen aber fürs erste beiseite (wir kommen darauf zurück). Viel prominenter sind zwei Komplexe. Das ist erstens der Gegenbegriff zur Schöpfung, zu dem, was in unserer Ausdrucksweise die Vernichtung, das Weltende ist. Auch hier ist der indische Begriff hilfreich. Dem ,Entlassen' entspricht ein

‚Zusammennehmen, Zusammenraffen'. M.a.W., man könnte dieses Begriffspaar *Entlassen/Zusammenraffen* nehmen als einen Sonderfall von Werden und Vergehen.

Und einen zweiten Komplex spricht die Vokabel Entlassen an. Man könnte ihn in konkrete Fragen kleiden: Was ist es denn, was da entlassen wird? Wie und woraus ist die Welt entstanden? Wie sind speziell wir beschaffen, die wir ja unstreitig zum Entlassenen, zur phänomenalen Welt gehören?

Um eine gängige indische Antwort wenigstens zu skizzieren, es gibt fünf Elemente: zu den vieren, die auch die Vorsokratiker kannten, zu Erde, Wasser, Feuer und Wind, tritt als fünftes der Äther, der Leere Raum. Die stehen nun aber nicht parallel nebeneinander, sondern sind hierarchisch angeordnet, vom abstraktesten, dem Äther, über Wind, Feuer, Wasser zum konkretesten, der Erde fortschreitend. Mit jedem Schritt tritt eine zusätzliche Eigenschaft zu den vorherigen hinzu: zum Äther, den man nur hören kann, beim Wind noch die Berührung, denn Wind kann man hören und fühlen. Dann Feuer: es prasselt; Hitze ist spürbar; man sieht seine Flammen züngeln: also hat es zu den Eigenschaften von Äther und Wind auch noch Sichtbarkeit. Und so setzt sich die Kette fort, nach dem Prinzip einer fortschreitenden Konkretisierung und Vergröberung. Das Weltende wird sich, wenn es denn dereinst geschieht, als spiegelbildliche Umkehrung dieses Prozesses vollziehen: das je konkretere Element wird in das je abstraktere eingehen (Anhang 2).

In verschiedenen Mengen, Arten und Proportionen verbinden sich nun Elemente zu den Objekten der geschaffenen Welt: wie das Modell gehandhabt wird, werden wir gleich am Beispiel des Menschen sehen. (In einem späteren Stadium kommen psychische und intellektuelle Fähigkeiten hinzu.) Das Verfolgen führt uns in eine frühe Form philosophischer Anthropologie, abstrakter als das, was zum Verständnis der indischen Ideen vom Weltende nötig ist.

Jedoch knüpft an die Lehre von den Elementen eine weitere sehr wesentliche Einsicht an. Es ist ja auffällig, daß die fünf Elemente sämtlich im menschlichen Körper vorhanden sind, daß unsere Sinnesorgane ihnen entsprechen, dem Äther mit seinem Ton das Ohr, dem sichtbaren Feuer das Auge, dem spürbaren Wind die Haut. (Die Fortsetzung der Kette wirkt für unsere Begrifflichkeit willkürlich: beim

Wasser trete zu allen Eigenschaften des Feuers noch hinzu das Charakteristikum *Geschmack*, bei der Erde weiters *Geruch*; *Zunge* und *Nase* sind die entsprechenden Organe.)

Nun haben wir hier nicht über die Plausibilität des Modells zu richten; uns beschäftigt vielmehr, was das frühe Indien mit ihm angefangen hat. Und das hat diese Analogie regelrecht zu einem Angelpunkt der Weltsicht entwickelt, zur These, *dem Makrokosmos Welt entspricht der Mikrokosmos Mensch*. Deshalb kann eine Upaniṣad folgerichtig Sätze sagen wie *aham evedaṃ sarvam* ,ich eben bin alles/das All' (ChāndUp 7.25.1). An sich ist schon damit die Brücke von Welt zu Mensch geschlagen, vom Weltende zum individuellen Tod: da gewinnt das spekulativ-distanzierte philosophische Modell plötzlich seine Relevanz, seinen ,Sitz im Leben', wie die Theologen sagen.

Jetzt könnte man hingehen und mit diesem Modell ein Gedankenexperiment anstellen. Das lag deshalb nahe, weil dies frühe Denken immer das Höhere, Allgemeinere suchte, aus dem sich das Konkretere durch einen Prozeß der Vergröberung herausgebildet hat. Die Anschauung lehrt ja aber, daß z.B. Luft ,feiner' ist als Wasser oder Erde: also ist sie abstrakter, also dem Ersten Anfang näher.

Verlängern wir also die Kette mit ihrer nach unten anwachsenden Zahl von Eigenschaften nach oben, über den Äther hinaus. Da käme man auf eine Instanz, die auch der einen und einzigen materiellen Eigenschaft des Äthers, des Tons, des Hörbaren, ermangelt. Da ergibt sich also – sagen wir ruhig zunächst einmal: hypothetisch – etwas, das notwendig jenseits von Erfahrbarkeit und Definierbarkeit liegt. Denn Definition besteht ja immer in Abgrenzung zu etwas anderem, und wie ließe sich abgrenzen, was alles aus sich entläßt?

Dieses Konstrukt aber, ohne jede Eigenschaft und darum allumfassend, ist nun das Absolute, nach dem das Denken so lange gesucht hatte. Naturgemäß ist es unmöglich, es in menschlicher Sprache ausdrücken zu wollen. Und so lesen sich die Versuche, es gleichwohl zu benennen, einigermaßen kryptisch: ,*Nicht Sein nicht Nicht-Sein*', sagt der Rigveda; eine spätere Literaturschicht findet eine andere, nicht unelegante Lösung: sie nimmt das Fragepronomen als Appellativ, spricht vom *Wer?* auch in Sätzen, die keine Fragen sind. Nach einiger Zeit hat sich die frühe Philosophie auf das Wort *bráhman* geeinigt, um

dieses Höchste, Absolute zu bezeichnen. Das wird meist mit ‚Weltseele'
wiedergegeben – eine in vielen Kontexten treffende Paraphrase, nur
bringt sie nicht zum Ausdruck, daß auch Materie aus diesem Absoluten
hervorgeht.

Dieses Absolute zu erkennen, das unvergänglich ist und jenseits und
vor aller Entfaltung liegt, das der ganzen phänomenalen Welt zugrunde
liegt; mit diesem Absoluten sich zu vereinigen, also den Gang der
Evolution rückwärts zu gehen, der zur Herausbildung einer
Individualität führte: Das ist das Ziel irdischen Lebens. In dieser Welt
kann es nicht anzutreffen sein. Denn erstens: Wo wäre hier in den
Welten Unvergängliches? (Man sieht: Damit wird das Heraustreten aus
der Welt eine geradezu notwendige Folgerung für die Suche nach dem
Absoluten.) Und zweitens: Wie könnte ich hoffen, mit meinem an
Phänomene, an die Elemente gebundenen Wahrnehmungs- und
Erkenntnisapparat, das zu erkennen, was jenseits aller Phänomene liegt?
Hier stellt sich drängender die nämliche Folgerung: Die einzige Chance
zur Befreiung liegt im Heraustreten aus der phänomenalen Welt. Das
will dann auch das buddhistische Bild vom Rad der Existenz darstellen,
das die Stadien phänomenalen Seins aufzeichnet (Anhang 4). Der
Buddha, Sinnbild für die befreiende Erkenntnis, steht links oben
außerhalb des Rades, und es gibt Versionen des Bildes, in denen im Feld
Menschen ein schmaler Pfad beginnt, der die Felge durchbricht und
hinführt zum Buddha: Figürchen in mönchischer Kleidung wandeln auf
ihm.

* * *

Aus diesem Zusammenhang lassen sich die indischen Vorstellungen
vom Weltende begreifen. In der Mythologie des klassischen
Hinduismus sind sie ein vertrautes Motiv. Die kleine Textauswahl
berührt nur einen verschwindenden Teil der Quellen, und natürlich wäre
es eine Lockung, weiteres hinzuzufügen, so etwa die Flutsage, diese
merkwürdige Parallele zum Alten Testament, und was nicht noch.

Jetzt sind es aber nicht nur bekannte Erzählstoffe, die sich aus
Indien parallelisieren lassen. Auch von den Gedanken, mit denen der
Untergang begründet wird, wirkt vieles vertraut. Der Auszug aus dem
Kalkipurāṇa (Anhang 3) gibt mit seinem fortschreitenden Verfall der

Sitten Stichwort und Beispiel; natürlich sind es die hinduistischen Vorstellungen vom Rechten Leben, die da im Verlauf der Zeiten immer stärker mißachtet werden.

Es benutzt die Begrifflichkeit einer Lehre von Vier Zeitaltern der Welt, im Typ ähnlich der griechischen vom Goldenen, Silbernen usw. Der ganze Ablauf ist, wie anderswo so auch bei den Hindus, diktiert von fortschreitendem Niedergang. Die Sitten verfallen; das Recht liegt danieder; es schrumpft das den Menschen zugemessene Lebensalter. Der Text engt also den Grund für den Untergang auf menschliches Fehlverhalten ein – so jedenfalls scheint es auf den ersten Blick. Aber dann trifft man auf Sätze wie *die Erde trägt wenig Getreide.* Soll man sagen, hier antwortet die Natur, oder unterliegt sie dem nämlichen Verfallsprozeß wie die Menschen? Sind die menschlichen Vergehen Ursache oder Symptom?

Mir scheint, man sollte diese Frage nicht an die Texte stellen. Denn hier deutet sich an, was Mythologie und Philosophie Indiens in mannigfachster Weise beleuchten: Mensch und Natur stehen nicht etwa bloß in Wechselwirkung, sondern sie sind, wie wir oben gesehen haben, aus den gleichen Grundsubstanzen geformt; der Mensch ist ein Glied in einer langen Kette von Wesen. Das buddhistische Rad der Existenz (Anhang 4, Abb.) gibt einen Ausschnitt aus diesem Kontinuum: Den Raum zwischen den sechs Speichen füllen die Welten der Götter und Widergötter und Menschen, der Tiere und Toten und Höllenwesen – selige und unselige Existenzformen, in denen ein Wesen, eine Individualseele, je nach den Taten in früheren Geburten so lange kreist, bis sie die befreiende Erkenntnis gefunden hat.

Immerhin, beim Menschen (auf den sich ja auch das Rollbild beschränkt) und beim Zerfall der Sitten (Anhänge 1 und 3) müssen wir eine Weile bleiben. Die Texte lassen ja schon vermuten, was ein hervorstechender Zug des Hinduismus ist: er regelt, regelt alles; er gibt einen kaum überschaubaren Satz an Vorschriften für das Richtige Leben. Das tut jede Ethik, wird man einwenden, so sind Religionen. Richtig; nur sind die Ideen von Ordnung und Hierarchie im Hinduismus auf die Spitze getrieben. Hierher gehört nicht nur das Kastensystem, das die verschiedenen Berufe in eine unumstößliche Hierarchie ummünzt: das gleiche Bestreben, eine Natürliche Ordnung zu erkennen, findet sich überall, und überall die Vorschrift, dieser Natürlichen Ordnung im praktischen Leben Rechnung zu tragen. Ältere Geschwister dürfen nicht vor den jüngeren heiraten. Im Haus wird sich keine Tür nach Süden öffnen, denn in der Region der brennenden Sonne des Mittags wohnt der Gott des Todes: Wer wird ihm sehenden Auges den Zugang gestatten? In solcher Weise ist alles geregelt, die Umwelt des Menschen durchsemantisiert, bis hin zu der Art, welche Kleider man zu welchem Anlaß zu tragen hat, wie man mit seinen Ausscheidungen umgeht. Entsprechend unheimlich alles Fremde, Unerklärliche, das in diese geordnete Welt einbricht. Um beim Alltagsleben zu bleiben: Nicht geheuer ist z.B. der Schlaf. Zeigen nicht seine Träume uns Bilder, Existenzformen, die nicht der geordneten Welt des Wachens entstammen? der Schlafende weilte also – wo? – jedenfalls nicht im Alltag. Also wird er sich nach dem Erwachen wieder eingliedern in die Normalität. Und so schafft er sich, in den Morgenriten, gewissermaßen neu. Hier stoßen wir wieder auf die bekannten Fünf Elemente, aus denen er, aus denen die Welt besteht: Er setzt sie rituell wieder in sich hinein, er schafft sich gewissermaßen neu.

Solchen Ideen von einer lebensnotwendigen Ordnung aber entspricht der Untergang geradezu notwendig. Ich habe eben von dem Gebot zur Realisierung, Verwirklichung der Ordnung gesprochen. Wenn die nun fortwährend mißachtet wird, vergeht, verfällt, dann ist der normale (und das heißt der ideale, richtige, geordnete) Lauf der Welt gestört; ‚the time is out of joint‘, die Zeit ist aus den Fugen. Ungeordnet aber kann Welt nicht bestehen; ganz konsequent kommt das Bestehende zu seinem Ende.

Im Typ ist das nicht so anders als die eschatologischen Ideen, wie sie uns aus dem christlich-abendländischen Kulturkreis vertraut sind. Die sind nun aber in Indien eingebettet in ein *zyklisches Weltbild.* Der Jahresablauf, geprägt durch den beständigen Wechsel von Werden und Vergehen, weitet sich zum Modell für Leben und Existenz schlechthin. Die alte Idee von der Wiedergeburt spielt eine entscheidende Rolle, wie es in buddhistischer Version die Abbildung sehr anschaulich dartut. Da hält mit Händen und Füßen der Dämon *Zeit* ein Rad. Auf dessen Felge sind symbolisch zwölf Stadien dargestellt; sie beginnen mit Unwissenheit und reichen bis zu Geburt, Alter und Tod, will sagen, sie umfassen die gesamte Existenz, von ihrem ersten Anfangsgrund bis zu ihrem Ende. Und sie bilden einen *geschlossenen Kreis*. Denn der Tod führt hinüber zu neuer Existenz, wiederum aus Unwissenheit geboren. (Der Wissende ist – wir haben eben von der befreienden Erkenntnis gesprochen – aus der Welt entronnen.) Man sieht: in ihrem Kern ist dieser Vorstellungskreis von der Idee der Weltzeitalter, von einem Anfang, einem Ende und einem Neubeginn, nicht so verschieden.

Die Integration des Vergehens in den Weltenlauf wiederholt sich in der Mythologie. Da gibt es die drei großen Gestalten der klassischen Trias, Brahmā, Viṣṇu und Śiva. Jede von ihnen stammt aus ihrem eigenen geistigen (und wohl auch historischen) Umfeld, und zahlreich sind die Mythen, die von einem manchmal bis zur Feindseligkeit gesteigerten Wettstreit unter ihnen erzählen. Neben denen aber steht ein anderes Modell, wo sie gewissermaßen systematisch zusammengefügt sind. Da ist dann Brahmā der Gott des Entstehens, der Schöpfung; Viṣṇu der des Bestehens, Erhaltens, Seins; Śiva schließlich der der Vernichtung, des Vergehens. Das sind ja nun aber Aspekte eines einzigen Prozesses, und wie um das augenfällig zu demonstrieren, wachsen die drei zu einer einzigen Gestalt zusammen, einer dreiköpfigen Gottheit, oder auch weiter, zu einer Gestalt mit einem einzigen Haupt, das nach drei Richtungen drei verschiedene Gesichter trägt.

Vor solchen Ikonen wird dann (und das ist eine unter den möglichen Lesarten; wir werden gleich sehen, sie ist nicht die einzige) die so unendlich oft erwogene Frage zuschanden, welchem von den dreien denn nun der Vorrang gebühre. Wenn drei getrennt faßbare göttliche Individualitäten zu einer einzigen verschmelzen, und wenn dann weiters oder gleichwohl einer von ihnen der Oberste der Götter genannt wird, dann mag sich da zwar das Bedürfnis nach einer klaren Hierarchie ausdrücken; widersinnig ist es gleichwohl. Der Hinduismus hat immer auch versucht, in der Pluralität der Erscheinungen die zugrundeliegende Einheit zu erkennen, ohne darüber der Vielheit die Existenz und (wenn auch bloß relative) Gültigkeit abzusprechen. Ins Göttliche gewendet ist das die Frage nach Einsicht und Entwicklungsstand des einzelnen Individuums. Dasselbe Denkmodell, das das Rad der Existenz für das Leben eines Einzelwesens veranschaulicht, ist in der dreiköpfigen Gottheit für eine ganze Weltperiode, von ihrem ersten Entstehen bis zur völligen Vernichtung, in kosmischem Maßstab ausgedehnt zu unfaßbarer, kaum ermeßlicher Dauer: nach einer gängigen Zahl sind es 4.320.000 Jahre, die eine Weltperiode umfaßt, und Anhang 1 überhöht sie gleich tausendfach.

Und nun kommt in gewissem Sinn die Hierarchie doch: Sie ist enthalten im Bild des Rades, in der Idee vom zyklischen Ablauf der Zeit. Die geschaffene Welt ist untergegangen, restlos; nur die Wasser, so sagt es Anhang 1, bleiben übrig. Es schließt sich eine Phase der Ruhe an, wieder – vielleicht – jene 4.320.000 Jahre, die wir schon kennen, und an ihrem Ende setzt das Rad zu einer neuen Umdrehung an. So weiter in ewigem Wechsel, ohne Anfang und Ende.

Da klafft also ein Vakuum zwischen je zwei Weltperioden, in dem alles Lebende zum Erlöschen gekommen ist. Aber *Nicht war ein Seiendes, nicht war ein Nichtseiendes damals* – so sagte an ihrem Beginn die schon zitierte berühmte kosmogonische Hymne im ältesten indischen Literaturdenkmal, im Rigveda, da, wo er von der Zeit vor dem Ersten Anfang spricht. Der fast gleiche Gedanke findet sich in der späteren Literatur umgesetzt in den Mythos von Viṣṇu, wie ihn Anhang 1 gegen Ende andeutet und wie ihn die bildende Kunst nicht selten darstellt. Da liegt er in den Wassern, auf der geringelten Schlange Śeṣa, nicht wachend, nicht schlafend. Irgendwann wird aus seinem Nabel ein Lotus entspringen: ein Geschehen eher als ein bewußter, gewollter Akt. Irgendwann wird sich der Lotus öffnen; in seinem Inneren birgt er Gott Brahmā, den Schöpfergott der Trias. Und indem der sein Werk beginnt, nimmt eine neue Drehung des Rades ihren Lauf.

Das alles läßt sich natürlich mit Viṣṇus Funktion in der Trias zwanglos verbinden. Das Erhalten dehnt sich über die eine Weltperiode hinaus auf alle Zeit, wiederum anfangslos, endlos, etwa so, wie im überschaubaren Maßstab die Existenz der Individuen ein Ende hat, das Leben aber sich von Eltern zu Kindern fortpflanzt. Und so ergibt sich etwas, das man eine theistische Version jenes Modells von einem Höchsten, Absoluten nennen könnte, das jenseits aller Manifestation und Erfahrbarkeit liegt – vielleicht nicht so anders als das, was die alten mit ihrem *Wer*, ihrem *bráhman* zu sagen versuchten. Natürlich kann man fragen, ob ein allumfassendes Höchstes eine Benennung verträgt. Man könnte antworten, die Visionen von Viṣṇu ('nicht schlafend, nicht

wachend' usw.) zeigen eine Existenzform, die in keiner normalen Welt
eine Parallele findet.

Um das Vorangegangene zusammenzufassen – und ein wenig zu
extrapolieren: Es hat sich gezeigt, auch dem ordnenden Geist der Hindus
ist das Chaos nicht fremd, und auch in ihren Texten und Bildern hat es
alle Züge einer Apokalypse, eines Weltendes mit Furcht und Schrecken,
mit Qual und Tod und gänzlicher Vernichtung. Gezeigt hat sich aber
auch ein zweites: nämlich, daß all diese Qual, die vollständige
Auflösung, hingenommen wird als eine normale und notwendige Phase
in der Existenz von Geschaffenem. So wie Tod auf Leben und Leben
auf Tod folgt, so wie die Nacht den Tag ablöst, so folgt auf Evolution
notwendig ihr Gegenstück; so wie die Gottheit, das Höchste Ewige aus
sich *entläßt*, so nimmt sie das Entlassene wieder in sich auf. Den neuen
Anfang, der auf jedes Ende folgt: der letzte Passus von Anhang 1 deutet
ihn an.

Es liegt eine ungeheure Distanziertheit darin, wenn sich der
menschliche Geist daran wagt, kühlen und detachierten Auges diesen
sich über Äonen hinziehenden Prozeß zu betrachten.

Aber es ist genau diese Distanziertheit, die der Hinduismus lehren
will. Ich kam vor einer Weile zufällig über eine Inschrift, eine
Kupferplatte aus dem Südindien des 16. Jahrhundert. Da beschenkt ein
König eine religiöse Institution, und nennt, so wie es Sitte ist, deren
Haupt, den Empfänger. Und da zählt der Text dann auf, wie der heilige
Mann die verschiedenen äußeren Attribute der Gottheit trägt. (Diese Art
äußerlicher Identifikation ist ganz gängig; natürlich stilisiert man sich
nach dem Leitbild, das die Gesellschaft vorgibt.) Dann kommt ein sehr
bezeichnender Ausdruck: Er, der fromme Herr, sei ‚einer, der das Leid
von Gegensatzpaaren wie heiß und kalt usw. überschritten hat'. Um bei
diesem Ausdruck einen Moment zu verweilen: Der Text sagt *nicht*, daß
er sie nicht empfindet, die Unterschiede von heiß und kalt, von schön
und häßlich und was für Paare man sich sonst noch denken mag. Wohl
aber heißt es, er empfindet seine Reaktionen nicht mehr als leidhaft; er
hat gelernt, emotionslos als Manifestation der Natur hinzunehmen, was
ihm zustößt. Und die Art, wie er reagiert, hat nichts mit Fühl- oder
Herzlosigkeit zu tun. Für die Buddhisten, die sehr Ähnliches sagen, ist
gleichzeitig ein hohes Gebot die *maitrī*, die detachierte Freundlichkeit
gegen jedermann.

Da hat man also in der Darstellung eines Individuums eine Probe jener Distanz, die einen Menschen dann auch befähigt, die zerstörenden Feuer und Wasser des Weltendes in Ruhe zu bedenken. Das Weltgeschehen wird betrachtet von hoher Warte aus, aus unendlicher Entfernung, von einem Standpunkt, der in anderen als menschlichen Dimensionen rechnet. Wer den göttlich nennen mag (und was spräche dagegen?), der könnte glatt anschließen, was hinduistische Texte oft genug aussprechen: Der Mensch ist ja doch die Gottheit, ist letztlich mit ihr identisch; nur gilt als so unendlich schwer, diese Identität zu erfahren und zu realisieren. Das gleiche wieder anders in dem Rad der Existenzen. Es verdeutlicht, daß man die Chance hat, die menschliche Existenz zu verlassen, daß man sich hinausbegeben kann aus dem Zyklus der Zeit.

Es ist wohl noch ein zweiter Faktor, der zu dieser kühlen Sicherheit und Distanz verhilft. Das ist die gewissermaßen naturwissenschaftliche Begründung der Evolution, wie wir sie eingangs skizziert haben und wie sie in unserer kleinen Auswahl das Textstück aus dem Kūrmapurāṇa (Anhang 2) zeigt. Ein Heutiger wird den Ausdruck ‚naturwissenschaftlich' belächeln: Wir haben alle auf der Schule Mendelejev gelernt, und der sagt uns, wir kommen nicht aus mit den Fünf Elementen der klassischen indischen Theorie. Aber wir treiben hier nicht Chemie, sondern sehen uns indische Modelle an – und man braucht wohl gar nicht weiter groß Apologetik zu betreiben: Schließlich haben die Griechen auch ihre Vier Elemente gehabt – Erde, Wasser, Feuer, Wind. Das heißt aber, man hat jahrtausendelang die Realität mit diesem Fünfermodell begreifen können. Und man hätte in Rechnung zu stellen: Dieses Kūrmapurāṇa, aus dem der zitierte Passus stammt, ist alles andere als ein theoretisierend-philosophischer Text. Vielmehr gibt er gängiges Gedankengut; das Fünfermodell findet man an unzähligen Stellen wieder.

All das soll sagen: diese Fünf, das war nicht ein mythisches Weltbild, war kein Glaube, sondern war erfahrbare Wirklichkeit. Man sieht die Auflösung ja doch überall. Nehmen Sie den toten menschlichen Körper. Das Sanskrit hat eine idiomatische Redewendung für ‚sterben': *in die Fünfheit gehen*. Die leitet sich aus der Lehre von den Elementen her. Der Körper löst sich auf: der Atem verläßt ihn – heißt das denn nicht, der Wind zieht aus ihm aus? Der Leichnam erkaltet: Das ist Wärme, Feuer, die ihn verläßt. Wo gehen dies Feuer, dieser Wind denn hin wenn nicht zum Feuer, zur Luft? All das heißt: da bestätigt die Umwelt andauernd die alte Analyse, bestätigt jenen Prozeß des Werdens und Vergehens, den die Hindus in ihrer Schilderung der Apokalypse nun ins Kosmische übertragen. Sie werden es richtig verstehen, wenn ich jetzt sage: Die Theorie stimmt.

Und nun kommt die Moderne, kommt Mendelejev. Man stelle sich einen Moment vor, was das bedeutet: mit einem Schlage ausgehöhlt, als nichtig erwiesen, was über Jahrhunderte unbestrittene Wahrheit, fester Bezugspunkt des Denkens und Lebens war. Was soll ein Hindu nun machen mit seiner Tradition, der plötzlich der Boden entzogen ist?

Man denkt natürlich an die Modelle, die das Christentum entwickelt hat, um mit der Bibel umzugehen. Soll man die Überlieferung *en bloc* ins Mythische hinübertransportieren? aus den Mythen ein Kerygma herauszuschälen trachten? Was immer die christliche Theologie in den vergangenen Jahrhunderten versucht hat: Der Hinduismus hat es kaum erprobt, und man kann sich nur schwer vorstellen, wie es übertragbar wäre. Denn der Hinduismus kennt die Trennung zwischen Alltag und Religion nur auf der Oberfläche; er sucht sie stets und immer zu überwinden; das Zeitliche ist immer Manifestation des Permanenten, auch Sie und ich, mit Körper und Geist. Mit der Dissoziation von Religion und Alltag wird der Hinduismus nicht gut fertig, und so gibt es bis heute viele, die am Überkommenen festhalten und sich mit der Moderne schwertun. Es gibt die anwachsende Gruppe der Anderen, die laut und lärmend das Indische von sich abtun, bei jeder Gelegenheit ihre Modernität demonstrieren müssen und dabei in einen billig ironisierenden Stil verfallen, der mitunter ausgesprochen schwer erträglich ist.

So sieht man sich mit besonderer Aufmerksamkeit diejenigen an, die zwischen den beiden Polen stehen. Als unter der englischen Kolonialherrschaft Bildung nach europäischen Mustern und mit abendländischen Inhalten in Indien Fuß faßte (das war in der 2. Hälfte des 19. Jahrhundert), da setzten gleichzeitig die Versuche ein, Brücken zu schlagen. Das hat ziemlich früh begonnen. Hier ein längst verstorbener Kollege; er schreibt über einen gelehrten Hindu, der 1889 in Europa Vorträge hielt:

Als ein Mann von europäischer Bildung spricht er von Anthropologie und Geologie, von Darwin, Haeckel, Spencer und Quatrefages, aber nur um zu beweisen, daß die Weltanschauung der Purāṇas und deren Lehren über die Weltschöpfung wissenschaftliche Wahrheiten sind.. [1].

Solche Versuche finden sich bis heute. Auch ich kann nicht erkennen, daß da die Lösung liegen könnte – auch wenn ich den Stab nicht ganz so rasch brechen würde: ‚Wissenschaftlich' als Kategorie, als Denkmodell und Anspruch, hat ja doch existiert schon in den ältesten Analysen. Ist es denn so falsch zu sagen, es sind Wärme, Feuer, Wind, die den Toten verlassen, es ist Erde, zu der er zerfällt? Und dann: Wir finden ja heute vielleicht doch etwas leichter einen adäquateren Zugang zu mythischen Modellen.

So kann man der naiven Anschauung das Wort reden – und jeder weiß doch, heutige Wahrheit ist das nicht mehr. Den Zusammenbruch des alten Weltbilds mag man wohl als Chaos empfinden; jedenfalls gibt er Orientierungslosigkeit, ob die sich nun äußert im blinden Festhalten an der Tradition oder im anderen Extrem, indem man sie radikal verwirft. Für beide Modelle sind die düsteren Prophezeihungen des Kalkipurāṇa (Anhang 3) beklemmend nah.

Ob der Hinduismus imstande sein wird, die Krise zu bewältigen, kann ich nicht erkennen. Aber ich bin Westler; es möchte sein, ich habe Unrecht, und indem ich diese trüben Worte niederschreibe, kommt mir natürlich der Zusammenhang in den Sinn, in den eine andere Version der Mythen ihre Beschreibung des totalen Verfalls stellt: Am Ende einer Weltperiode, nach einer verheerenden Schlacht, wird Kalkin wieder aufrichten das Reich des *dharma*, des richtigen Verhaltens, der Ordnung. Es hat etwas Tröstliches zu sehen, wie eine Kultur mit Fassung das Auge auch auf das Abweichende, das Gräßliche, den Untergang richten kann und jenseits des Untergangs einen Neuanfang erkennt: Sie bettet Gegenwart ein in mythische Zeit.

---

1   Moriz Winternitz: Geschichte der indischen Literatur. Bd. 1 (Leipzig 1909), S.448f.

Anhänge

Die folgende Textauswahl gibt keine in allen Stücken akkurate Übersetzung, sondern öfters glättende – jedoch, wie ich hoffe, nicht sinnentstellende – Versionen, um den Zusammenhang nicht mit Erörterungen von Detailproblemen zu belasten. In Petit: längere, in Kursiv: kürzere Erläuterungen, Paraphrasen. Vokative der Erzählsituation weglassen. *: Mehrdeutigkeiten, Textprobleme. In eckigen Klammern: Hinzufügungen.

1. Ende der phänomenalen Welt, mythisch

Quelle: Viṣṇupurāṇa 6.3.14 ff. (Śrī-śrī-Viṣṇupurāṇa. Gorakhpur 2043 [V.S.], S. 503 ff.)

Viṣṇu, Hari, Janārdana, Vāsudeva: Namen verschiedener Erscheinungen eines und desselben Gottes. In der klassischen Göttertrias, in der er die Funktion des die Schöpfung Erhaltenden hat, stehen neben ihm Rudra (= Śiva usw.) als der Zerstörende, und Brahmā als der Erschaffende. Der gegenwärtige Text (und durchaus nicht nur er) faßt – auf einer Interpretationsebene – die beiden letztgenannten als Manifestationen Viṣṇus auf. Von vielen Hindus wird dergleichen als Ausdruck einer Hierarchie verstanden; andere halten die Hierarchie für prinzipiell sinnlos und begreifen die verschiedenen Gestalten als unterschiedliche, auf verschiedene Situationen bzw. Funktionen antwortende Erscheinungsformen.

Am Ende von tausend [Perioden von] vier Weltaltern, wenn die Erde fast ganz erschöpft ist, entsteht eine hundert Jahre währende sehr schreckliche Dürre. Durch die daraus entstehende Qual vergehen die Erdenwesen restlos, sie, die nur noch sehr geringe Kraft (‚Essenz') haben. Darauf nimmt der Erhabene Viṣṇu, der unvergängliche, die Gestalt Rudras an und setzt alle Wesen, die in [s]einem Selbst befindlich sind, instand, [sich] für die Vernichtung (*bereit)zumachen.

   Befindlich in den Sieben Strahlen der Sonne trinkt darauf der Erhabene Viṣṇu die Wasser restlos auf. Und wenn er die ganzen Wasser getrunken hat – auch die in die Lebewesen und in die Erde gegangenen – dann führt er die ganze Erde zur Austrocknung: die Meere, die Flüsse, die *Bäche* aus den Bergen, die Wasserfälle und was an Wasser in den Unterwelten ist: das alles bringt er zum Schwinden. Darauf, kraft seiner Macht genährt durch die Nahrung dieses Wassers, entwickeln sich diese Sieben Strahlen zu Sieben Sonnen[a] und unten und oben entzündet, verbrennen diese Sieben Sonnen restlos die Dreiwelt, einschließlich der Unterwelt. Die Dreiwelt, durch diese entzündeten Sonnen verbrannt, wird aber samt ihren Bergen, Flüssen und Meeren im ganzen Umfang trocken; [...] ihre Bäume und Wasser sind verbrannt, und die Erde nimmt ein Aussehen an, das die Gestalt eines Schildkrötenpanzers hat.

Darauf wird Hari zum Rudra des Feuers der Zeit, der alles dahinrafft. Und zum Atem der Schlange Śeṣa geworden verbrennt er unten die Unterwelten.

[25] Und wenn er alle Unterwelten verbrannt hat, geht der große Flammende auf die Erde und frißt den Erdkreis. Und darauf umfängt ein sehr grausamer, großer Strudel von flammenden Kränzen ebendann die ganze *Zwischenwelt* und den Himmel. [27 om.]

Aber die Einwohner der Zwei Welten, ihre Aufgaben getan, gehn, von Hitze umgeben, in die *Mahar*-Welt [*und als die Hitze auch die erreicht, weiter nach oben*].

Wenn Janārdana in der Gestalt von Rudra so die ganze Welt verbrannt hat, macht er Wolken, die aus dem Hauch seines Mundes entstehen. Darauf erheben sich im Himmel die furchtbaren Wolken namens Saṃvartaka, die Elefantenherden ähneln: Es blitzt aus ihnen und donnert überlaut. Manche sind schwarz wie dunkle Lotusse; andere weißen Lotussen gleich; rauchfarbene Wolken unter ihnen; andere gelb [*usw.*: wie Kristall, Saphir, Arsen, rot ...]. Von großem Getöse, von großem Körper erfüllen sie den Himmel. Große Fluten regnend bringen sie das gräßliche Feuer zum Erlöschen, das in der Dreiwelt *rast*. Und auch wenn das Feuer zerstört ist, regnen sie immer weiter, Tag und Nacht, und bedecken die ganze Welt mit Wassern. Und haben sie die ganze Welt mit ihren unermeßlichen Fluten bedeckt, bedecken sie die *Zwischenwelt* und auch das, was über ihr ist. Und wenn die Welt düster

---

a em. *raśmayo*

gemacht ist und Unbelebtes und Belebtes verloren, regnen diese großen Wolken noch mehr als hundert Jahre [weiter].

So ist am Ende einer Weltperiode das Ganze – durch die Größe Vāsudevas, des Ewigen, des Höchsten Selbst.

[Kap. 4] Wenn das Wasser beim Großen Wagen angekommen ist und steht, dann ist diese ganze Welt ein einziger Ozean. Darauf weht weitere hundert Jahre ein Wind, aus dem Atem von Viṣṇus Mund entstanden, der die Wolken vernichtet. Der Erhabene, Undenkbare, der alle Wesen umfaßt, Gewordenes zur Entstehung bringt, der anfangslose Anfang von allem: der nimmt diesen Wind restlos in sich auf (*wörtl.: trinkt*). In diesem einzigen Ozean ruht der Herr, liegend auf [der Schlange] Śeṣa als Lager; Hari, der Erhabene, [wenn] er den Anfang macht, trägt die Gestalt Brahmās. [*1 Vers ausgelassen*]. Er, der Seele und Illusion umfaßt, befindet sich in göttlichem Schlaf des Yoga, und denkt sein Selbst unter dem Namen Vāsudeva.

Das ist die Aufhebung, die den Namen ‚ursächlich‘ trägt, weil da Hari, in der Gestalt Brahmās, als Ursache ruht.

2. Ende der phänomenalen Welt, populärphilosophisch

(a) Die Umkehrung der Evolution: Außenwelt

Quelle: Kūrmapurāṇa (ed. Veṅkaṭeśvara Steam Press, Bombay 1962 [V.S.], 2.46.14bf., Blatt 133a

Die Erde samt allen Eigenschaften wird in den Wassern absorbiert. Das Element Wasser samt seinen Eigenschaften wird vom Feuer verschlungen; das Feuer, mit seinen Eigenschaften verbunden, wird gänzlich zerstört im Wind. Der Wind, allerhaltend, wird mit seinen Eigenschaften im Leeren Raum vernichtet, und der Leere Raum[b] mit seinen Eigenschaften wird aufgelöst im Anfang des Gewordenen.

---

[b] lies: *ākāśo* statt *ākāśe*.

Ein seit alter Zeit gängiges Modell unterscheidet fünf Elemente: Erde, Wasser, Feuer, Wind, Leerer Raum. Sie sind hierarchisch angeordnet. Am höchsten, abstraktesten der Leere Raum, der nur über eine einzige Eigenschaft verfügt, den Ton. In jedem weiteren Element tritt eine weitere Eigenschaft hinzu: beim Wind die Berührung; beim Feuer Licht, Helligkeit; beim Wasser zusätzlich Geschmack; bei der Erde, dem konkretesten, das dann fünf Eigenschaften hat, der Geruch. Der Evolutionsprozeß schreitet in diesem Modell vom Abstrakteren zum Konkreteren fort; die Absorption geht ihn zurück.

(b) Die Umkehrung der Evolution: Individuum

Quelle: ebenda, 2.46.17 f.

Und alle Sinnesorgane gehn zur Vernichtung im Feuer; und alles Wechselnde/Veränderliche geht mit den Scharen der Götter in die Vernichtung [...] Dies dreifache Ichbewußtsein geht zur Vernichtung im Intellekt (*mahat*).
Im klassischen Evolutionsmodell des Sāṃkhya/Yoga steht der Intellekt (*mahat*) über der Herausbildung eines Ichbewußtseins: er ist überindividuell.

(c) Aufspaltung des Uranfänglichen, am Anfang aller Evolution stehenden Paars Natur und Monade

Quelle: ebenda, 2.46.19b f.

Wenn der Große Gott (*Maheśvara: ein Name des Gottes Śiva*) die Wesen und die Elemente zusammengerafft hat, dann trennt er Natur und Monade (*puruṣa*) voneinander: er wird der Raffer des ungeborenen Paars Natur und Monade genannt. Man weiß: Vernichtung ist erzeugt durch Maheśvaras Willen, nicht von selbst. Das Unentfaltete, bei dem die Eigenschaften im Gleichgewicht sind, wird als Natur besungen.
Der Natur haften drei (benannte) Eigenschaften an; die Unterschiede in Erscheinung und Disposition geschaffener Wesen erklären sich durch Überwiegen dieser oder jener von ihnen durch unterschiedliche Proportion. Sind sie im Gleichgewicht, so der Text, existiert ‚Natur' in ihrer reinsten Form, eben unentfaltet: verschiedene Individuen existieren nicht.

3. Der Zerfall der Ordnung: Verhalten im Kali-Zeitalter

Quelle: Kalkipurāṇa 1.22ff., stark gekürzt; Veṅkaṭeśvara Steam Press: Reprint Delhi 1986, S. 9 ff.

Die Menschen vernichten das Opfer, das Studieren, die Gabe usw., den Veda, die Tantras; sind Wohnstatt von Angst, Krankheit, Alter, Erschöpfung, Leid, Pein und Furcht, [...] sind bedacht auf den Moment und auf Lust.

Betrügerisch, von üblem Wandel die Brahmanen, schädigen Vater und Mutter, verachten den Veda, sind elend, kennen nichts anderes als Dienst an Śūdras; sind vielfältig in schlechter Argumentation/Logik; verkaufen, die Niedrigen, den *dharma*, verkaufen den Veda, stehen außerhalb der rituellen Gemeinschaft, [...] verkaufen Fleisch, sind grausam. Geschlechtstrieb und Bauch ihr Höchstes: sie treiben es mit den Frauen anderer, sind betrunken, bewirken Vermischung der Kasten. 26. [...] Erregt durch Prozesse und Streit, geschmückt durch Haare, durch Kleider, ohne Unterscheidungsvermögen; Schmähung der Lehrer ihr Höchstes [...] Betrüger der Frommen [...]

33. Die Erde trägt wenig Getreide, geht verloren am Ufer der Flüsse. Die Frauen ergötzt es zu reden wie Huren [...] Die Wolken bringen verschiedenfarbigen Regen; die Erde bringt Getreide nur langsam. Die Könige fressen ihre Untertanen [d.h. *nehmen mehr von ihnen als recht und billig*]; die Menschen gequält durch drückende Steuern [...]

Das Kali-Zeitalter ist das vierte und letzte einer Weltperiode. — *dharma*: das richtige, vorgezeichnete, angemessene Verhalten.

4. Das zyklische Weltbild

Das vom Dämon Kāla (= Zeit) gehaltene buddhistische Rad der
Existenzen (*bhāvacakra*)

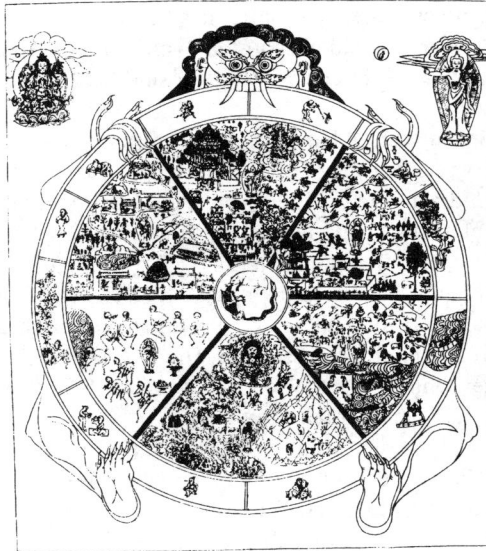

Quelle: L. A. Waddell, The Buddhism of Tibet or Lamaism. London 1895, S. 109.

In der Nabe des Rades Taube (= Gier), Schlange (= Haß), Schwein
(= Verblendung); in der Felge die Zwölf Stadien der ‚Entstehung in
Abhängigkeit'. Durch Speichen abgeteilt sechs Felder: *oben Mitte*:
Götter; *links*: Menschen; *rechts*: Widergötter; *unten links*: Totengeister,
Gespenster; *Mitte*: Höllen; *rechts*: Tiere.

In manchen Exemplaren des Bildes führt aus dem Feld *Menschen*
ein schmaler, die Felge durchbrechender Pfad heraus nach links oben.
Er verbreitert sich, indem er der Gestalt des Buddha (*oben links*)
näherkommt. Figuren in Mönchsgewandung benutzen ihn. Der Buddha
steht außerhalb des Kreises, desgleichen die Mönche, die weit genug
fortgeschritten sind.

Endzeitvorstellungen im mittelalterlichen China

Hubert Seiwert

Vorstellungen vom Ende der Welt gehören nicht zu den zentralen Themen der chinesischen Religionsgeschichte. Anders als etwa im Christentum, wo der Glaube an das Ende dieser Welt, das Endgericht und die Transformation in einen neuen Himmel und eine neue Erde in den kanonischen Texten des Neuen Testaments (Offb. 20-23) als Glaubenszeugnis der frühen Christenheit dokumentiert und im apostolischen Glaubensbekenntnis bis heute tradiert wird, haben Endzeiterwartungen in China nie im Zentrum der religiösen Vorstellungswelt gestanden. Dies gilt zumindest dann, wenn wir uns auf die orthodoxen Traditionen von Buddhismus, Daoismus und Konfuzianismus konzentrieren, die in kanonischen Textsammlungen überliefert sind. Freilich lassen sich außerhalb der orthodoxen Traditionen auch in China seit dem Altertum Zeugnisse für die Erwartung des Endes dieser Welt finden. Obwohl die intellektuellen und politischen Eliten diesen eschatologischen Vorstellungen in der Regel ablehnend gegenüberstanden, und sie deshalb auch keinen Eingang in das kanonische Schrifttum fanden, besteht eine nahezu ungebrochene Tradition endzeitlicher Erwartungen vom Altertum bis in unsere Tage. Es ist eine Tradition, die vor allem in volksreligiösen Bewegungen zutage tritt und nicht selten mit der millenaristischen Hoffnung auf eine Transformation der bestehenden, als sündhaft und dekadent erlebten Welt in eine neue vollkommene Welt verbunden ist. In den wenigsten Fällen bedeutet das Ende der Welt ein völliges Ende, vielmehr ist es in der Regel zugleich die Voraussetzung für das Entstehen einer neuen Welt, in der alle Unvollkommenheiten aufgehoben sind.

Endzeiterwartungen gehören nicht zur *great tradition* der chinesischen Kultur. Sie hatten ihren sozialen Ort in religiösen Bewegungen und Gruppen, die in einer gewissen Spannung zu der Kultur der Eliten standen. Die chinesischen Geschichtsschreiber befassen sich deshalb auch nur am Rande damit. Nicht selten sind es Rebellionen, in denen die Existenz eschatologischer und messianistischer Erwartungen historisch wahrnehmbar wird, also Bewegungen, die in einer dezidierten Opposition zur Kultur der herrschenden Klassen standen. Da diese volksreligiöse Gruppierungen in den wenigsten Fällen schriftliche Zeugnisse ihres Glaubens hinterlassen haben, ist es schwierig, ein genaues Bild ihrer Vorstellungswelt zu gewinnen. Ich werde im folgenden versuchen, auf der Basis daoistischer und buddhistischer Quellen einen Eindruck von der Frühphase der eschatologischen Tradition zu vermitteln.

In der *Geschichte der [Nördlichen] Wei-Dynastie* (386-534), einem im 6. Jahrhundert zusammengestellten Werk, wird ein Überblick über die Geschichte und die Vorstellungen des Daoismus gegeben. In diesem Zusammenhang findet sich ein kurzer Hinweis auf daoistische Geschichtstheorien. Der Autor bemerkt:

> Sie [d.h. die Daoisten] behandeln auch die Abfolge von Weltzeitaltern (*jie*)[1], mehr oder weniger in der gleichen Weise wie auch die buddhistischen Sutren. [...] Wenn die einzelnen Zeitalter ihr Ende erreicht haben, so sagen sie, werden Himmel und Erde vollständig zerstört.[2]

Dieser Hinweis ist in zweifacher Hinsicht aufschlußreich. Erstens belegt er, daß in daoistischen Kreisen Vorstellungen über das Weltende bekannt waren, und zwar als völlige Zerstörung des Kosmos am Ende eines Weltzeitalters. Zweitens erlaubt der Hinweis, daß diese Vorstellungen im wesentlichen denen entsprächen, die auch in buddhistischen Texten zu finden seien, einen Rückschluß auf die Verbreitung solcher Vorstellungen. Der Autor unterstellt offenbar, daß seine Leser mit den entsprechenden buddhistischen Vorstellungen vertraut seien. Endzeitvorstellungen traten im 6. Jahrhundert vor allem in buddhistischen Kontexten auf, und es war deshalb naheliegend, den Lesern die daoistischen Lehren durch Verweis auf die buddhistischen

---

1 Das chinesische Wort *jie* wird als Übersetzung des Sanskrit-Terminus *kalpa* benutzt.

2 Wie *shu*, j. 114, 3048 (Zhonghua shuju-Ausgabe).

Parallelen zu erläutern. Damit wird der Endpunkt einer historischen Entwicklung markiert, in deren Verlauf Vorstellungen vom Ende der Welt aus einem ursprünglich daoistischen Kontext in einen buddhistischen übertragen worden waren. Denn die frühesten historischen Zeugnisse für Vorstellungen vom Ende der Welt sind in China nicht in buddhistischen Quellen zu finden, sondern in Texten, die der daoistischen Tradition zuzurechnen sind. Es hatte ein halbes Jahrtausend gedauert, bis im sechsten Jahrhundert diese ursprünglich daoistische Eschatologie so stark von buddhistischen Symbolen überlagert worden war, daß den Zeitgenossen der chinesische Ursprung nicht mehr erkennbar war.

Den frühesten Hinweis auf die Möglichkeit, daß die bestehende Welt untergehen könne, habe ich in einem Text gefunden, der zumindest im Kern an Traditionen aus vorchristlicher Zeit anknüpft. Es handelt sich um das *Taiping jing*, die *Schrift über den Großen Frieden*. Ein Buch dieses Titels ist erstmals im ersten Jahrhundert v. Chr. erwähnt;[3] es taucht dann mehrmals im zweiten nachchristlichen Jahrhundert auf,[4] unter anderem beim Aufstand der Gelben Turbane im Jahre 184.[5]   Auch die weitere Geschichte dieses Buches ist höchst undurchsichtig, aber es ist sicher, daß die *Schrift über den Großen Frieden* zu den zentralen Texten der frühen daoistischen Tradition gehört.[6] Ein Thema dieser Schrift, die in ihrer heutigen Version sehr umfangreich ist, ist die Frage, wodurch menschliches Unglück und

---

3 Vgl. Han shu, j. 75, 3192-3194 (Zhonghua shuju-Ausgabe). Dort ist der Titel Tianguan li baoyuan taiping jing („Schrift über den Großen Frieden, die den Ursprung entsprechend dem Kalender der himmlischen Beamten bewahrt").

4 *Hou Han shu, j.* 30 B, 1075-1084 (Zhonghua shuju-Ausgabe). Der Titel heißt dort: *Taiping qingling shu* („Schrift über den Großen Frieden mit grünen Überschriften").

5 In der *Geschichte der Späteren Han Dynastie* wird vermerkt, daß Zhang Jue, der Führer der Gelben Turbane, sich in hohem Maße auf dieses Buch bezog (*Hou Han shu, j.* 30 B, 1084). Zhang Jues Sekte wurde übrigens *Taiping dao* genannt, „Sekte des Großen Friedens".

6 Wang Ming hat aus den verschiedenen Versionen, die im daoistischen Kanon überliefert sind, eine Rekonstruktion des Urtextes unternommen (Wang Ming [Hg.], *Taiping jing he jiao.* Beijing 1960). Zur Textgeschichte siehe Deji 1962; Kandel 1979; Mansvelt Beck 1980; Petersen 1989-90.

Tod verursacht seien und wie sie vermieden werden könnten. Es werden verschiedene Antworten auf diese Frage gegeben, die jedoch alle
eins gemeinsam haben: Ursache von Unheil, Leid und Tod ist nicht
das willkürliche Wirken irgendwelcher kosmischer Kräfte oder Gottheiten, sondern das Handeln der Menschen. Durch unmoralisches
Verhalten verstoßen die Menschen gegen die kosmische Ordnung,
deren Harmonie dadurch gestört wird. Die Folge sind nicht nur individuelles Leid und Tod, sondern auch gesellschaftliches Chaos und
Naturkatastrophen. Diese unglücklichen Konsequenzen menschlichen
Fehlverhaltens werden im Laufe der Generationen gleichsam ange-
häuft, so daß sich der Zustand der Welt immer weiter verschlechtert.
Allein die Einsicht in diese Zusammenhänge und die daraus folgende
Anpassung des Verhaltens an die kosmischen Gesetzmäßigkeiten
vermögen es, die gegenwärtige Unordnung der Welt zu beseitigen.
Dies ist die Botschaft der *Schrift über den Großen Frieden*. Die Botschaft richtet sich an alle Menschen, insbesondere aber an den Herrscher, weil er es ist, der durch sein moralisches oder auch unmoralisches Handeln das Geschick der gesamten Welt entscheidend bestimmt.[7]

Der Text beläßt es jedoch nicht bei dieser Beschreibung der
kosmischen Zusammenhänge. An mindestens einer Stelle wird auch
dargelegt, was geschieht, wenn die naturgemäße Ordnung der Welt
dauerhaft gestört wird. Wenn das Funktionieren der natürlichen Ordnung endgültig unterbrochen wird, bedeutet dies eine große Katastrophe. „Es ist, wie wenn Himmel und Erde plötzlich zerstört werden,
und danach gibt es keinen Himmel und keine Erde mehr."[8] Man wird
diese Bemerkung wohl als Hinweis auf das Ende der Welt deuten
können. Allerdings ist aus dem Kontext erkennbar, daß das Ende der
Welt hier keineswegs als eine notwendige Entwicklung dargestellt
wird. Es ist eine Möglichkeit, eine drohende Gefahr, die jedoch nur
dann eintreten wird, wenn die Menschen auf Dauer gegen die Ordnung des Kosmos verstoßen. Gerade um diese Katastrophe zu vermeiden, wurde die Lehre der *Schrift über den Großen Frieden* offen-

---

7   Für eine ausführlichere Darstellung der „Heilslehre" des *Taiping Jing*
    siehe Seiwert (im Druck).
8   *Taiping jing he jiao*, 221.

bart und den Menschen die Möglichkeit gegeben, ihr Verhalten rechtzeitig zu ändern. In diesem Punkt unterscheidet sich die *Schrift über
den Großen Frieden* deutlich von späteren Texten, in denen das Ende
dieser verkommenen Welt als unabwendbar, zugleich aber auch als
Beginn einer neuen, vollkommenen Welt interpretiert wird.

In der *Schrift über den Großen Frieden* wird die Möglichkeit, daß
die Welt aufgrund menschlichen Fehlverhaltens untergehen könne,
nur am Rande erwähnt. Im Zentrum steht dagegen die Aufforderung,
die offenbarte Lehre zu befolgen und auf diese Weise Unheil abzuwenden und das ideale Reich des Großen Friedens zu verwirklichen.
In den folgenden Jahrhunderten tauchten neue Lehren auf, in denen
die Ankündigung eines baldigen Endes dieser Welt zur zentralen
Botschaft wurde. Wir wissen nicht genau, wann solche Lehren zum
ersten Mal verkündet wurden; manches spricht für das frühe vierte
Jahrhundert.[9] Die frühesten Texte, in denen apokalyptische Vorstellungen vom nahen Ende der Welt in einiger Ausführlichkeit beschrieben werden, stammen vermutlich vom Anfang des fünften Jahrhunderts. Ein Beispiel ist die *Höchste Schrift über die göttliche Anrufungen der verborgenen Höhlen (Taishang dongyuan shenzhou jing,* TT
170), die Eingang in den daoistischen Kanon gefunden hat.[10] Der Text
enthält eine doppelte Botschaft: Einerseits beschreibt er die apokalyptischen Ereignisse der Endzeit, die gekennzeichnet ist durch Krankheiten, Mißernten, Naturkatastrophen und den Verlust jeder moralischen
Ordnung unter den Menschen. Andererseits verkündet er die bevorstehende Herrschaft des Wahren Herren (*zhenjun*), der erscheinen
wird und in dessen Reich die Gerechten zusammen mit den Heiligen
und Unsterblichen leben werden. Nur diese Gerechten, d.h. diejeni-

---

9 Die im *Daozang* erhaltene Schrift *Taishang dongyuan shenzhou jing*
("Höchste Schrift über die göttlichen Anrufungen der verborgenen Höhlen") (Text Nr. 334 nach der Zählung des *Daozang tiyao* [DZTY], hrsg.
von Ren Jiyu, Beijing 1991), in der apokalyptische Vorstellungen den
Ausgangspunkt bilden, geht in ihrer heute vorliegenden Fassung vermutlich auf das frühe fünfte Jahrhundert zurück. Allerdings läßt der Text erkennen, daß er auf verschiedenen früheren Fassungen basiert. Im Vorwort
der Ausgabe des *Daozang* datiert Du Guanting (850-933) die Entstehungszeit auf die letzten Jahre der Östlichen Jin Dynastie (265-316).
10 Zu diesem Text siehe ausführlich Mollier 1990.

gen, die die in der Schrift dargelegten Lehren befolgen, werden der Vernichtung entgehen.[11]

Anders als in der *Schrift über den Großen Frieden* wird hier das bevorstehende Ende dieser Welt als unvermeidbar beschrieben. Die moralische Verkommenheit der Menschen hat ein solches Ausmaß erreicht, daß sie der Vernichtung anheimfallen müssen. Zugleich wird jedoch die Aussicht auf Errettung eröffnet, und zwar für die wenigen Auserwählten, die der wahren Lehre folgen. Nach einer Reihe von Endzeitkatastrophen wird die bestehende Welt schließlich vernichtet. Jedoch werden ein neuer Himmel und eine neue Erde, d.h. eine neue Welt, entstehen, in der alle Übelstände beseitigt und die Erretteten unter der Herrschaft des Wahren Herrn ein Leben frei von Leid führen werden. Die Botschaft ist damit zugleich bedrohlicher und tröstlicher als die der *Schrift über den Großen Frieden*. Denn in dieser wird die Zerstörung der Welt noch als vermeidbar beschrieben, sofern nur die Menschen ihr Verhalten ändern. Die *Schrift über die göttlichen Anrufungen* dagegen läßt keine Hoffnung, daß das Ende der Welt vermieden werden könne. Jedoch ist das Ende dieser Welt nicht gleichbedeutend mit der Vernichtung *aller* Menschen. Die Gerechten werden errettet und werden in einer neuen paradiesartigen Welt leben. Dort wird ständige Freude herrschen, jede Saat wird neun Ernten tragen, die Menschen werden dreitausend Jahre lang leben und als Haustiere Phönix, Einhorn und Löwe halten.[12] Ganz offensichtlich ist diese neue Welt mehr als nur eine moralisch geläuterte Version der bestehenden. Es ist ein Paradies, das jenseits all dessen liegt, was in der bestehenden Welt gilt. In westlicher Terminologie können wir deshalb von einer jenseitigen oder transzendenten Welt sprechen.

Die Vorstellung von paradiesischen Wunderwelten war in China keineswegs neu. Der Glaube an Welten am Rande der bekannten Welt, seien es die Inseln der Unsterblichen im Ostmeer oder der Wohnort der Xi Wangmu (Mutter des Westens) in den westlichen Gebirgen faszinierte die Fantasie bereits lange vor der Han-Zeit. In gewissem Sinne kann man auch diese Paradieswelten als transzendent bezeichnen, weil in ihnen die Beschränkungen der bewohnten Welt

---

11   *Taishang dongyuan shenzhou jing, j.* 1.
12   Ebd.

aufgehoben sind. Unsterblichkeit liegt jenseits dessen, was im Diesseits gemeinhin erfahren wird. Gleichwohl sind die Grenzen zwischen der bewohnten Welt und den Ländern der Unsterblichen weniger scharf, als es einem westlichen Beobachter erscheinen mag. Die Paradieswelten befinden sich in geographisch entfernten Gebieten, die nicht grundsätzlich unerreichbar sind. Dem entspricht, daß sowohl der Erste Kaiser der Qin Dynastie (221-207 v. Chr.) als auch Kaiser Wudi der Han Dynastie Expeditionen aussenden konnten, um diese Länder zu erreichen. Und auch in der späteren daoistischen Tradition werden die Unsterblichen keineswegs in einem von der Welt grundsätzlich geschiedenen Jenseits lokalisiert, sondern mitten in dieser Welt, wenn auch an verborgenen Plätzen. Das Ziel der Unsterblichkeit wird nicht in einer jenseitigen Welt, schon gar nicht erst nach dem Ende dieser Welt erreicht, sondern in der bestehenden Welt. In gleicher Weise wird auch der Zustand des Großen Friedens *(taiping)*, wie er in der *Schrift über den Großen Frieden* beschrieben wird, nicht außerhalb der bestehenden Welt imaginiert, sondern soll in ihr verwirklicht werden. Vorstellungen dieser Art bildeten den Hintergrund für zahlreiche messianistische Bewegungen im frühen Mittelalter. Immer wieder traten Personen mit dem Anspruch auf, der prophezeite heilige Herrscher zu sein, dessen Erscheinen die neue Zeit des Großen Friedens einleite.[13] So fern jeder Realität die Utopien des Großen Friedens auch gewesen sein mögen, sie bedeuteten keine radikale Verwerfung der bestehenden Welt. Voraussetzung für den Großen Frieden war das Wirken heiliger Herrscher, unter deren weiser Regierung die kosmische Ordnung, und damit Gerechtigkeit und Wohlstand wieder hergestellt würden. Nicht das Ende dieser Welt wurde erwartet, sondern das Ende der bestehenden Mißstände.

Vor diesem Hintergrund bedeuteten apokalyptische Visionen, wie wir sie in der *Schrift über die göttlichen Anrufungen* finden, eine entscheidende Veränderung. Das Paradies kann nicht in dieser Welt verwirklicht werden, es ist nicht von dieser Welt, sondern jenseits davon. Nichts verdeutlicht die radikale Unterscheidung der beiden Welten stärker als die Erwartung, daß die Verwirklichung des Großen Friedens einhergehe mit dem Untergang der bestehenden Welt. Die

---

13 Für einen Überblick siehe Seidel 1969/70.

Schrecken der Endzeit und die schließliche Vernichtung dieser Welt sind eine Drohung, jedoch nur für die Übeltäter und Ungläubigen. Für die Gläubigen dagegen sind sie eine Verheißung, nämlich des Endes von Unrecht und Leid und des Hereinbrechens einer neuen, vollkommenen Welt. In der Erwartung des Weltendes kommt somit die denkbar stärkste Entwertung dieser Welt zum Ausdruck. Ihre Verkommenheit ist unheilbar, und ihr Untergang ist die Voraussetzung für die Erlösung der Gerechten von allen Übeln.

Die *Schrift über die göttlichen Anrufungen* ist kein Einzelfall. Apokalyptische Vorstellungen dieser Art waren im fünften Jahrhundert weit verbreitet, wie zahlreiche daoistische Texte belegen.[14] Dabei blieben Endzeiterwartungen keineswegs auf daoistische Gruppen beschränkt. Zunehmend machte sich der Einfluß des Buddhismus bemerkbar, der im fünften Jahrhundert bereits zur vorherrschenden Religion geworden war. Ein Beispiel dafür ist die *Höchste Wunderbare Schrift des Numinosen Juwels über Laozi, der die Barbaren bekehrt (Taishang lingbao Laozi huahu miaojing)*, ein Text, dessen Titel eindeutig daoistisch ist, der jedoch keinen Eingang in den daoistischen Kanon gefunden hat.[15] Die apokalyptische Grundstruktur dieses Textes unterscheidet sich nicht wesentlich von der der *Schrift über die göttlichen Anrufungen;* es werden die Schrecken der Endzeit beschrieben, die der Errichtung einer neuen Welt des Großen Friedens *(taiping)* vorausgehen. Allerdings steht diese neue Welt nicht nur unter der Herrschaft des daoistischen Wahren Herren *(zhenjun)*, sondern ebenso unter der des Buddha Maitreya. Auch sonst werden buddhistische und daoistische Symbole problemlos miteinander kombiniert. Der Text ist Ausdruck eines volksreligiösen Synkretismus, für den die Unterscheidung von Buddhismus und Daoismus ohne Bedeutung ist. Er zeigt, daß Endzeiterwartungen im fünften Jahrhundert über den engeren Kreis daoistischer Sekten hinausgingen.

Spätestens ab dem sechsten Jahrhundert wurde die Erwartung des

---

14 So z.B. *Taishang housheng daojun lieji* („Höchste [Schrift mit den] Aufzeichnungen über den Herren der Endzeit", DZTY 441). Zu weiteren apokalyptischen Texten im daoistischen Kanon siehe Mollier, 1990: 22-25.

15 Ein Manuskript des Textes wurde in Dunhuang gefunden. Für eine detaillierte Studie siehe Seidel 1984.

Endes dieser Welt auch in buddhistischen Kreisen populär. Allerdings blieben Endzeiterwartungen weiterhin mit dem Odium der Heterodoxie behaftet. In den Katalogen buddhistischer Schriften des sechsten bis achten Jahrhunderts werden Texte apokalyptischen Inhalts regelmäßig zu den gefälschten Schriften gerechnet und damit aus dem Kanon ausgeschlossen. Dies ist der Hauptgrund dafür, daß wir von den meisten dieser apokalyptischen Schriften nicht mehr kennen als die Titel, die in den Katalogen verzeichnet sind, während die Texte selbst verloren sind. Erst durch die Entdeckung buddhistischer Handschriften in der Höhlen der Oase Dunhuang zu Beginn dieses Jahrhunderts wurden einige dieser verlorenen Texte zutage gefördert, so daß wir uns ein Bild von apokalyptischen Erwartungen im buddhistischen Kontext machen können. Die grundlegende Struktur ähnelt der der erwähnten daoistischen Schriften in so starkem Maße, daß ein daoistischer Einfluß angenommen werden muß.[16] Allerdings stellte auch die aus Indien und Zentralasien nach China eingeführte buddhistische Tradition ein reiches Repertoire an Symbolen und Motiven bereit, die Eingang in die mittelalterlichen Endzeiterwartungen fanden.

Zu diesen aus Indien stammenden Elementen gehörten kosmologische Spekulationen über die zyklische Abfolge von Weltzeitaltern (*kalpa*). Das *Cakkavatti-sīhanāda-suttanta (Sutra über das Löwengebrüll des raddrehenden Königs)*[17] beschreibt einen solchen Zyklus, der mit der Herrschaft eines *Cakravartin* (Pāli: *Cakkavatti*) beginnt. In dieser Zeit besteht in der Welt ein Zustand höchster Vollkommenheit. Nachdem der Weltenherrscher nach vielen tausend Jahren die Herrschaft an seinen Nachfolger abgetreten hat, beginnt ein Prozeß des allmählichen Niedergangs. Ursache für diese Entwicklung ist die zunehmende Vernachlässigung der buddhistischen Lehre (*dharma*) durch die Menschen. Die Lebensdauer der Menschen verringert sich von ursprünglich achtzigtausend Jahren auf vierzigtausend und er-

---

16 Vgl. dazu Zürcher 1981.

17 Eine chinesische Übersetzung *Zhuanlun shengwang xiuxing jing* ist enthalten im *Chang ahan jing* (T 1), 1.39a/42b. Eine andere Übersetzung *Zhuanlun wang jing* findet sich im *Zhong ahan jing* (T 26), 1.520b/525a. Beide Übersetzungen wurden um 400 angefertigt.

reicht schließlich ihren Tiefstand mit nur zehn Jahren. Danach kehrt
sich die Entwicklung jedoch um. Die Menschen wenden sich wieder
dem *dharma* zu, und der Zustand der Welt verbessert sich, bis die
Lebensdauer wieder achtzigtausend Jahre erreicht. In dieser Zeit wird
die Erde flach und ohne Hindernisse sein, die Ernten werden Überfluß
liefern und die Menschen werden in achtzigtausend großen Städten
ein Leben frei von Not und Sorgen führen. Dann wird auch der zukünftige Buddha erscheinen, dessen Name Maitreya ist. Zur gleichen
Zeit wird auch ein neuer *Cakravartin* auftreten, der über eine Welt
regieren wird, in der Wohlstand und Sittlichkeit herrschen.[18]

Der Text, der um das Jahr 400 ins Chinesische übersetzt wurde,
enthält keinen Hinweis auf ein bevorstehendes Ende der Welt. Allerdings werden einige der hier auftauchenden Motive in späteren apokalyptischen Schriften aufgegriffen. Dazu gehören die Vorstellung eines
allmählichen Niedergangs der buddhistischen Lehre (*dharma*) und
einer damit verbundenen Verschlechterung des Zustandes der Welt,
die Erwartung des zukünftigen Buddha Maitreya und schließlich die
Aussicht auf die Wiedererrichtung der Ordnung des *dharma* in einer
vollkommenen Welt. Alle diese Elemente sind Teil der buddhistischen Tradition und lassen sich auch in kanonischen Schriften wiederfinden. Seit dem fünften Jahrhundert wurden sie jedoch in manchen buddhistischen Kreisen aus ihrem ursprünglich kosmologischen
Kontext herausgelöst und in eschatologischer Weise interpretiert. Dies
zeigt sich insbesondere in einer Veränderung der Zeitperspektive.
Während unser Text den zyklischen Niedergang und Wiederaufstieg
der Welt in unvorstellbar lange Zeiträume eingebettet, so daß diese
kosmologischen Prozesse für die Menschen der Gegenwart ohne
praktische Relevanz sind, wird in manchen späteren Texten die zeitliche Dimension radikal verkürzt. Das Erscheinen des zukünftigen
Buddha Maitreya wird nicht mehr nach vielen Millionen Jahren erwartet, sondern in der nahen Zukunft. Gleichzeitig wird die Gegenwart als Zeit des Niedergangs gedeutet.

Diese Deutung der Gegenwart als Zeit des Verfalls der Ordnung
war im fünften und sechsten Jahrhundert auch im orthodoxen Buddhismus weit verbreitet. Durch Uminterpretation und vermutlich auch

---

18 *Zhuanlun shengwang xiuxing jing,* 1.41c/42a. Für eine detaillierte Analyse
   der mit Maitreya verbunden Mythen siehe Nattier 1991.

Mißverständnisse der indischen Überlieferung wurde in China eine Theorie von drei Stadien der Entwicklung des *dharma* entwickelt.[19] Unmittelbar nach dem Auftreten und der Verkündigung des Buddha sei die Epoche des Wahren Dharma (*zhengfa*) gewesen, danach habe eine Epoche des Ähnlichen Dharma (*xiangfa*) bestanden, und schließlich bestehe die Endzeit des Dharma (*mofa*). Die Dauer der einzelnen Stadien wurde unterschiedlich angegeben, aber nach allgemeiner Ansicht im sechsten Jahrhundert befand sich die Gegenwart bereits in der Epoche der Endzeit des Dharma.[20] Diese Endzeit, in der die wahre buddhistische Lehre von der Welt verschwindet und bis zum Auftreten eines neuen Buddha den Menschen verborgen ist, wird in zahlreichen Schriften beschrieben. Darin wird als besonderes Merkmal der Endzeit der moralische Niedergang der buddhistischen Mönchsgemeinde betont. Die Mönche, deren eigentliche Aufgabe die Verkündigung der buddhistischen Lehre ist, befolgen selbst diese Lehre nicht mehr. Nicht nur, daß sie in ihrem Lebenswandel gegen die buddhistischen Gebote verstoßen; sie werden in der Endzeit Schriften fälschen und Irrlehren verkünden, so daß die Kenntnis des wahren *dharma* verloren geht.[21]

---

19 Siehe dazu ausführlich Nattier 1991, 65-118.

20 Die Theorie der Abfolge der drei Stadien des Dharma wird in systematisierter Form im *Nanyu Si chanshi li shiyuan wen* (T 1933) dargelegt, das dem Huisi (515-577) zugeschrieben wird. Huisi war der zweite Patriarch der Tiantai Schule. Sie wurde dann auch von führenden Mönchen anderer Schulen übernommen, insbesondere von Xinxing (540-594), dem Gründer der später als heterodox angesehenen *Sanjie jiao* („Schule der Drei Stadien").

21 Die Betonung des moralischen Verfalls der (meisten) Mönche als Merkmal der Endzeit des Dharma findet sich sowohl in orthodoxen Schriften, wie dem *Mahåparinirvå~a-s"tra* (*Foshuo dapanniehuan jing*, T 376, 12.894c), als auch in Schriften zweifelhaften Ursprungs, wie dem *Sutra vom vollständigen Verlöschen des Dharma* (*Fa miejin jing*, T 396) und dem *Sutra, das Zweifel bezüglich des Ähnlichen Dharma beseitigt* (*Xiangfa jueyi jing*, T 2870). In den beiden letztgenannten Texten, die vermutlich aus Kreisen stammen, die dem orthodoxen Mönchsorden kritisch gegenüberstanden, ist die Kritik am Sittenverfall der Mönche jedoch breiter ausgeführt. Im Unterschied zum *Mahåparanirvå~a-s"tra* wird die Endzeit nicht in irgendeine unbestimmte und weit entfernte Zukunft ver-

Die *mofa*-Theorie, nach der die Gegenwart als Zeit des Verfalls und Verlustes der wahren buddhistischen Lehre interpretiert wurde, ist Ausdruck einer zutiefst pessimistischen Sicht der gegenwärtigen Verhältnisse. Moralischer Verfall des buddhistischen Klerus, das Auftreten von Irrlehren und die allgemeine Mißachtung der sittlichen Gebote des Buddhismus werden als Symptome eines allgemeinen Niedergangs gedeutet. Die Wahrheit wird in Vergessenheit geraten, die buddhistischen Schriften werden von der Erde verschwinden und, nachdem der *Buddhadharma* wie eine Kerze verloschen ist, wird nach Millionen von Jahren Maitreya erscheinen und als neuer Buddha die Wahrheit wieder den Menschen verkünden.[22] Diese durchaus orthodoxe Vorstellung wurde in manchen Kreisen in eine eschatologische Naherwartung transformiert, indem das Kommen des zukünftigen Buddha Maitreya für die nahe Zukunft erwartet wurde. Die durch das Auftreten des Maitreya gekennzeichnete neue Zeit der höchsten Vollkommenheit und des Glücks wurde zugleich als Gegenentwurf zur moralischen Verkommenheit und zum Leid der Gegenwart begriffen. Der erhoffte Beginn einer neuen Zeit setzte vor diesem gedanklichen Hintergrund das Ende der gegenwärtigen Zeit voraus. Dies bedeutete ein Ende der bestehenden unvollkommenen, sünd- und leidhaften Welt und ihre Transformation in eine neue, in jeder Hinsicht vollkommene Welt. Die Erwartung des nahen Endes der bestehenden Welt bedeutete eine grundsätzliche Abwertung der Gegenwart, und es ist verständlich, daß derartige Lehren aus der Sicht der staatlichen und klerikalen Autoritäten als Kritik an der bestehenden sozialen Ordnung interpretiert wurden. Schriften, in denen die bestehende Ordnung als Unordnung gewertet und ihr baldiges Ende erhofft wurde, mußten den politischen Machthabern als subversiv erscheinen und wurden deshalb als heterodox angesehen.

---

legt, sondern die Gegenwart bereits als Teil der Endzeit interpretiert.

22 *Sutra vom vollständigen Verlöschen des Dharma* (*Foshuo fa miejin jing,* T 396, 12.1119b). Die Vorstellung, daß die buddhistischen Schriften in der Endzeit von der Erde verschwinden werden führte u.a. zu der bemerkenswerten Anstrengung, den gesamten buddhistischen Kanon auf Steinplatten zu meißeln und diese zu verbergen, damit die Wahrheit nicht völlig verloren gehe. Siehe dazu Ledderose 1990.

23 *Shouluo jing,* T 2873, 85.1356b/c

In einigen dieser Schriften werden die Schrecken der Endzeit in einem wahrhaft apokalyptischen Szenario geschildert. So beschreibt das *Sutra des Mönches Shouluo (Shouluo biqiu jing*, T 2873)[23] wie die Welt von Überschwemmungen, Krankheiten und dämonischen Mächten heimgesucht wird. Zunächst werden nach langen Unwettern die Wasser steigen und die meisten Sünder in den Fluten den Tod finden. Unter den Überlebenden werden sich danach Epidemien ausbreiten, denen sie unter schrecklichen Qualen zum Opfer fallen. Schließlich werden sechsundreißig Dämonenkönige mit ihren Horden über die Welt hereinfallen. Sie reiten auf Drachen und schwingen Diamantäxte, während sie unter schrecklichem Gebrüll die verbliebenen Sünder niedermetzeln. Dann wird für sieben Tage vollständige Dunkelheit herrschen und sämtliche Dämonen werden das Zerstörungswerk vollenden. Nach diesen drei Heimsuchungen werden die Gräben und Flüsse von Blut gefüllt sein, und Berge bleicher Knochen werden die Erde bedecken.[24]

Die Ankündigung der kommenden Vernichtung ist jedoch nur ein Teil der Botschaft. Der gleiche Text weist auch den Weg zur Errettung. Denn die Vernichtung wird nicht vollständig sein. Es werden diejenigen errettet, die nicht Teil dieser verkommenen und zum Untergang verurteilten Welt sind. Während die Sünder und Übeltäter von den Dämonenheeren ausgerottet werden, werden die Gläubigen und Rechtschaffenen von den himmlischen Mächten der Wahrheit verteidigt und vor der Vernichtung bewahrt. Danach wird eine neue vollkommene Welt entstehen, eine Stadt mit silbernen Toren und goldenen Türmen, in der die Erretteten frei von jeder Not und Leid ein glückseliges Leben führen werden. Die Schrift verkündet somit nicht nur das bevorstehende, drohende Ende der bestehenden Welt, sondern

---

24 Insbesondere im *Puxian pusa zhengming jing* (T 2879), einem Text aus der zweiten Hälfte des sechsten Jahrhunderts. Für eine Zusammenfassung des Inhalts dieser Schrift siehe Forte 1976: 271-80. Beschreibungen der Katastrophen der Endzeit finden sich schon im *Da loutan jing* (T 23), *juan* 5, 1.302c-305b, das um das Jahr 300 ins Chinesische übersetzt wurde. Allerdings handelt es sich dort nicht um eine Naherwartung, sondern um Ereignisse, die nach Millionen von Jahren am Ende des gegenwärtigen *kalpa* eintreten werden.

enthält gleichzeitig die Verheißung eines zukünftigen Paradieses unter der Herrschaft des Buddha Maitreya.

Ähnliche Beschreibungen des Endes der bestehenden Welt finden sich auch in anderen Texten.[25] Obwohl die literarische Ausgestaltung eine große Variationsbreite aufweist, läßt sich eine gemeinsame Struktur der eschatologischen Vorstellungen erkennen. Hinter den mythologischen Bildern von Prophezeiungen und Offenbarungen verschiedener Buddhas und Bodhisattvas und der Beschreibung der schrecklichen Katastrophen, die das nahe Ende der gegenwärtigen Welt begleiten, liegt eine dichotomische Struktur der Weltdeutung. Diese Dichotomie zeigt sich in einer Reihe von Oppositionen: den Gegensätzen von Sündern und frommen Gläubigen, von Vernichtung und Errettung, Dämonen und himmlischen Mächten, Finsternis und Licht und schließlich der Kontrast der moralisch verkommenen und von Leid beherrschten Welt der Gegenwart mit dem kommenden Paradies einer in jeder Weise makellosen Welt. Die dem endzeitlichen Szenario zugrunde liegenden Dichotomien erlauben es, die literarischen Imaginationen auf verschiedenen Ebenen zu interpretieren. Vordergründig geht es dabei um die Offenbarungen von Ereignissen der Zukunft, nämlich des Endes dieser Welt. Auf einer anderen Bedeutungsebene können die mythologischen Bilder jedoch als Deutung der Gegenwart entschlüsselt werden. Durch nichts könnte die radikale Verwerfung der Gegenwart deutlicher zum Ausdruck gebracht werden als die Botschaft, daß diese Welt verloren und ohne Hoffnung auf Besserung ist und sie deshalb der Vernichtung anheimfallen wird. Das Wesen der gegenwärtigen Welt wird erkennbar durch Verweis auf ihr zukünftiges Schicksal.

Die Beschreibungen des Weltendes können gleichsam als spiegelverkehrte, in die Zukunft projizierte historische Mythen verstanden werden. So wie Mythen der Urzeit die Bedeutung gegenwärtiger Erscheinungen erläutern, indem sie ihre Ursprünge beschreiben, so interpretieren die Mythen der Endzeit die Bedeutung gegenwärtiger Dinge durch Verweis auf ihr Ende. Erst dadurch wird ihre wahre und im Wortsinne *endgültige* Bedeutung erkennbar. Ohne die Kenntnis

---

25 *Zhengming jing,* 85.1366b. An anderer Stelle heißt es „östlich des Flusses" bzw. „westlich des Flusses" (85.1365c).

der Zukunft sind die Menschen blind und außerstande, die Gegenwart richtig zu verstehen. Erst die Zukunft offenbart, daß diejenigen, die Unrecht tun und den *Buddhadharma* mißachten, damit ihre eigene Vernichtung herbeiführen, so reich und mächtig sie in der Gegenwart auch sein mögen. Und erst die Zukunft wird zeigen, daß die Gläubigen und Rechtschaffenen die richtige Wahl getroffen haben, selbst wenn sie heute Leid und Unterdrückung erfahren. Was wirklich richtig und falsch ist, wird sich erst am Ende der Tage zeigen. Die Offenbarung der endzeitlichen Ereignisse dient somit der richtigen Bewertung der Gegenwart.

Die eschatologischen Schriften bergen jedoch noch eine dritte Bedeutungsebene, die sich aus dem pragmatischen Kontext ergibt. Das Verständnis der Zukunft und damit auch der Gegenwart, das sie anbieten, erschöpft sich nicht im Wissen um die Dinge, sondern ist von existentieller Bedeutung. Indem aufgezeigt wird, welches Verhalten am Ende zu welchen Ergebnissen führt, daß Unglaube und Sünde zur Vernichtung, rechter Glaube und rechtes Handeln aber zur Errettung führen, wird zugleich die Möglichkeit der Entscheidung geboten. Die Leser und Hörer dieser Schriften sind vor eine Wahl gestellt. Sie müssen entscheiden, auf welcher Seite sie am letzten Tag stehen wollen: „östlich der Brücke", wo die Erretteten stehen, oder „westlich der Brücke" bei den Sündern, die vernichtet werden.[26] Diese Entscheidung aber muß jetzt getroffen werden. Dies ist die zentrale Botschaft, die durch die apokalyptischen Visionen vermittelt wird. Es ist die Aufforderung, sich von der moralischen Verworfenheit dieser Welt zu lösen und den in der buddhistischen Lehre aufgezeigten Weg der Erlösung zu gehen.

Soweit sich aus Schriften wie dem *Shouluo jing* und dem *Zhengming jing* erschließen läßt, wurden diese Lehren vor allem in Kreisen verbreitet, die in einer gewissen Spannung zum etablierten Mönchsorden standen. Nicht die formale Ordination und Zugehörigkeit zum Orden wurde als Ausweis wahrer Buddhisten angesehen, sondern die strikte Befolgung der buddhistischen Gebote, wobei deutlich asketische Tendenzen erkennbar sind. Es dürfte sich um sektenähnliche Gemeinschaften von Laienbuddhisten gehandelt haben,

---

26 *Zhengming jing,* 85.1366b. An anderer Stelle heißt es „östlich des Flusses" bzw. „westlich des Flusses" (85.1365c).

aus deren Sicht der offizielle Buddhismus ihrer Zeit nur noch der
äußeren Form nach die Lehre des Buddha befolgte. Diesem verwelt-
lichten Buddhismus der großen Klöster mit ihrem Reichtum und ihren
Geschäften wurde der nach eigenem Verständnis wahre Buddhismus
gegenübergestellt, der hohe Ansprüche an die persönliche Lebensfüh-
rung stellte.

In einigen dieser Gemeinschaften wurden die apokalyptischen
Schriften im Sinne einer Naherwartung des bevorstehenden Endes
dieser Welt und des Beginns eines neuen Zeitalters unter der Herrschaft des Buddha Maitreya interpretiert. Zuweilen bestand der Glaube, daß der endzeitliche Kampf zwischen den Mächten der Finsternis
und des Lichtes bereits begonnen habe. Im Jahre 515 kam es in
Nordchina zu einem Aufstand unter Führung des Mönchs Faqing. Es
gelang den Rebellen, den kaiserlichen Truppen mehrere Niederlagen
beizubringen, bevor der Aufstand schließlich niedergeschlagen wurde.
Zu den Hauptangriffszielen der Aufständischen zählten buddhistische
Klöster. Mönche und Nonnen wurden in großer Zahl getötet. Dabei
verbreiteten die Rebellen den Slogan: „Der neue Buddha ist erschienen, der die alten Dämonen vernichten wird."[27] Offenbar wurde hier
die Prophezeiung, daß in der Endzeit des Dharma die Mönchsgemein-
schaft von Dämonen durchsetzt sein werde, sehr wörtlich verstanden,
und die Ausrottung der Dämonen selbst in die Hand genommen.[28]

Im sechsten und siebten Jahrhundert sind mehrere millenarische
Bewegungen bezeugt, die das baldige Kommen des Buddha Maitreya
erwarteten. Gemessen an der weiten Verbreitung apokalyptischer
Schriften ist die Zahl der eschatologisch geprägten Aufstände in der
Tang-Zeit jedoch sehr gering. Dies mag an der erfolgreichen Unter-

---

27 *Wei shu, j.* 19 A, 445 f.

28 In einem der mittelalterlichen Kataloge ist der Titel einer Schrift überliefert, der auf das Motiv der Dämonenbekämpfung beim Kommen Mait-
reyas verweist: *Mile chengfo fumo jing (Sūtra über Maitreya, der zum
Buddha wird und die Dämonen unterwirft).* Siehe *Zhongjing mulu* (T
2146), 55.126c. Die Unterwerfung der Dämonen durch den neuen Buddha
findet sich auch in der orthodoxen Tradition, wo sie freilich nicht im
Kontext einer Naherwartung steht; so z.B. in dem von Kumārajīva über-
setzten *Mile xiasheng chengfo jing (Sūtra über die Herabgeburt des Maitreya, der zum Buddha wird,* T 454), 14.425b.

drückung heterodoxer Sekten liegen. Wahrscheinlicher ist jedoch, daß die Mehrzahl der Gläubigen die Texten nicht im wörtlichen Sinne verstand. Die Erwartung des nahen Endes dieser Welt ließ sich nicht über Jahrzehnte und Jahrhunderte kontinuierlich aufrecht erhalten. Gleichwohl büßten Texte, in denen das Ende dieser Welt und die Entstehung einer neuen Welt beschrieben werden, nichts von ihrer Popularität ein. Die Erwartung der Herabkunft des Maitreya wurde zu einem zentralen Element volksreligiöser Sekten und besteht bis in die Gegenwart fort.[29]

Literatur

Deji, Xiong 1962: „Taiping jing de zuozhe he sixiang ji qi yu Huangjin he Tianshidao de guanxi", in: *Lishi yanjjiu*, Nr. 4, 8-25

Forte, Antonino 1976: *Political propaganda and ideology in China at the end of the seventh century: Inquiry into the nature, authors and functions of the Tunhuang document S 6502 followed by an annotated translation.* Napoli.

Kandel, Barbara 1979: *Taiping jing: The origin and transmission of the „Scripture of General Welfare". The history of an unofficial text.* Hamburg.

Ledderose, Lothar 1990: „Massenproduktion angesichts der Katastrophe", in: *Asiatische Studien / Etudes Asiatiques,* 44/2, 217-233.

Mansvelt Beck, B. J. 1980: „The date of the Taiping Jing", in: *T'oung Pao,* 66, 149-182.

Mollier, Christine 1990: *Une apocalypse taoïste du Ve siècle. Le Livre des Incantations des Grottes Abyssales.* Paris: Collège de France, Institut des Hautes Etudes Chinoises (Mémoires de l'Institut des Hautes Etudes Chinoises, 31).

Nattier, Jan 1991: *Once upon a future time. Studies in a Buddhist prophecy of decline.* Berkeley, Calif.: Asia Humanities Press (Nanzan Studies in Asian Religions, 1).

Petersen, Jens Østergard 1989-90: „The early traditions relating to the Han

---

29 Am 30. Januar 1995 wurde in Hunan ein Mann, der sich als der wiedergeborene Maitreya ausgab, öffentlich hingerichtet (*Zhongguo fazhi bao,* 11. Febr. 1985, zitiert in *Chinese Sociology and Anthropology,* 21, Nr. 4, S. 35).

dynasty transmission of the Taiping jing", in *Acta Orientalia*, 50, 133-171; 51, 173-216.

Seidel, Anna 1969/70: „The image of the perfect ruler in early Taoism: Lao-tzu and Li Hung", in: *History of Religions*, 9, 216-247.

--, 1984: „Le Sûtra Merveilleux du Lingpao suprême traitant de Lao-tseu qui convertit les barbares (le manuscript S. 2081) - Contribution à l'étude du Bouddho-taoïsme des Six Dynasties", in: M. Soymié [Hg.], *Contributions aux études de Touen-houang*, vol. III. Paris: École Française d'Extrême-Orient (Publications de l'École Française d'Extrême Orient, 135), 305-351.

Seiwert, Hubert (im Druck): „Health and salvation in early Daoism. On the anthropology and cosmology of the *Taiping jing*", in: Albert Baumgarten (Hg.), *Self, soul and body in religious traditions*.

Zürcher, Erik 1981: „Eschatology and messianism in early Chinese Buddhism", in: W.L. Idema [Hg.], *Leyden studies in Sinology.* Leyden, 34-56.

--, 1982: „‚Prince Moonlight'. Messianism and eschatology in early medieval Chinese Buddhism", in: *T'oung Pao*, 68, 1-75.

Weltende im kolonialen Afrika

Adam Jones

Wenn es einen Erdteil gibt, der jetzt – ein Jahr vor dem Ende des zweiten Millenniums – „kurz vor dem Ende" zu stehen scheint, dann ist er sicherlich Afrika: Wirtschaftlich, politisch, ökologisch und gesundheitlich war Afrika wohl noch nie der Apokalypse so nahe wie heute. Doch können sich Afrikaner ein Weltende überhaupt vorstellen?

Vor 35 Jahren hat Wilhelm Mühlmann[1] diese Frage nicht nur für Afrika, sondern für alle sogenannten „Naturvölker" verneint. Diese, so schrieb er, denken „mythisch" und daher zyklisch; sie können sich deshalb einen Weltuntergang nur im Zusammenhang mit einer Welterneuerung vorstellen – „Nachher beginnt das Leben wieder von vorn." Ihre Kosmologie, wie ihr religiöses Denken, kreise um „die allgemein-menschliche Thematik von Jungsein, Altern, Tod und Wiedergeburt". Falls man in Afrika ein „wahrhaft eschatologisches Denken" – die Vorstellung eines prinzipiell neuen Zustandes und eines absoluten Endes der Geschichte – findet, so Mühlmann, könne dies nur das Ergebnis des direkten Einflusses christlicher Missionare sein.

Diese Ansicht steht im Einklang mit der fast zur gleichen Zeit geäußerten Klage des kenianischen Theologen John Mbiti, daß das Fehlen eines Zukunftsbegriffes die Entwicklung einer afrikanischen Eschatologie praktisch unmöglich mache. Er untermauerte sein Argument u.a. mit sprachwissenschaftlichen Belegen, indem er anhand des Beispiels der Kikamba- und Gikuyu-Sprachen zeigte, daß sich die Zukunftsformen der Verben auf „eine Periode von 6 Monaten, oder maximal 2 Jahren" beziehen.[2] Diese Zukunft sei „bestenfalls eine Er-

---

1 Mühlmann 1961: 367-8.
2 Mbiti 1969: 17-18.

weiterung der Gegenwart". Eine wichtige Folge davon sei, daß sich
die afrikanische Mythologie wesentlich mehr mit der „Urzeit" als mit
der Zukunft, geschweige denn mit einer „Endzeit" beschäftige:

> Da die Zukunft das afrikanische Denken nicht beherrscht, erwartet man
> auch nicht, daß sie ein goldenes Zeitalter einleitet. [...] Nach afrikani-
> scher Geschichtsauffassung schaut der Mensch zurück, dorthin, woher er
> kam; und er weiß, daß nichts diese Welt beenden wird. Deswegen gibt es
> keine Endzeiterwartung.[3]

Zur Widerlegung solcher Argumente[4] hat Hans-Jürgen Greschat vier
Mythen aus dem südlichen Drittel des Kontinents angeführt, die
durchaus in die Zukunft blicken und eine kommende goldene Zeit
bzw. eine Erlösung ankündigen.[5] Beispielsweise zitiert er einen in den
zwanziger Jahren dieses Jahrhunderts aufgenommenen Sotho-Mythos
von einem vorbildlichen Herrscher, der die Erde verließ und ver-
sprach, er werde wiederkommen. Zuerst würden seine Diener „die
Völker strafen", und dann würde er selbst den Frieden bringen. Greschat zeigt, daß solche Mythen „von einer Notzeit, von Bestrafung der
‚Bösen' und Belohnung der ‚Guten', vom Kommen der Heilbringer,
das eine Heilzeit einleitet" berichten, und daß sie zu Recht
„endzeitlich" genannt werden dürfen. Allerdings bin ich ziemlich sicher, daß wesentliche Elemente solcher Mythen aus fremden Eschato-

---

3 Mbiti 1968: 214-5, zitiert in Greschat 1969: 22.
4 Andere Einwände gegen Mbitis Behauptung, daß das Fehlen eines Zukunftsbegriffes die Entwicklung einer Eschatologie unmöglich mache,
   betreffen seine Darstellung afrikanischer Zeitbegriffe: vgl. Gillies 1980
   und Parratt 1977. In manchen afrikanischen Kulturen, z.B. beim jährlichen
   Yams-Fest in Südwest-Ghana und Südost-Côte d'Ivoire, findet eine jährli-
   che Aufhebung der Grenze zwischen dieser Welt (bzw. Zeit) und einer anderen — oder früheren — Welt bzw. Zeit statt. Bei solchen „*temps forts*",
   wie sie Claude-Hélène Perrot (1982) nennt, gibt es zwar kein Weltende,
   aber die Welt muß immer wieder rituell gereinigt bzw. erneuert werden.
   Als afrikanische Propheten im Kontext des europäischen Drucks des 19.
   und 20. Jahrhunderts ihre Zuhörer zur Selbstreinigung und -erneuerung
   aufforderten, war vermutlich die Idee einer Aufhebung der Zeitgrenze
   zumindest implizit in ihren Aussagen enthalten.
5 Greschat 1969. Die vier Mythen stammen von den Sotho, Sonjo, Shona
   und der „Waamerika"-Erwartung in Zentralafrika.

logien entlehnt sind.[6] Das heißt nicht, daß wir sie nicht berücksichtigen sollten, sondern es ist unsere Aufgabe, wie sie Greschat formulierte, festzustellen, *warum* ein afrikanisches Volk Elemente fremder Religion übernahm und wie es diese Elemente zu *Eigenem* umformte".

Im Gegensatz zu Mühlmann und Mbiti meine ich, daß eine Antwort auf die Frage, ob sich Afrikaner ein Weltende vorstellen können, zwangsläufig diachron sein und sich mit den historischen Interaktionen zwischen Afrikanern und Fremden befassen muß; denn über „rein afrikanische" Vorstellungen wissen wir so gut wie nichts, auch wenn manche Schriften über „traditionelle Religionen Afrikas" einen anderen Eindruck vermitteln.[7] Fast alle Quellen, die wir über afrikanische Religionen besitzen, stammen aus einer Zeit, als die Interaktion mit Muslimen und Christen schon längst begonnen hatte. Insofern lautet die Frage, die wir beantworten müssen, *nicht*: „Welche Rolle spielt die Idee vom Weltende in afrikanischen religiösen Vorstellungen?" sondern „In welchen *Situationen* haben solche Ideen das afrikanische Denken geprägt?" Und im Gegensatz zu anderen Autoren dieses Sammelbandes kann ich mich kaum auf schriftliche theologische Spekulation der Betroffenen stützen, denn die gibt es nicht. Vielmehr muß ich versuchen, die von Außenstehenden beschriebenen kollektiven *Handlungen* von Afrikanern in bezug auf das Weltende zu deuten.

Millenaristische Handlungen im strengen Sinne[8] sind nur für zwei Regionen des subsaharischen Afrikas belegt: für die Region zwischen

---

6 Der Historiker David Henige hat mehrere Aufsätze über „Feedback" geschrieben, d.h. die Fähigkeit afrikanischer Kulturen, fremdes Material aufzunehmen, zu verarbeiten und so zu präsentieren, als ob es „ursprünglich" wäre.

7 In der ganzen Diskussion über die „Gottesidee der Bantu", z.B., wurde lange Zeit meist übersehen, daß der vielen West-Bantu-Sprachen gemeinsame Begriff für „Hochgott" nicht das Ergebnis einer genetischen Verwandtschaft ist, sondern einer Diffusion durch christliche Missionierung: vgl. Vansina 1983.

8 Heutzutage reden Afrikaforscher oft von den während und nach der europäischen Kolonialherrschaft (ca. 1880-1960) entstandenen „millenaristischen Bewegungen". Als Beispiel dafür dient u.a. das bei den Kimbanguisten des heutigen Zaïre (ab 1915) als auch in manchen in der Zwischenkriegszeit gegründeten „messianischen" Kirchen Südafrikas

dem heutigen Nordwestnigeria und dem zentralen Teil der Republik Sudan seit dem 18. Jahrhundert, wo sie eine islamische Form annahmen, und zwischen Malawi und dem Südosten der Republik Südafrika seit Mitte des 19. Jahrhunderts. In beiden Fällen handelt es sich um räumlich und zeitlich sehr begrenzte Ereignisse.

1 Der Islam

Dort, wo sich der Islam südlich der Sahara fest etablierte und eine islamische Gemeinschaft sich in ihren Wertvorstellungen direkt bedroht fühlte, konnte der Millenarismus als ein Mittel unter mehreren dienen, Unzufriedenheit mit dem Zustand der Welt auszudrücken. Die Erwartung des in einigen *Hadithen* prophezeiten Mahdî („Messias" bzw. Erneuerer, der vor dem Ende der Zeit geschickt würde, um Gerechtigkeit auf Erden herzustellen) war im späten 18. und frühen 19. Jahrhundert unter den Muslimen des heutigen Senegambien, Mali und Nordnigeria weit verbreitet. Viele sahen die Jihade des frühen 19. Jahrhunderts unter diesem Licht, obwohl sich die Anführer von einer

---

verwendete Bild eines „Neuen Jerusalems", zu dem man aus der „babylonischen Gefangenschaft" der Kolonialherrschaft zurückkehren werde (Martin 1975; Sundkler 1976; Oosthuizen 1967). Man hat auch versucht, antikoloniale Protestbewegungen wie die Truppenspieler Südwestafrikas als „millenaristisch" bzw. „chilliastisch" darzustellen, weil sie jeglichen Autoritätsanspruch ablehnten, weil ihre Rituale und Symbole neben europäischen Entlehnungen auch nativistische Elemente enthielten und weil man eine künftige „Reinvestierung" mit physischer und geistiger Macht erwartete (Ngavirue 1990; vgl. die Behandlung von Mau-Mau in Mühlmann 1961). Sogar im Gerücht, daß die von Marcus Garvey gegründete Black Star Line ein Schiff den Zaïre-Fluß hinaufschicken werde, um alle Weiße wegzunehmen (Anderson 1958: 254), hat man den Kern einer „Weltende-Prophezeiung" erkannt. Doch Harold Turner hat mit recht geschrieben: „[...] Wenn jegliche Erwartung einer neuen Zukunft ‚millenaristisch' wird, wenn alle Probleme oder Spannungen zum Status einer Krise erhöht werden, damit sich alle Kulten in ‚Krisenkulten' verwandeln, und wenn jegliche stark vertretene säkulare Überzeugung ‚religiös' wird, dann höhlt man die zum Denken erforderlichen Unterscheidungen aus." (Turner 1990: xiii, meine Übersetzung)

solchen Deutung distanzierten und islamische Gelehrte diese populären eschatologischen Vorstellungen ebenfalls skeptisch betrachteten.[9]
Nur in einem historischen Fall konnte die Mahdî-Lehre als Basis für
eine politische Revolution in Afrika dienen. Infolge der Unpopularität
bestimmter Maßnahmen[10] der ägyptischen Kolonialregierung im
Kordofan (Teil der heutigen Republik Sudan), war in den Jahren vor
1882 die Hoffnung auf den Mahdî gestiegen. Ein islamischer Lehrer
fing an, die Prophezeiungen zu studieren und sie auf sich selbst anzu-
wenden. Dann kündigte er an, daß er der Mahdî sei und inszenierte
eine Wiederholung der Leiden und Triumphe der Gründer des Islam,
einschließlich der *Hidschra*. Durch eine Reihe „apokalyptischer" Sie-
ge konnte er die ägyptische Verwaltung hinaustreiben und mit einem
im Anspruch theokratischen Staat ersetzen. In Wirklichkeit setzte sich
jedoch die alte Kombination von Scharia und „Gewohnheitsrecht"
fort.[11] Die Besiegung des Mahdî-Staates und der westafrikanischen
islamischen Reformbewegungen durch die Briten und Franzosen um
die Jahrhundertwende führte jedoch nicht zum Verschwinden des
Millenarismus, sondern zur wiederholten Entstehung (bis in die jüngste Zeit) neuer Vorstellungen über die Immanenz des Letzten Tages,
vor allem im Raum zwischen Nordnigeria und dem Sudan.[12]
    Drei Aspekte des islamischen Millenarismus sind für einen Ver-
gleich mit anderen Weltende-Bewegungen von Bedeutung:
    (1) Obwohl die Grundideen stets im Hintergrund populärer Vor-
stellungen vorhanden waren, kam es nur unter bestimmten Umständen

---

9 Vgl. Al-Hajj 1967; Martin 1963; Mahibou und Triaud 1983: 147.
10 insbesondere der Steuererhebung und der Unterdrückung des Sklaven-
   handels.
11 Holt 1970. Vgl. auch Mühlmann 1961: 223-9.
12 Awad 1993; Vaughan und Kirk-Greene 1995: 16-17. Die Bewegungen
   stützten sich auf zwei Quellen: entweder auf einen umstrittenen Hadith,
   der besagte, daß die Welt im Jahre 1400 (= 1979) enden würde, und daß
   vor diesem Ereignis die Oberherrschaft des falschen Propheten (*dajjal*)
   durch das zweite Kommen des Nabi 'Isa (Jesus Christus) beendet und von
   der Bekehrung der gesamten Welt zum Islam gefolgt werden solle; oder,
   vor allem in den 1920er Jahren, auf den noch mehr umstrittenen „Traum
   des Schaikh Ahmad", der bestimmte Vorzeichen und Daten für die Ankunft des Mahdî, des Propheten Jesus sowie für andere Ereignisse festleg-
   te, die zum Letzten Tag führen sollten.

zu Aufbrüchen. Der Kontext solcher Umstände war immer der einer
zunehmenden Unterdrückung bzw. Demütigung.

(2) Man betrachtete diese Unterdrückung als Teil einer allgcmei-
nen, unaufhaltbaren Verschlechterung, die zunächst ihren apokalyptischen Tiefpunkt erreichen müsse, bevor ein gewaltsamer Umsturz die
Gerechtigkeit und Einheit der Endzeit herbeibringen werde, in der alle
Menschen gute Moslems sein würden.

(3) Die Vorhersage einer Endzeit war mit der Wiederholung bzw.
Neuinszenierung von Einzelheiten aus der Entstehungszeit des Islam
verbunden. Man versuchte also, „das inzwischen historisch Geschehe-
ne wieder rückgängig zu machen".[13]

2 Die Xhosa

In den Jahren 1856-57 schlachteten die im Südosten der heutigen Republik Südafrika wohnenden Xhosa aufgrund der millenaristischen
Prophezeiung des Mädchens Nongqawuse etwa 400.000 ihrer Rinder
und zerstörten ihre Getreidevorräte.[14] Schätzungsweise 40.000 Menschen – mindestens ein Fünftel der Gesamtbevölkerung – starben dar-
aufhin an Hunger. Handelte es sich, wie viele weiße Kommentatoren
meinten, um eine „heidnische Reaktion"[15] auf die Modernisierung,
bzw. um den Ausdruck eines archaischen Aberglaubens, der von einigen „Lügenpropheten" ausgenutzt wurde? Oder waren das Viehschlachten und die Erwartung einer neuen Welt eher, wie manche
Xhosa heute behaupten, die Folge eines Komplotts der Briten, die
anschließend 250.000 Hektar Land beschlagnahmen konnten?

In der „traditionellen" Religion der Xhosa, *soweit sie uns überhaupt bekannt ist*, findet man keine ausreichende Erklärung dieses
Ereignisses. Metaphysische Spekulation spielte keine große Rolle in
dieser Religion, und die Priester – oder besser, Ärzte – beschäftigten
sich in erster Linie mit praktischen Fragen wie Divination, Medizin,
Hexerei und der Beziehung zu den Ahnen. Allerdings gab es bereits

---

13 Mühlmann 1961: 224.
14 Alle Angaben dieses Abschnitts stammen aus Peires 1989.
15 So die Überschrift des relevanten Kapitels im *Oxford History of South
Africa* (1969).

im *frühen* 19. Jahrhundert, als die Xhosa immer mehr von den Briten und Buren der Kapkolonie bedrängt wurden, Propheten, die neben Aufforderungen zur Ausrottung des Bösen (d.h. der Hexerei) vage Äußerungen über einen großen Tag machten, an dem die Toten auferstehen und die Hexen ins Verdamnis geworfen werden sollten. Zumindest indirekt waren solche Aussagen von christlichen Ideen beeinflußt, die von den seit Beginn des 19. Jahrhunderts bei den Xhosa tätigen britischen Missionaren gelehrt wurden.

Aber auch wenn es im frühen 19. Jahrhundert genügend Grund gab, nach den Ursachen des Bösen zu suchen und über eine künftige Befreiung davon nachzudenken, war die Situation im Jahre 1856 nicht mit dem Vorhergehenden vergleichbar. Die Xhosa hatten gerade ihren bisher schlimmsten Krieg gegen die Briten verloren. Im Jahre 1853 wurde die Lungenkrankheit durch Rinder aus Europa nach Südafrika eingeführt, und als Folge verloren manche Gebiete bis zu zwei Dritteln ihres Viehbestandes. Wegen der besonderen Stellung von Rindern im Leben der Xhosa verbreitete sich eine Stimmung von Depression und Verlust.[16] Eine auf Mißverständnis beruhende Nachricht aus dem Übersee trug dazu bei, daß diese deprimierte Stimmung eine Dynamik entwickelte: Ein früherer britischer Gouverneur, der gegen die Xhosa gekämpft hatte, wurde im Krimkrieg getötet. Es verbreiteten sich Gerüchte, daß die für diesen Tod verantwortlichen Russen in Wirklichkeit verstorbene Xhosa-Krieger seien, die in Schiffen zurückkehren wollten, um sich gegen die Briten zu rächen:

> Sarhili's people firmly believe that the sickness among the cattle was predicted by the prophet Mlanjeni, and that he can bring all their cattle to life again, that there has been a general resurrection of the Xhosa killed in the last war, and that the nation we [= die Briten] are now fighting with are not Russians but Xhosa. (Bericht von C. Canham, 30.9.1855, zit. nach Peires 1989: 72)

Neben der Vorstellung, daß es jenseits des Meeres eine Armee von auferstandenen Xhosa-Kriegern gebe, wurde das Gefühl einer Krise durch die Ernennung britischer Richter als „Berater" der Xhosa-Häuptlinge erhöht. In dieser Situation fiel eine neue Prophezeiung auf

---

16 Ein Indiz dafür war die Hinrichtung von mehr als 20 Personen wegen Hexerei.

fruchtbaren Boden und veranlaßte unter anderem den führenden Xhosa-Herrscher damit anzufangen, sein eigenes Vieh zu schlachten. Neben dem Waisenmädchen Nongqawuse stand sein Onkel Mhlakaza, der, wie wir heute wissen, früher als Assistent eines anglikanischen Erzdiakons gearbeitet hatte und von ihm konfirmiert worden war, dann aber die Kirche verlassen hatte. Nongqawuse und Mhlakaza berichteten von Männern, die vom „Breit-Brüstigen" (Sifuba-Sibanzi, vermutlich eine Art Gottheit[17]) zu ihnen geschickt worden seien und ihnen mitgeteilt hätten, daß die Weißen fliehen, die Toten auferstehen und alle in Frieden und Überfluß leben würden:

> Nongqawuse said that nobody would ever lead a troubled life. People would get whatever they wanted. Everything would be available in abundance. [...] All the people who have not arms and legs will have them restored, the blind people will also see, and the old people will become young. [...] There would rise cattle, horses, sheep, goats, dogs, fowls and every other animal that was wanted and all clothes and everything they would wish for to eat the same as English people eat, and all kinds of things for their houses should all come out of the ground.[18]

Voraussetzung dafür sei, daß man die Hexerei aufgebe, das Vieh schlachte, da es durch unreine Hände aufgezogen sei, und keinen Feldbau praktiziere, sondern neue Speicher, Häuser und Viehumzäunungen errichte:

> Tell that the whole community will rise from the dead; and that all cattle now living must be slaughtered, for they have been reared by contaminated hands because there are people about who deal in witchcraft. There

---

17 Heute als Preisname für Jesus Christus verwendet.
18 Verschiedene zeitgenössische Schriftquellen, zit. nach Peires 1989: 80. Die von Mhlakaza in einer Vision gesehenen Fremden sagten ihm, daß „they were the people often spoken of in former days by Nxele and Umlanjeni [= zwei Propheten], as being a strong people, who would in the course of time render the Xhosa the assistance they required in driving the white men out of the land, that they had been sent by their great chief Sifuba-Sibanzi [...] to their help, and in order that this may be carried into effect, they must prove themselves deserving by acting up to their commands, which are, first, to throw away all bewitching matter — second, to kill all their cattle, so as to be stocked with others that are free from any disease."

should be no cultivation, but great new grain pits must be dug, new houses must be built, and great strong cattle enclosures must be erected. Cut out new milksacks and weave many doors from *buka* roots. So says the chief Napakade, the descendant of Sifuba-Sibanzi. The people must leave their witchcraft, for soon they will be examined by diviners.[19]

Obwohl Nongqawuse kein Datum angeben wollte, stand sie unter zunehmendem Druck, einen Termin für dieses „Weltende" festzulegen, und schließlich wurde der Vollmond vom August 1856 genannt. Zwei blutrote Sonnen mit schrecklicher Hitze würden von verschiedenen Seiten aufgehen und oberhalb eines bestimmten Berges miteinander zusammenstoßen; in der darauffolgenden Dunkelheit würde ein Sturm alle Häuser außer den neu gebauten wegwehen; jene Vorfahren, die einen „guten" Tod erlitten hätten, würden in weißen Decken wieder auferstehen, und das neue Vieh würde aus den Flußmündungen hervorkommen; die Briten und ihre Kollaborateure (bzw. „alle, die Hosen trugen") würden den Rückzug ins Meer antreten und zu ihrem Schöpfungsort zurückkehren. Hier haben wir also den klassischen Fall: zuerst Apokalypse, dann Weltende, dann die neue Welt als Gegenwelt zur bestehenden – aber zugleich als „verbesserte Fassung" davon.

In Erwartung des großen Tages wurden Höfe gereinigt, neue Türen und Schilfdächer erstellt sowie neue Milchsäcke genäht. Witwen, die sich wieder verheiratet hatten, verließen ihre Ehemänner und kehrten zum Gehöft ihrer ersten Ehe zurück, wo sie sich damit beschäftigten, sich die Falten im Gesicht glatt zu machen. Am Vorabend des angekündigten Ereignisses wurden die letzten Rinder, Ziegen und Hühner geschlachtet und den Geiern überlassen; man warf Getreide weg oder verbrannte es, z.T. um dem Vorwurf von Hexerei zu entgehen. Dann schloß man sich in sein neu gebautes Haus und wartete. (Diese Bereitschaft, als Voraussetzung für das Kommen des Weltendes das eigene Reichtum zu zerstören, ist zwar nicht unbedingt typisch für millenaristische Bewegungen, aber sie erinnert an die Cargo-Kulte Melanesiens, über die Bernhard Streck in diesem Band berichtet.)

Die „erste Enttäuschung" vom August 1856 – die Welt endete nicht – führte nicht zur Aufgabe der Vision, sondern wurde damit er-

---

[19] W. W. Gqoba, „Isizatu Sokuxelwa Kwe Nkomo Ngo Nongquause" (1888), zit. nach der Übersetzung in Peires 1989: 79.

klärt, man hätte das Vieh nicht einfach töten oder verkaufen, sondern
rituell schlachten sollen, um seinen „Atem" bzw. Seele für die Wiederauferstehung aufzubewahren. Man versuchte jetzt sogar, die Nachbarn der Xhosa, einschließlich der Weißen, zu überreden, mitzu-
machen, allerdings meist ohne Erfolg. Zugleich wurde angestrebt, alle
Xhosa davon abzuhalten, Getreide auszusäen, indem Gerüchte über
das schlimme Schicksal jener, die dies taten, verbreitet wurden. Doch
obwohl fast alle *Frauen* sich entschlossen für die Vision vom Weltende
einsetzten, gab es eine Minderheit der *Männer* – vielleicht 15% –,
die sich weigerte, ihr Vieh zu schlachten oder ihr Getreide nicht auszusäen.

Die heftigen Auseinandersetzungen, die es unter den Xhosa zu
dieser Zeit gab, kann man anhand der indigenen Kategorien von
„weich" und „hart" analysieren: Die „weichen" (*amathamba*) bzw.
demütigen Gläubigen unterordneten sich den Bedürfnissen der Nation,
weil sie an den alten Sozialethos von gegenseitiger Großzügigkeit und
gemeinsamem Unternehmen festhielten; dagegen folgten die „harten"
(*amagogotya*) Ungläubigen – oft jene Xhosa, die in der Lage waren,
von der Expansion des kolonialen Marktes zu profitieren – ihren eigenen Interessen. Es handelte sich also nicht nur um die Frage, ob man
an das Weltende glaube oder nicht, sondern auch um sozialwirtschaft-
liche Interessengruppen mit verschiedenen Weltanschauungen. Vielleicht war gerade dieser Gegensatz der Boden, auf dem sich die
Vorstellung vom Weltende überhaupt erst festigen konnte. Er erklärt
auch, warum diese Idee die ersten Enttäuschungen überlebte, denn
Nongqawuse konnte ja sagen: „Es gibt noch Vieh, das *nicht* geschlachtet worden ist. Die ‚Harten' sind daran schuld, daß der Tag
noch nicht gekommen ist." Es folgten eine „zweite Enttäuschung" im
Dezember und schließlich eine dritte im Februar. Bis dahin war es zu
spät, Getreide zu säen, und die Überlebenden waren auf die Almosen
ihrer Nachbarn bzw. der Briten angewiesen. Unter den Zehntausenden
Opfern dieser Episode fand man den Leichnam eines alten Mannes,
dessen Kopf über seine neue Getreidegrube hing: Er war mit dem
letzten Atemzug dorthin gekrochen, um zu schauen, ob sie schon gefüllt sei.

Die Ideologie, die hinter dem Viehschlachten lag, wurde nie voll
artikuliert und enthielt in ihren verschiedenen Äußerungen durchaus

Ambivalenzen bzw. Widersprüche. Einflüsse des Christentums sind unverkennbar, darunter quasi-millenaristische Ideen über „die festgelegte Zeit", die durch Khoikhoi-Verbündete der Xhosa vermittelt worden waren. Das Interesse vieler Xhosa für die christliche Lehre in bezug auf ein Leben nach dem Tod wird in zeitgenössischen Missionsberichten belegt.[20] Aber die Ideen von Welterneuerung und Wiederauferstehung, obwohl sicherlich durch das Christentum geprägt, standen zumindest teilweise im Einklang mit der bisherigen Kosmologie. Die Übergangsriten, die die Initiierung eines Arztes begleiteten, implizierten einen „Tod" und eine „Wiedergeburt"; und gleichfalls mußten nach dem Tod eines Haushaltsoberhauptes seine Söhne das Gehöft verlassen und die Milchsäcke zerstören, d.h., es mußte genau wie im Falle des Viehschlachtens ein Neuanfang gemacht werden. Auch der Aufruf, alle Rinder zu schlachten, war nur eine Erweiterung des Befehls eines früheren Propheten, alle beigefarbenen Rinder an die Ahnen zu opfern. Und schließlich war die Vorstellung, man könne durch Eliminierung aller „bösen Substanzen" (*ubuthi*) eine perfekte Welt schaffen, bereits in anderen Kontexten geäußert worden. Wir dürfen also das Fazit ziehen, daß die Voraussetzungen für den Gedanken vom Weltende schon vor dem Viehschlachten im Keim existierten. Es erforderte jedoch besondere Umstände, um ihn explizit zu machen.

3 Watchtower

Der zweite Fall, in dem Vorstellungen vom Weltende die Geschichte Afrikas südlich des Äquators geprägt hat, betrifft die Watchtower-Erneuerungsbewegung, die sich im frühen 20. Jahrhundert in den Kolonialstaaten ausbreitete, die heute Zimbabwe, Malawi, Zambia, Kongo und Angola heißen, und die aufgrund der Industrialisierung Südafrikas zunehmend als Reservoir für Wanderarbeiter dienten.

Die Watchtower-Doktrine gingen auf die Lehre von Charles Taze Russell und der von ihm 1884 in den USA gegründeten Watchtower

---

20 Vgl. Fast 1993: 166-7.

Bible and Tract Society zurück, deren Anhänger sich heute Zeugen Jehovahs nennen. Die Vorstellungen der Watchtower-Gläubigen in Afrika unterschieden sich nicht wesentlich von jenen in anderen Ländern, obwohl die Bewegungen weitgehend autonom waren.[21] Millenaristische Gedanken spielten dabei eine wichtige Rolle, wobei es aus Russells Äußerungen nie ganz klar war, ob die Welt 1914 enden werde, oder ob es sich dabei lediglich um den *Anfang* vom Ende handele. So berichtete ein Informant der Johannesburger Polizei 1909 über Meinungen, die an einer von einem Anhänger Russells gegründeten Schule vertreten wurden:

> Obwohl die Engländer uns so schlecht behandeln, dürfen wir die feste Gewißheit haben, daß wir nach 5 Jahren, d.h. nach 1914, die Selbstregierung erhalten werden und daß all diese Könige, Königinnen, Regierungen und Richter, die in dieser Welt über uns herrschen, vernichtet werden. Wir werden ihnen gleich sein, d.h. niemand wird uns regieren. Wir werden die gleichen Rechte wie sie haben. [...][22]

Nicht nur die Erwartung der Schlacht „Armageddon" zwischen himmlischen und irdischen Armeen, sondern auch die nach Ansicht mancher Beobachter „afrikanischen" Vorstellungen, daß z.B. die Toten zum Leben auf Erden zurückkehren würden, ließen sich auf die Lehre Russells zurückverfolgen. Nur in einem Merkmal unterschied sich die afrikanische von der amerikanischen Watchtower-Bewegung: Erstere hatte – vor allem im Kontext des „Indirect Rule", aber auch nach dem Ende der Kolonialzeit – viel öfter unter offizieller Unterdrückung zu leiden und verhielt sich entsprechend anders. Sowohl in Afrika als auch anderswo enthielt die Watchtower-Botschaft ein *potentiell* politisches Element; ob dieses Potential realisiert wurde, hing vom jeweiligen soziopolitischen Kontext ab.

Man kann drei Höhepunkte millenaristischer Tätigkeit zwischen 1908 und 1925 identifizieren. Die Watchtower-Botschaft wurde 1908 ins heutige Malawi eingeführt, als Elliot Kamwana innerhalb eines

---

21 Falls nicht anders vermerkt stützen sich alle Angaben dieses Abschnitts auf Fields 1985.
22 Zit. nach Kamphausen 1976: 466. Wie bei späteren millenaristischen Prophezeiungen (siehe unten) wurde auch hier die zu erwartende Hilfe der „Brüder in Amerika" erwähnt.

Jahres etwa 10.000 Menschen taufte. Er war das Produkt einer Erzie-
hung durch die freikirchliche Livingstonia Mission, hatte aber während eines Aufenthaltes als Wanderarbeiter in Südafrika Unterricht
von einem englischen Anhänger Russells erhalten. Bei seiner Heim-
kehr predigte Kamwana eine „Reinigung" des von den Missionaren
vertretenen „falschen Christentums" und prophezeite das zweite
Kommen Christi, die Wiederbesetzung Palästinas durch die Juden
sowie das Ende der Welt im Oktober 1914. Er bot die Vision eines
von europäischer Herrschaft und Steuern befreiten Afrikas.

Aus Angst vor den politischen Auswirkungen dieser Lehre de-
portierte die britische Kolonialverwaltung Kamwana für fast 30 Jahre.
Manche Historiker betrachten ihn daher als Vorläufer der antikolonia-
len Widerstandsbewegungen der Zeit nach dem Zweiten Weltkrieg,
denn er soll angekündigt haben:

> Beamten werdet ihr nicht mehr sehen. Wir werden unsere eigenen Schif-
> fe bauen, unser eigenes Schießpulver machen und unsere eigenen Ge-
> wehre importieren.

Aber er hat keinen Angriff auf die Kolonialregierung befürwortet, und
im Mittelpunkt seiner Predigten stand nicht der politische Widerstand,
sondern die Taufe, die für das Überleben im zu erwartenden Holo-
caust sowie für die Zulassung zum künftigen Reich Gottes auf Erden
unerläßlich sei. Statt eine befriedigende Lösung für das Problem von
Hexerei anzubieten, hatten Missionare und die Kolonialverwaltung sie
weder als Sünde noch als Verbrechen anerkannt. Kamwana und seine
Anhänger setzten sich das durchaus vernünftige Ziel, durch die Taufe
das Böse aus der Welt zu schaffen.

Viele Menschen erlebten das Jahr 1914 in einer spannungsgela-
denen Atmosphäre und betrachteten den Ausbruch des Ersten Welt-
krieges als ein Ereignis apokalyptischer Dimensionen:

> Surely we are living in the time of the End, according to the Scriptures.
> We are seeing the clergy-people turning the Word of God into tables.
> They think they can stop the Christian people from sinning – as they call
> it – by whipping and by putting them in prison and by making them pay

so much money. Can this stop people sinning? No: not at all! [...] But we learn in the Bible that the Deliverer shall come.[23]

Das Jahr ging jedoch ohne besondere Zwischenfälle vorbei.[24] Erst in den Jahren 1918-19 kam es zum zweiten Ausbruch endzeitlicher Aufregung, diesmal im benachbarten Nordrhodesien (heute Zambia), wo Wanderarbeiter aus Malawi die Botschaft kurz zuvor eingeführt hatten: Das Ende der Welt und der Beginn einer Ära des Überflußes seien nahe, und die Taufe (die man – im Gegensatz zu den Missionschristen – sofort erhalten könne) sei dringend erforderlich. Neben Ideen, die sich kaum von der Polemik der Missionare unterschieden, floßen ältere afrikanische Ideen mit ein: Jene, die die Taufe ablehnten, seien nicht nur die „Ziegen" der Johannesoffenbarung, wie es in der orthodoxen Watchtower-Doktrin hieß, sondern auch „Schlangen" bzw. „Teufel" (*wasatani*), gegen die man sich Schutzmedizine besorgen müsse. Watchtower-Anhänger gerieten daher oft in Konflikt mit den katholischen und protestantischen Missionen, aus denen viele von ihnen stammten.

Zu dieser Zeit litt die Bevölkerung unter extrem hohen Preisen und dem Anfang der wohl schlimmsten Grippe-Epidemie, die die Welt je gekannt hat. Mehrere tausend Männer waren als Soldaten oder Träger im Dienst der britischen Armee gestorben. Im September 1918 führte der Befehlshaber der deutschen Schutztruppe in Ostafrika eine Guerillakolonne von 5.000 Mann in das bisher von direkten Kampfhandlungen verschonte Nord-Rhodesien und zerstörte einige Kolonial- und Missionsstationen. Armageddon, so schien es, hatte endlich begonnen, und die Watchtower-Taufen nahmen entsprechend rapide zu. Manche fingen an, ihre Gewächse zu entwurzeln, da sie jetzt überflüssig seien. Andere nahmen eine allgemeine Hungersnot in Kauf und hörten auf, für die britischen Siedler zu arbeiten. Der Druck kam vor allem von den Frauen. (Eine Frau beantragte z.B. die Scheidung von ihrem nicht-getauften Mann, da sie befürchtete, sonst auf

---

23 Brief von H. Simon Achirwa im amerikanischen *Watchtower*, 1.9.1914, zit. nach Thrupp 1962: 158.

24 Auch wenn manche Beteiligten des Chilembwe-Aufstandes von 1915 von der Watchtower-Geschichtsdeutung beeinflußt wurden und bei ihrem späteren Prozeß aus dem Jakobusbrief zitierten, spielten millenaristische Gedanken dabei keine wesentliche Rolle: Shepperson und Price 1958.

ihren Anteil an Kleidung in der Neuen Zeit verzichten zu müssen!) Nicht-getaufte *Wasatani* waren für solche Gläubigen rituell gefährlich und konnten schon durch ihre Existenz den Weg in die Neue Zeit versperren.

Die gravierendsten Folgen hatte jedoch die als *chongo* bezeichnete Praxis, wonach Watchtower-Gläubige ihre Dörfer verließen, um im 'Busch' zu beten, schreien und schlafen, da sie vom Heiligen Geist besessen seien und nicht vom Weltende überrascht werden wollten. Damit setzten sie sich außerhalb der physischen und rituellen Autorität der als "Pharisäer und Sadduzäer" apostrophierten Häuptlinge und Ältesten, mit denen es auch zu physischen Auseinandersetzungen kam, denn Konflikte über richtiges Verhalten waren auch politische Konflikte. Für eine kurze Zeit mußten die Häuptlinge *de facto* ihr Amt mit den Propheten des Weltendes teilen. Etwa 800 Gläubige zerstörten den Ahnenschrein ihres Häuptlings und errichteten auf einem Hügel außerhalb des Dorfes ein Neues Jerusalem. Als ein britischer Beamter auf die Szene trat, wurde er geschlagen – etwas, was nur in den „Letzten Tagen" denkbar gewesen wäre, denn normalerweise waren es die Briten, die Afrikaner schlugen und nicht umgekehrt.

Eine dritte Auflebung millenaristischer Hoffnungen und Ängste fand in den Jahren 1924-25 statt, als sich die Erwartung in Zentralafrika verbreitete, das Ende der Welt werde durch „Amerika" eingeleitet. Für manche handelte es sich hierbei um „die Amerikaner" (*Waamerika*), die in Flugzeugen landen würden; für viele hingegen war Amerika ein einzelner schwarzer Mann mit goldenen Zähnen (ein dumpfes Echo der „strahlenden Eckzähne" des Mahdî?); dieser menschgewordene Gott würde eine riesige Armee führen und die Kolonialherrschaft beenden.[25] Auf jeden Fall hat die Vision eines amerikanischen Erlösers am Ende der Welt den Watchtower-Anhängern eine Sprache angeboten, die es ihnen ermöglichte, in einer sonst hoffnungslosen Situation über die geistige und materielle Befreiung nachzudenken.

---

25 Verschiedene Erklärungen sind für die Art dieser Vision vorgeschlagen worden, so z.B. die Tatsache, daß Russell ein Amerikaner war, die Rolle der Amerikaner im 1. Weltkrieg, oder der Einfluß des Afro-Amerikaners Marcus Garvey, der eine „Back to Africa"-Bewegung gegründet hatte.

Auch zu dieser Zeit wurden millenaristische Ideen mit jenen der
Hexenfindung verschmelzt. Fast überall in Afrika südlich der Sahara
war die Meinung damals verbreitet, daß seit Beginn der Kolonialherrschaft eine Zunahme an Hexerei zu verspüren sei. Wie im Falle des
Viehschlachtens gehörte der Verzicht auf Hexerei zu den Voraussetzungen für den Eintritt in die Neue Zeit. Doch manche Watchtower-
Prediger gingen weiter und machten die Suche nach Hexen zum zen-
tralen Aspekt dieser Vorbereitungen. So begann Tomo Nyirenda 1925
seine Karriere bei den Lala im heutigen Zambia mit den üblichen
Vorhersagen, daß nach der Vertreibung der Europäer durch
„Amerika" jene, die „in ihrem Herzen wohl lebten" Reichtum und
Macht erhalten würden. Seine Anhänger verbrachten oft ganze Nächte
außerhalb ihres Dorfes in der Erwartung, daß der „Sohn Gottes"
(Mwana Lesa) im Einklang mit der Lala-Eschatologie auf einem
Lichtstrahl aus dem Osten ankommen werde.[26] Einige Wochen später
fing Nyirenda jedoch an, die Bedeutung der Taufe zu dramatisieren:
Ungetaufte und Nicht-Völlig-Getaufte waren für ihn „Asche" bzw.
„Hexen". So verwandelte sich die Taufe, ursprünglich ein Zeichen der
Büße, in eine Methode zur Hexentötung, die an die Stelle des von den
Kolonialbeamten verbotenen Giftorakels trat. Innerhalb eines halben
Jahres wurden fast 200 Personen als Hexen ertränkt, bevor Nyirenda,
der inzwischen als Prophet und Erlöser selbst den Titel „Sohn Gottes"
erhalten hatte, von den Briten verhaftet und hingerichtet wurde.[27]

---

26 Nach anderen Fassungen soll er auch angekündigt haben, dieser Erlöser
   werde in einem mit Motorrädern und Kattunballen beladenen Flugzeug erscheinen: Shepperson 1962: 157.
27 Das Scheitern einer bestimmten Weltende-Prophezeiung verhinderte keineswegs, daß Watchtower-Prediger die gleichen Gebiete immer wieder er-
   folgreich durchwanderten. Prophezeiungen spielten dabei immer eine
   Rolle, aber auch viele, die nicht unbedingt daran glaubten, wurden getauft.
   Ein Bericht des Nachrichtendienstes von 1944 im heutigen Zambia stellte
   die Situation wie folgt dar: „Ihre Lehre ist den fortgeschritten oder primi-
   tiven Mentalitäten gleichermaßen gut angepaßt. *Letzteren* [...] versprechen
   sie Befreiung von den Medizinmännern (witch doctors) durch die Taufe
   und zugleich ein Mittel, gegen die Befehle der herrschenden Obrigkeit.
   Dem *fortgeschrittenen* Eingeborenen predigen sie nicht nur Gleichheit der
   Rassen, sondern den Umsturz der herrschenden Macht, die Unterordnung
   des Europäers dem Afrikaner und die Besitzergreifung des Reichtums von

Diese Episode zeigt zwei Dinge: erstens, daß es in der kolonialen Situation möglich war, die ursprünglich fremde Vorstellung vom Weltende mit älteren afrikanischen Ideen über den Umgang mit dem Bösen zu integrieren, und zweitens, die Bedeutung von Reinigung bzw. Säuberung als Voraussetzung für das Weltende.

Das Hauptdilemma, mit der sich solche Prediger konfrontiert sahen, war, inwieweit man die zu erwartende neue Welt passiv abwarten solle. Einerseits proklamierten sie keine revolutionäre Handlung, sondern betonten, daß Gott allein das Ende der bestehenden Weltordnung bringen werde. Andererseits erforderte diese Erwartung aktive Beteiligung in der Form einer moralischen Regeneration. „Kehret um" also, aber nicht, um das Weltende durch eigenes Handeln zu *verhindern*: Durch individuelle und kollektive Reinigung – d.h. durch Taufe und die Einhaltung christlicher Regeln gegen Lügen, Ehebruch, Hexerei usw. – sollten sich Afrikaner auf das Weltende vorbereiten – und dabei das Ende vielleicht ein Stückchen näher bringen:

> Please [I] am asking you, shall this year 1924 the whole world finish? It says that God will start now to judge, is it so? Shadrack at Pemba [...] he is baptizing people, he also states that Jesus is on earth here. He is judging you Boma people [= die örtliche Kolonialverwaltung] and other missions. Free Church all of you there is a rock on your heads and you will be smashed up.[28]

---

ausländischen Siedlern. Eine frühe Ankunft des Messias, die von Zeit zu Zeit angekündigt wird, wird Paradies auf Erden bringen, und während man auf dieses Ereignis wartet, soll man den Befehlen der Weißen nicht mehr gehorchen, da jene, die das tun, ohne Erbarmung massakriert werden sollen." (zit. nach Fields 1985, meine Übersetzung)

28 Nicht unterzeichneter Brief an einen kolonialen Richter im heutigen Zambia, 1924, zit. nach Fields 1985: 7. Die Watchtower-Vorhersagen fanden ihr Echo auch in ostafrikanischen Kulten, die keine explizite Verbindung zum Christentum hatten. In manchen, wie etwa dem in Zentralkenya zwischen 1910 und 1922 aktiven Kathambi-Besessenheitskult, drückte sich die Erwartung aus, Gott werde wieder in die Welt kommen, um die Menschheit zu reinigen. Anhänger erhielten den Befehl, ihre Gewächse bzw. die Lohnarbeit für Europäer zu verlassen und zu Hause zu bleiben; es wurden keine Steuern bezahlt, und die Kolonialordnung brach vorübergehend zusammen: Ambler 1995: 234.

Ein Kolonialbeamter kritisierte, daß die Watchtower-Gläubigen unfähig seien, den Widerspruch zwischen den Vorstellungen eines Weltendes und einer Befreiung von der Kolonialherrschaft zu erkennen. In Wirklichkeit gab es *keinen* Widerspruch, denn für afrikanische Gläubigen, wie für die meisten Fälle, die in diesem Sammelband beschrieben wurden, bedeutete „Weltende" zugleich den Beginn einer *neuen* Welt.

* * *

Ich habe die beiden bekanntesten Fälle in der Geschichte Afrikas außerhalb des islamischen Bereichs geschildert, in denen die Prophezeiung eines Weltendes viele Menschen überzeugt hat. Direkte Zusammenhänge zwischen ihnen gab es nicht, obwohl zeitgenössische Dokumente zeigen, daß die Ideen der Viehschlachter bis ins frühe 20. Jahrhundert fortlebten.[29] Es lohnt sich jedoch, das Viehschlachten und die Watchtower-Erneuerungsbewegung miteinander zu vergleichen.

(1) In beiden Fällen haben wir es mit Gesellschaften zu tun, in denen weiße Siedler dabei waren, einen Teil des bisher von afrikanischen Bauern verwendeten Bodens für sich zu beanspruchen und sich diese Bauern zu unterordnen. Die Diskurse vom Weltende stellten

---

29 z.B. in folgender Passage, die sich vordergründig auf das frühe 19. Jahrhundert bezieht, zugleich aber auf die Wanderarbeit und die Schwächung familiärer Bindungen im frühen 20. Jahrhundert: "Then at last there will be a general rising in which a mother will quarrel with her own daughter-in-law; the son will rise against his father, and friend against friend. Men will stab each other's shoulders, and there will be such a crossing and recrossing as can only be likened to ants gathering stalks of dried grass. But these things are only as travail pains of child-birth. Then the end will come — the beginning of peace for which there had been no pre-concerted council or arrangement of man. The reign of BROAD-BREAST (*Sifuba-Sibanzi*) will commence and continue in the lasting peace of the Son of Man." (J. K. Bokwe, *The Story of Ntsikana*. Lovedale 1914, S. 23-4) Das beste Beispiele einer Synthese der Ideen beider Bewegungen gab es 1921 im Transkei, einem z.T. von Xhosa bewohnten „Bantustan". Dort wurde die Bevölkerung dazu aufgerufen, alle Schweine und Hühner zu töten, weil man sich darauf verlassen könne, daß Schwarzamerikaner in Flugzeugen zur Hilfe kommen würden.

unter anderem eine Reaktion (aber keine selbstverständliche) auf das materielle und psychische Leiden, das diese Siedler verursachten: materielles Leiden in der Form von Bodenverlusten, hohen Preisen oder Krankheit (des Viehs im Falle der Xhosa, der Menschen im Falle der Grippeepidemie); psychisches Leiden z.B. als Folge der Erniedrigung von Xhosa-Häuptlingen durch britische Gouverneure. Hier drängt sich der Vergleich zum Mahdî-Aufstand auf, der gleichfalls durch koloniale Unterdrückung provoziert wurde, oder zu den Cargo-Kulten, die das Ziel hatten „sich die Macht des Gegners durch eine Identifizierung mit seinen Techniken und seiner Ideologie anzueignen",[30] vor allem durch die Betonung von Schiffen oder Flugzeugen als Schlüssel zur Neuen Zeit. Ohne die Kolonialherrschaft wären Weltende-Vorstellungen also möglicherweise niemals entstanden oder jedenfalls auf ein paar Lokalitäten beschränkt geblieben. Aber mehr als dreißig Jahre seit dem Ende der Kolonialherrschaft ist Watchtower immer noch stark. Es wäre irreführend, wie manche es tun,[31] solche Phänomene lediglich als Formen des „Widerstandes" bzw. als „Ausdruck der Unzufriedenheit" darzustellen, die eine „Flucht ins Imaginäre" beinhalteten; denn damit erklärt man nicht, warum der Protest eine millenaristische Form annahm. Anstatt von einer „Flucht ins Imaginäre" zu reden, könnte man z.B. argumentieren, daß solche Bewegungen unter anderem dazu dienten, die Menschen auf die bevorstehende Transformation ihrer physischen und sozialen Umwelt aufmerksam zu machen und vorzubereiten.[32]

(2) Weitere Gemeinsamkeiten lagen im *Inhalt* dieser Vorstellungen, denn in beiden Fällen entstand eine Fusion „vorchristlicher" und christlicher Elemente. Die Wiederauferstehung, der Sohn Gottes, die Taufe sowie Armageddon stammten aus der Bibel, aber sie wurden mit indigenen Vorstellungen von Erneuerung, Reinigung, Ahnenverehrung und Hexerei verbunden. Im Gegensatz zu der inviduumbezogenen Botschaft der Missionare wurde der Schwerpunkt auf Heil und Handlung der Gemeinschaft gelegt. In beiden Fällen herrschte die Meinung, die Missionare hätten nur einen *Teil* der ihnen bekannten Wahrheit erzählt. Sowohl bei den Xhosa als auch in Watchtower-

---

30 Coquery-Vidrovitch 1988: 189-90, meine Übersetzung.
31 z.B. Coquery-Vidrovitch 1988: 188-90.
32 Vgl. Wilson 1963: 97-8.

Bewegungen hoffte man auf einen Erlöser aus Übersee: auf die Russen oder Amerika. (Nimmt man beide Prophezeiungen zusammen, so
hat man eine ziemlich genaue Vorhersage des Kalten Krieges in Afrika!) Und obwohl es zu einfach wäre, diese Bewegungen als „anti-
weiß" zu bezeichnen, bedeutete Weltende für viele Gläubigen unter
anderem eine Umkehr der Rollen von Weiß und Schwarz; d.h. wie bei
anderen millenaristischen Bewegungen – und auch in Altägypten –
herrschte das „Mythologem von der verkehrten Welt".[33] Daß „die
Ersten die Letzten sein und die Letzten die Ersten sein" werden, wie
es bei Markus (10: 31) heißt, ist natürlich ein häufiges Merkmal millenaristischer Gedanken, aber auch eine Idee, die sich in jährlichen
Ritualen afrikanischer Gesellschaften ausdrückt.

Ein wichtiges Element dieser Vorstellungen war der Kampf gegen
die Hexerei. Die Xhosa meinten, daß ihr Vieh durch Hexerei
„verunreinigt" sei und man daher dieses Böse ausrotten müsse. Zugleich fiel jeder, der sein Vieh nicht schlachtete, unter den Verdacht
der Hexerei. Ähnlich war es in Zentralafrika: Während Missionare
und Kolonialverwaltung sich weigerten, die Angst vor Hexerei ernst
zu nehmen, bot Watchtower eine mit dem Christentum kompatible
Geschichtsdeutung, die das Böse in den Mittelpunkt stellte. Auch hier
kombinierte man die Hoffnung auf eine neue, hexenlose Ära mit dem
Versuch, die Hexen der Gegenwart zu identifizieren.[34]

(3) Schließlich gab es in beiden Fällen keine homogene Haltung.
Bei den Xhosa stand den „weichen" Gläubigen, die sich auf das Weltende vorbereiteten, eine Minderheit von Ungläubigen, die sie belä-
chelten. In Zentralafrika mußte Watchtower mit der Opposition nicht
nur der Weißen, sondern auch der meisten Missionschristen und
Häuptlinge rechnen. Es gab also keine „afrikanische" Vorstellung

---

33 Siehe den Beitrag von Elke Blumenthal. Vgl. Mühlmann 1961: 307-311;
    Wilson 1963: 108.
34 Auch die Einstellung zur Arbeit war in beiden Fällen ähnlich. Die
    „Gläubigen" unter den Xhosa hörten auf, in den Feldern oder für Europäer
    zu arbeiteten, als sie meinten, das Ende der Welt stehe kurz bevor, und sie
    versuchten, andere ebenfalls davon abzuhalten. In Zentralafrika verließen
    Ende 1918 manche Soldaten ohne Erlaubnis die britische Armee, weil ihre
    getauften Frauen das verlangt hatten; andere hörten auf, für europäische
    Siedler zu arbeiten.

vom Weltende und keine orthodoxen Texte, auf die sie sich hätten beziehen können, sondern bittere, kontextabhängige Debatten, die sowohl den „rein religiösen" als auch den politischen Bereich betrafen, und in denen die Fronten ständig fluktuierten.

Kommen wir zum Schluß auf die eingangs erwähnten Thesen von Mühlmann und Mbiti zurück, das „wahrhaft eschatologische Denken" und die Erwartung eines goldenen Zeitalters in der Zukunft seien dem Afrikaner fremd, da dieser eher im zyklischen Sinne dorthin zurückblicke, woher er kam. Ich glaube nicht, daß derart statische Verallgemeinerungen auf die von mir beschriebenen Fälle zutreffen. Sicherlich ging es beim Viehschlachten und bei Watchtower *unter anderem* darum, Aspekte einer heilen Welt aus der Zeit vor dem europäischen Kontakt wiederherzustellen, genau wie es *ein* Ziel des Mahdîsmus war, durch eine abrupte Beendigung des laufenden Kapitels der Weltgeschichte zu den reinen Wurzeln des Islam zurückzukehren. Aber in anderer Hinsicht war man durchaus zukunftsorientiert. Nicht die Diffusion einer Eschatologie durch Missionare erklärt diese Zukunftsorientierung, sondern es war vielmehr das *Bedürfnis* nach einer solchen Orientierung in einer bestimmten Situation, das dazu führte, daß man sich eklektisch gewisser Elemente aus einer Buchreligion und einer fremden Technologie bediente, um sich ein *eigenes* Weltende auszudenken.

Literatur

Al-Hajj, M.A. 1967: „The XIIIth century in Muslim eschatology: Mahdist expectations in the Sokoto Caliphate", *Research Bulletin* (C.A.D., Ibadan) 3/2: 100-116.

Anderson, Efraim 1958: *Messianic Popular Movements in the Lower Congo* (Uppsala).

Ambler, Charles 1995: „,What is the world going to come to?' Prophecy and colonialism in Central Kenya", in: David M. Anderson / Douglas H. Johnson, eds., *Revealing Prophets. Prophecy in Eastern African History* (London), 221-39.

Awad al-Sid al-Karshani 1993: „Beyond Sufism: The case of millennial Islam in Sudan", in: Louis Brenner, ed., *Muslim Identity and Social Change in Sub-Saharan Africa* (London), 135-53.

240 Adam Jones

Coquery-Vidrovitch, Catherine 1988: *Africa. Endurance and Change South of the Sahara* (Berkeley / Los Angeles. Franz. Original 1985).

Fast, Hildegard 1993: „‚In at one ear and out at the other': African response to the Wesleyan message in Xhosaland 1825-1835", *Journal of Religion in Africa* 23: 147-93.

Fields, Karen 1985: *Revival and Rebellion in Colonial Central Africa* (Princeton).

Gillies, Francis 1980: „The Bantu concept of time", *Religion* 10: 16-29.

Greschat, Hans-Jürgen 1969: „Endzeitliche Heilbringer in traditionellen Religionen Afrikas?" *Africana Marburgensia* II, 1: 22-26.

Kamphausen, Erhard 1976: *Die Anfänge der kirchlichen Unabhängigkeitsbewegung in Südafrika. Geschichte und Theologie der Äthiopischen Bewegung, 1872-1912* (Bern).

Mahibou, Sidi Mohamed / Jean-Louis Triaud 1983: *Voilà ce qui est arrivé. Bayân mâ waqa'a d'al-Hâgg 'Umar al-Fûtî. Plaidoyer pour une guerre sainte en Afrique de l'Ouest au XIXe siècle* (Paris).

Martin, B. G. 1963: „A Mahdîst document from Futa Jallon", *Bulletin de l'I.F.A.N.* XXV, B: 47-65.

Martin, Marie-Louise 1975: *Kimbangu. An African Prophet and his Church* (Oxford).

Mbiti, John S. 1968: „Eschatologie und Jenseitsglaube", in Horst Bürkle, Hg., *Theologie und Kirche in Afrika* (Stuttgart).

--, 1969: *African Religions and Philosophy* (London. Dt. Übersetzung: *Afrikanische Religion und Weltanschauung*. Berlin 1974).

Mühlmann, Wilhelm E. 1961: *Chiliasmus und Nativismus. Studien zur Psychologie, Soziologie und historischen Kasuistik der Umsturzbewegungen* (Berlin).

Oosthuizen, Gerhardus Cornelis 1967: *The Theology of a South African Messiah. An Analysis of the Hymnal of „The Church of the Nazarites"* (Leiden / Köln).

Parratt, John 1977: „Time in traditional African thought", *Religion* 7 (1977), 117-26.

Peires, J. B.: *The Dead Will Arise. Nongqawuse and the Great Xhosa Cattle-Killing Movement of 1856-7* (London / Johannesburg 1989).

Perrot, Claude-Hélène 1982: *Les Anyi-Ndenye et le pouvoir aux XVIIIe et XIXe siècles* (Paris).

Shepperson, George 1962: „Nyasaland and the millennium", in Thrupp 1962: 144-59.

Shepperson, George / Thomas Price 1958 / 1987: *Independent African. John Chilembwe and the Origins, Setting, and Significance of the Nyasaland Native Rising, 1915* (New York).

Sundkler, Bengt 1976: *Zulu Zion and some Swazi Zionists* (London).

Thrupp, Sylvia L., ed.: *Millennial Dreams in Action. Essays in Comparative Study* (The Hague 1962).

Trompf, G. W., ed. 1990: *Cargo Cults and Millenarian Movements* (Berlin).

Turner, Harold 1990: „Foreword", in Trompf (ed.) 1990, xi-xvii.

Vansina, Jan 1983: „The history of God among the Kuba", *Africa* (Rom) 28: 17-39.

Vaughan, James H. / A. H. M. Kirk-Greene, eds. 1995: *The Diary of Hamman Yaji. Chronicle of a West African Muslim Ruler* (Bloomington).

Wilson, Bryan A. 1963: „Millennialism in comparative perspective", *Comparative Studies in Society and History* 6: 93-116.

Index